Wolf Uecker

Brevier der Genüsse

Eine kulinarische
Warenkunde
von der
Auster bis zur Zwiebel

Droemer Knaur

© Droemersche Verlagsanstalt Th. Knaur Nachf., München 1986
Das Werk einschließlich aller seiner Teile ist urheberrechtlich
geschützt. Jede Verwertung außerhalb der engen Grenzen des
Urheberrechtsgesetzes ist ohne Zustimmung des Verlags
unzulässig und strafbar. Das gilt insbesondere für Verviel-
fältigungen, Übersetzungen, Mikroverfilmungen und die
Einspeicherung und Verarbeitung in elektronischen Systemen.
Einbandgestaltung: H. & M. Höpfner-Thoma, München
Satz: Hieronymus Mühlberger, Augsburg
Druck: Appl, Wemding
Aufbindung: Großbuchbinderei Sigloch, Künzelsau
Printed in Germany
ISBN 3-426-26287-8

4 5 3

Inhaltsverzeichnis

Definitionen

Merkwürdig: *Savoir vivre* hat im Deutschen eine exklusivere Bedeutung als im Französischen. In Frankreich hat es auch der kleine Mann, wenn er »zu leben versteht«. Bei uns ordnet man den Begriff eher Leuten zu, die vom Maître des »Hotel Beau Rivage« am Genfer See namentlich begrüßt werden und wissen, wie man mit Krebsbestecken umgeht. Beziehen wir Deutschen unser *savoir vivre* eigentlich aus der Brieftasche?
Nein – deutlich muß man es sagen, nein, das denn doch nicht.

I

Greifen wir aus den Millionen, die mit dem Wort Jet-set absolut nichts anfangen können, Frau Else Hackbarth heraus: Bäuerin in einem Dorf der Lüneburger Heide, wo jedes Haus den eigenen Brunnen hat und weder Chlor noch Fluor die Heißgetränke verfälschen. Ich bin ihr Nachbar. Neulich kommt sie mit einer Tüte in der Hand.
»Ich habe den richtigen gefunden«, sagt sie.
»Wen?« frage ich.
»Den richtigen Kaffee für unser Wasser«, sagt sie. »Acht verschiedene Sorten habe ich je einen Monat durchprobiert, dieser ist's.«
Glauben Sie, daß die von Funk- und Fernsehwerbung berieselten Großstädter einen Acht-Monats-Test auflegen, um sich beim Kaffee rundum wohlzufühlen?
Savoir vivre!

II

Entscheidungen fallen auch dann, wenn man im November Tulpen verschenkt. Auch »frische« Erdbeeren im Januar per Kühlbox und Luftfracht aus Israel, die unterwegs außer der Farbe alles verlieren, was das Erdbeeren-Essen im Juli so unvergleichlich macht. Sind die Jahreszeiten nicht eine Vorgabe zum Auskosten?
Savoir vivre.

III

Im Friaul, diesem gesegneten italienischen Anbaugebiet für Weißweine, gibt es viele gute Tropfen: den Tocay, den Malvasia, den Pinot Grigio, den Picolit. Wenn man die Weine aus Julisch-Venetien lange genug getrunken hat, lernt man auch die Winzer kennen. Dann kommt vielleicht der Augenblick, wo aus einem Keller der kleinen Region »Colli Orientali« eine Flasche »Picolit« ans Licht kommt. Ein Wein, eigentlich nur vergleichbar dem Ygrec aus dem Sauternes. Einer, der nicht auf jedermanns Trocken-Welle dahinfließt, sondern seine edle Trockenheit nach anfänglicher Süße erst im Abgang zeigt. Von diesem Wein habe ich wenige Flaschen. Eine trank ich kürzlich mit einem Mann, der einem Herrn glich und sich mit den Worten »Na, wenn die Italiener auch Weißwein machen können, führen Sie ihn mal vor« für mein Angebot entschied. Als die Flasche leer war, mußte er gehen.

»Einen noch zum Abgewöhnen«, sagte er und »Wenn Sie noch einen eiskalten Wodka hätten, der nimmt die Fahne weg.«

Trank ihn, stieg in den Bentley und fuhr ab.
Savoir vivre?

IV

Die Dame gab ihren Hochzeitsempfang im »Vier Jahreszeiten«. Ein Freund überreichte als Geschenk – von der Braut
mit entzückten Schreien betrachtet – eine kleine goldene
Kugel.
»Was macht man damit?« fragte ich im Verlauf der Steh-
party.
»Aber mein Lieber«, sagte die bejahrte Braut, »Sie wollen
mich foppen. Sie wissen doch, daß dies eine Caviar-Kugel
ist. Haben Sie denn keine?«
»Nein«, antwortete ich und ging.
Caviar-Kugeln zeigen angeblich durch Einsinken oder
Obenliegenbleiben an, ob der Rogen wirklich frisch ist. Ich
habe vergessen, wie das Ding funktioniert. Eines habe ich
allerdings behalten: Den Unterschied zwischen neureich
und *savoir vivre*.

V

Wenn Sie noch nicht wissen, daß bei uns jedes Jahr 200 000
(in Worten: zweihunderttausend) Schweine auf dem Weg
zum Schlachthof am Herzinfarkt sterben, sollten Sie wenigstens erfahren, warum. Wegen unserer Kaufwünsche nämlich.
»Zwei Kotcletts, aber ganz mager«, geht uns flüssig über
die Lippen. Längst haben die Metzger aufgehört, uns zu
erklären, daß durchwachsenes Fleisch besser schmeckt.
Was machten also die Bauern, deren Schweine mit Speck
auf den Rippen niemand mehr wollte? Sie züchteten das
stromlinienförmige supermagere deutsche Landschwein.
Die Koteletts wurden wässerig und kamen aus der Pfanne
halb so groß zurück, wie man sie hineingetan hatte. Und

was geschieht seitdem auf dem Lande? Die Bauern sondern die Tiere für den Eigenbedarf von unserem Schlacht-
hof-Vieh ab, füttern sie nach alter Väter Sitte mit Kartoffeln,
Kleie, altem Brot und Essensabfällen, warten, bis das Gewicht die 5-Zentner-Marke übersteigt, bis so viel Fett auf
den Rippen ist, daß man auch anständige Wurst machen
kann, und dann räuchern sie für sich die Mettwürste, die
zart marmorierten Schinken langsam im Buchenholz-Wa-
cholder-Rauch. *Savoir vivre!*

Erst wenn wir unser Wortverständnis des *Savoir vivre* im
Sinne der Franzosen erweitern, werden wir in diese Richtung sehen, riechen und hören können. Zum *Savoir vivre*
gehört nämlich, daß es auf leisen Sohlen kommt.

Austern

Ein mariniertes Eichblatt, mit sautierten Leberscheibchen von sardischem Ziegenfötus mit Staubgefäßen aus Husumer Rhabarberblüten überblasen, würde ich der *Nouvelle Cuisine* noch als surrealistisches Happening durchgehen lassen, daß aber Austern in einem Glas Champagner schwimmend mit Meeresalgen-Brunoise und Pumpernickel garniert tatsächlich auf der Karte stehen, das ist zuviel. Ich bleibe bei der klassischen Auster im eigenen Meeressaft. Jener Auster, die ihre höchste geschmackliche Qualität entwickelt, wenn sie noch lebt.

»Wissen Sie, daß Sie ein lebendiges Tier hinunterschlukken?« fragte ich in einem Hamburger Austernkeller einen dicken Menschen, der mir gegenübersaß. Die zitronenbeträufelte Moluske blieb dem erschrockenen Dickwanst beinahe in der Speiseröhre stecken.

»Wieso denn?« fragte er.

Schweigend präsentierte ich ihm eine seiner Austern und kitzelte ihren Bart mit dem Messer. Das Tier zuckte.

»Sehen Sie«, sagte ich, »wie die Auster auf jede Berührung reagiert? Wenn Sie bei dieser Prozedur merken, daß sich der Bart nicht zurückzieht, so ist die Delikatesse tot, und Sie wären gut beraten, sie nicht zu essen.«

»Was Sie da erzählen«, brummte der dicke Herr und sah mich mißtrauisch an. Ich lächelte: »Es ist sicher ein schöner Tod, zwischen den Raubtierzähnen eines menschlichen Ungeheuers zu sterben und in seinem Magen begraben zu werden.«

Leider bestellte er sich anschließend ein Steak mit Bratkartoffeln und keine Froschschenkel, die auch auf der Karte standen. Sonst hätte ich das Gespräch auch noch mit dem Satz fortsetzen können: »Die armen Frösche. Während Sie die pikanten Schenkel ablutschen, schleppen sich die bedauernswerten Geschöpfe auf den übriggebliebenen zwei Vorderbeinen durch die Grashalme, die sie vor kurzem noch so vergnügt übersprungen haben.« Bei Froschschenkeln sollte man ernsthaft überlegen, ob man auf diese Speise nicht verzichten will. Ich versichere jedem, der sie noch nicht probiert hat – so toll ist der Genuß nicht. Anders bei der Auster, von der wir wissen, daß ihr Tod ihr keine Pein verursacht, daß wir sie also guten Gewissens lebend schlürfen dürfen.

Die Auster ist einer der ganz großen Genüsse in der menschlichen Ernährung und hat zu allen Zeiten das Entzücken der Gourmets und die Begeisterung der Vielfraße ausgelöst. Moritz Busch hat in seinem vor der Französischen Revolution erschienenen Buch »Gerechter und vollkommener Austernesser« einen Fresser beschrieben, dem man gesagt hatte, Austern seien appetitanregend. Er antwortete: »Ich habe es oft versucht, halbe zwölf Dutzend gegessen, hatte aber nachher nicht mehr Hunger als vorher.«

Wenn man weiß, daß 100 Gramm Austernfleisch mit 80 Kalorien zu Buche schlagen, hat der Mann damals den Energiebedarf eines körperlich arbeitenden Menschen für eine ganze Woche zu sich genommen, noch vor Suppe und Braten.

Ein gewaltiger Austernesser war auch Heinrich IV. von Frankreich, und Ludwig XIV., der die lange vernachlässigte Auster wieder tafelfähig gemacht hat, soll nach einem Bericht des Historikers de la Martinière am Tage seiner Hochzeit mit Maria Theresia von Spanien höchstpersönlich nicht weniger als vierhundert Austern geschluckt haben.

Auch von einem irländischen Bischof, der um die Mitte des

18. Jahrhunderts starb, ist ähnliches überliefert. Er aß täglich statt eines Mittagsmahles seine dreihundert Austern. Auf seinem Grabstein steht noch heute die Inschrift: »Hier liegt Averil in diesem Kreuzesgange: Sollte ihn die letzte Trompete nicht erwecken können, so rufe man nur: Frische Austern!«

Den Römern wollen wir nicht vergessen, daß sie 100 Jahre v. Chr. die künstliche Austernzucht einführten, wofür dem Prokonsul Sergius Orata ein Denkmal zu setzen wäre. Orata konnte unterscheiden, ob die Austern in der Lukrinischen See oder am rutupinischen Meeresgrund gewachsen waren. Solch geübte Zunge soll auch Kaiser Nero gehabt haben.

Trotz aller Züchtungen in den folgenden zwei Jahrtausenden kann man noch heute von der Auster sagen, daß die kleinsten die schmackhaftesten sind. Dabei gibt es sie in jeder beliebigen Größe. Bei Goa in Südindien wurde mit dem Schiffsanker eine Auster ans Tageslicht gezogen, deren fleischlicher Inhalt über fünfzig Kilo wog. Ihre zwei Schalen sind in der Königlichen Naturalienkammer in Kopenhagen zu besichtigen. Jede der beiden Schalen wiegt 224 Pfund und hat einen Durchmesser von über eineinhalb Metern.

Auch unter den Frauen der deutschen Romantik gab es schon begeisterte Austern-Freundinnen. Caroline Schelling schrieb 1809 an ihre Freundin: »Wenn ich nur einmal einen Austernschmaus mit Euch halten könnte.« Und Rahel Varnhagen von Ense tat den klassischen Ausspruch: »In Austern kann man sich tiefsinnig essen.«

Viele Menschen, besonders jüngere, mögen Austern nicht. Ich halte das für ein Vorurteil. Ich erinnere mich, wie mich schauderte, als ich als Siebzehnjähriger zum erstenmal eine Auster schlürfen sollte. Als ich sie verzehrt hatte, fand ich, daß sie weder gut noch schlecht schmeckte. Erst viele Jahre später hatte ich plötzlich und ganz unerwartet das Bedürfnis, Austern zu essen. Ich aß sie mittags und abends, soweit ich mir das finanziell leisten konnte, ich aß sie mit Hingebung und Wollust in Paris auf der Straße und halte sie bis zum heutigen Tag für die Königin der Tafel. Aber nur, wenn sie roh ist – wie gesagt, noch lebt –, und nicht in gebratenem oder gekochtem Zustand.

CARL FRIEDRICH VON RUMOHR hat in dem lehrreichsten aller gastronomischen Werke, »Geist der Kochkunst«, den Geschmack und den Genuß der Auster für alle Zeiten gültig beschrieben: »Die Auster ist eine Welt für sich, kühl, tief, gedankenvoll, eine harmonische, ungegliederte, gegensatzlose Einheit. So ist auch ihr Geschmack ein durchaus gegensatzloser, harmonischer, einheitlicher, am reinsten, wenn man sie in ihrem Naturzustande genießt, nicht, nachdem sie durch die verschiedenen Stadien der künstlichen Zubereitung des Schmorens oder Backens hindurchgetrieben worden ist. Mit jeder Auster, die du schlürfst, schlürfst du auch deinen Anteil an Ozean. Ein Denkmal dem Wohltäter der Menschheit, der zuerst die Austern genießbar fand – ein Denkmal auf einem Piedestal von Austernschalen!«

Im Reich des Eßbaren ist es wahrscheinlich nur noch die Trüffel, die mit der Auster konkurrieren kann. Vielleicht schmecken sie so gut, weil sie beide auf der letzten Grenze zweier Naturreiche stehen. Austern als Übergang des Mineralischen zum Animalischen, Trüffeln auf der letzten Stufe der Vegetabilien vor dem Übergang in das Mineralienreich.

Es ist beinahe selbstverständlich, daß man sich über die Beilagen zu einem Dutzend Austern seit Jahrhunderten vielfältige Gedanken gemacht hat. Alle gehen davon aus, daß die geöffnete Auster mit wenigen Tropfen Zitronensaft bedacht wird, während sich beim Pfeffer bereits die Geister scheiden. Der Kompromiß lautet: wenn überhaupt Pfeffer, dann schwarzer.

Kleine geröstete Graubrotscheiben, mit Chesterkäse überbacken, sind eine vorzügliche Ergänzung. Auch Anisbrot, Graham- oder Kümmelbrot in trockenen Scheiben, vermischt mit Cheddarkäse in kleinen Würfeln, gelten als klassische Begleiter.

Was das Verzehren der Auster, dieser köstlichen Meeresfrucht, anbetrifft, so wird sie nur mit ihrem Wasser aus der Schale in den Mund geschlürft. Ob man sie kaut – ihr Fleisch kommt in der Konsistenz gekochtem Kalbfleisch gleich – oder ganz heruntergeschluckt, bleibt jedem Feinschmecker selbst überlassen.

Als Getränk paßt zu Austern Chablis, Meursault oder ein Muscadet und selbstverständlich eiskalter Champagner.

Bei der Bestellung sollte man wissen, daß Austern nach Größenbezeichnungen gehandelt und verkauft werden.

Die Größe 2	wiegt 65 g
Größe 1	75 g
Größe 0	85 g
Größe 00	95 g
Größe 000	120 g
Größe 0000	150 g

So geht es auf der Skala weiter bis zu sechs Nullen mit der zusätzlichen Bezeichnung »extra«.

Daß der Auster so kräftige Wirkung auf die Potenz zugeschrieben wird, hat seine tiefere Ursache wahrscheinlich in der eigenartigen Entwicklung dieses Tieres: Während ihres ganzen Lebens wechselt sie je nach Temperatur und Nahrungsverhältnis ihr Geschlecht.

Im Alter von etwa zehn Monaten wächst sie bei einer Wassertemperatur von mindestens 12 Grad Celsius zunächst als Männchen. Steigt die Temperatur auf 15 bis 16 Grad, wechselt sie ihr Geschlecht jedes vierte Jahr; erreicht die Wassertemperatur mehr als 20 Grad Celsius, wird die Auster im Jahresabstand mal weiblich, mal männlich. In den Monaten Juli und August produziert sie ein bis zwei Millionen Eier, die in der Kiemenhöhle des Weibchens befruchtet werden und bis zum Schlüpfen der Larven ein bis zwei Wochen dort verbleiben. Dann schwimmt die Larve noch zehn bis zwanzig Tage im Plankton herum und wird von anderen Tieren gefressen. Bis der Nachwuchs sich endgültig und fürs ganze Leben an Steinen oder Pfahlwerk mit der unteren Schale festkittet, sind von einer Million etwa ganze zehn Kleinaustern übriggeblieben. Nach dem vierten Lebensjahr sind die Austern dann handelsreif.

Ernährungsphysiologisch besteht die Auster zu 85 Prozent

aus Wasser, 7 Prozent sind Eiweiß, 2 Prozent Fett, 4 Prozent Kohlenhydrate, 2 Prozent Mineralsalze.

So alt wie die Auster ist auch das Vorurteil, daß sie nur in den Monaten mit »r« genießbar ist. Richtig ist, daß die September-Auster noch vom Laichen geschwächt und zu dünn ist und die richtige Konsistenz nur selten erreicht. Ab Oktober/November wird die Austernqualität jeden Monat besser und erreicht schließlich im Mai ihren Höhepunkt.

Kauft man Austern im Korb oder im Fäßchen, sollte man darauf achten, daß die Schalen fest geschlossen sind. Die Auster tut das, um das in ihr befindliche Meerwasser nicht zu verlieren. Es kann vorkommen, daß eine Auster gerade bei der Nahrungsaufnahme mit geöffneter Schale geerntet wurde. Das stellt man sicher fest, indem man mit einem Messer auf die Schale klopft. Lebt die Auster noch, wird sie sich sofort schließen.

Alle anderen Exemplare müssen unnachsichtig weggeworfen werden. Geschlossene und richtig temperiert gelagerte Austern (plus 1 bis 7 Grad) kann man noch nach drei Wochen ins Meerwasser legen – sie leben weiter und siedeln sich auch wieder an.

APICIUS, der berühmteste Feinschmecker des Altertums, hat die Kochkunst mit kostbaren Erfindungen bereichert. Sein Verfahren, Austern über drei Monate frisch zu halten, ist aber leider verlorengegangen. Wir wissen nur, daß er dem Kaiser Trajan im Krieg gegen die Parther des öfteren Austern ins Feldlager schickte. Sie waren zehn Wochen unterwegs und kamen so frisch an, als ob sie eben gefischt worden wären.

Austern wachsen an vielen europäischen Küsten. In Jugoslawien, Italien und Spanien reicht die Produktion nur für den regionalen Verbrauch. Frankreich, Belgien, Holland und Irland sind heute die Hauptlieferanten in Europa.

17

Griechenland exportiert nur Massenware nach Belgien und Holland zur weiteren Aufzucht. In Norwegen gibt es eine kleine Austernzucht, doch wird durch das zu kalte Wasser im Sommer die Auster nicht zum Laichen angeregt, und der Nachwuchs muß importiert werden. Bekannt wegen ihrer Qualität sind die Limfjord-Austern aus Dänemark. Da die Austernbänke dort in den Jahren 1978 bis 1980 schwere Schäden hatten, sind sie leider teuer geworden. In Deutschland werden Zuchtversuche bei der Insel Sylt, im Neuharlinger Siel und in Langballigau in der Flensburger Förde durchgeführt. Bis jetzt ist die Produktion klein und zu teuer.

Außer dem Menschen hat die Auster noch andere Feinde: Seesterne, Stachelschnecken, Taschenkrebse und Raubfische. Geduldig warten diese Unterwasser-Feinschmecker, bis die Schalen sich öffnen, damit der Kiemenfilter der Auster neues Plankton aus dem Meerwasser aussieben kann. Dann schlagen sie zu.

Ein Austernrezept, das der Höhepunkt aller Schlemmerei ist, habe ich in einer alten Zeitschrift für Kochkunst und Tafelwesen gefunden. Es heißt Austern nach Nana:

»Die Austern sind auszulösen, vom Bart zu befreien und mit Zitronensaft zu marinieren. Die Schalen werden auf Eis gesetzt, mit Caviar gefüllt und dann mit je einer Auster bedeckt.«

Wahrscheinlich hat HEINRICH HEINE in Vorfreude auf ein Dutzend Austern einst in Paris dieses Gedicht geschrieben:

Ich danke dem Schöpfer in der Höh,
Der durch sein großes »Werde«
Die Auster geschaffen in der See
Und den Weinstock auf der Erde;
Der auch Zitronen wachsen ließ,
Die Austern zu betauen. –
Nun laß mich, Vater, in der Nacht
Das Essen gut verdauen!

Hering

»Arm is eener, wo die Kinder von Montach bis Sonnamd an den Salzhering lecken, den Vata sonntachs frißt.« Als ADOLF GLASSBRENNER diese berlinische Definition der Armut 1838 formulierte, kostete ein Hering fünf Pfennig. Heute zahlen wir für einen Salzhering das Zwanzigfache und für den Matjes vierzigmal soviel wie damals.

Heringe sind gesellige Tiere. Sie leben in Schwärmen. In jedem Schwarm schwimmen nur Tiere gleicher Rasse, gleicher Größe und gleichen Alters. Gefischt werden sie im Westatlantik – von Labrador bis Cape Cod –, in der Nordsee, in isländischen Gewässern und in der südlichen und mittleren Ostsee, wo sie Strömlinge heißen. In einem schwedischen Schulbuch für den Deutschunterricht steht als Übersetzungsaufgabe der Satz: »Die Heringe der Ostsee sind kleiner und magerer als die der Nordsee.« Dieser Satz ist sachlich richtig; ich habe mich jedoch oft gefragt, wann ihn der Schüler im späteren Leben anwenden wird.

Vier bis sieben Jahre dauert es, bis der Hering geschlechtsreif ist, dann erst legt das Weibchen seine 20 000 bis 70 000 Eier. In Küstennähe bedeckt die Eierschicht manchmal den Meeresboden, und die männlichen Fische entleeren ihren Samen darüber ins Wasser. Aus dem geschlechtsreifen Fisch wird der frische, der grüne Hering – geräuchert Bückling genannt – oder, eingelegt in Salzlake, der Salzhering.

Nur den jungfräulichen Heringen, im Frühjahr gefangen, werden Matjes-Würden zuteil. Der Matjes muß von saftigem Fleisch sein und darf weder Milch (Sperma) noch Rogen (Eier) haben. Etwa acht Wochen reift ein solcher

Hering bei Temperaturen zwischen 6 und 15 Grad in einer milden Salz-und-Zucker-Lake, bis er zur Konkurrenz für Caviar wird.

ARTHUR GRAICHEN in Emden ist der König der Matjeshersteller. Schon 1864 wurde seine Spezialfirma in Lettland gegründet, heute versendet er die geschuppten Freunde in Delikatessengeschäfte und Restaurants rund um die Welt – drei Millionen Kilo pro Jahr.

Sogar die überaus pingelige HENRIETTE DAVIDIS nannte den »Häring« schon 1844 einen nützlichen Fisch: »Er ist gepökelt die beste Beilage zu allen Gartengemüsen. Man nennt Häring die Delicatesse der Armen, der Sachse bezeichnet ihn als Salzbraten. Namentlich schleimigen Personen ist er wohl gesund.«

In unserer Umgangssprache besetzt der Hering ein eigenes Feld. Beim Militär war der »grüne Hering« ein Rekrut und ein »marinierter Hering« entweder ein mit dem Schiff untergegangener Matrose oder ein auf dem Meer notgelandeter Flieger. Die vielen Pseudonyme für den Salzhering haben soziale Bezüge: Beamtenlachs, Knastforelle und Schusterkarpfen sind nur eine kleine Auswahl.

Seit 1774 kennen wir die Beschreibung des Naturforschers GEORG WILHELM STELLER über das sibirische Volk der Itelmen auf der Halbinsel Kamtschatka, die nur von Hering und Wurzeln leben. »Sie sind«, schreibt STELLER, »sicher wegen ihrer Nahrung, das geilste Volk der Erde.«

Auch den Eskimos werden wegen ihres gewaltigen Heringverbrauchs Potenzwunder nachgesagt. WALTHER KIAULEHN schilderte ihre Lebensgewohnheiten einmal so: »Sie leben vom Fischfang, essen ab und zu als Dessert ein Licht und halten sich in den Iglus durch Vögeln warm.«

Eher kulinarische Betrachtungen verdanken wir dem Gastronomen ALFRED WALTERSPIEL: »Bei uns werden die Heringe viel zu lange in Milch oder Wasser ausgelaugt. Sie verlieren dadurch wohl ihr Salz, aber auch alles andere. Ein Hering soll wirklich nach Hering schmecken. Zum Wässern benutzt man am besten kohlensäurehaltiges Mineralwasser.« WALTERSPIEL kreierte immerhin fünf eigene Heringsrezepte.

Grüner Hering, paniert und frisch gebraten, ist ein erstklassiges Essen, das auch ungeübten Köchen Lob und Anerkennung einbringt. Unverständlich, daß dieses Gericht so selten auf deutschen Speisekarten erscheint. Für die Zubereitung sind nur vier Dinge zu beachten:

1. Den ausgenommenen Fisch ohne Kopf von oben bis zum Schwanz aufschneiden. Den Fisch flach ausbreiten, die Gräten mit der Hand lockern und dann mit dem Rückgrat auf einmal herausziehen. Verbleibende Gräten mit Pinzette entfernen.

2. Salzen und pfeffern, den Fisch mit der Fleischseite auf einen Teller legen, der mit grobem Hafermehl bestreut ist. Die Hautseite gleichfalls bestreuen und die Panade mit der flachen Hand fest andrücken.

3. Küchentür schließen und Fenster öffnen.

4. In schwerer Pfanne nur so viel Pflanzenöl erhitzen, daß der Boden bedeckt ist. Fisch einlegen und bei Mittelhitze sechs Minuten von jeder Seite braten. Auf Küchenkrepp abtropfen lassen. Mit Zitronenscheibe garnieren.

Mit Strömlingen, den kleinen Ostsee-Heringen, gibt es eine unpanierte Version, die im Restaurant »Cattelin« in Stockholm unvergleichlich gut ist: die »Sotare« (Schornsteinfeger). HARRY UHR, Chefkoch und Mitinhaber des »Cattelin«, hat mir das ganz einfache Rezept gegeben, bei dem die Heringe beinahe kohlschwarz gebraten auf den Tisch kommen.

JOHN STEINBECK, der sich auch mit dem Roman im Fischmilieu »*Cannery Row*« (»*Die Straße der Ölsardinen*«) den Nobelpreis für Literatur erschrieb, liebte diese Zubereitung mit ihrem leicht angebrannten Geschmack so sehr, daß er öfter nach Stockholm reiste, nur um Schornsteinfeger im »Cattelin« zu essen. Obgleich ich ein guter Fischkoch bin – mir sind sie zu Hause nie ganz vorschriftsmäßig gelungen. Entweder verbrannte die Butter oder der Fisch zerfiel oder das Angebrannte schmeckte vor.

HARRY UHRS Schornsteinfeger-Rezept für vier bis sechs Personen:

28 ausgenommene Strömlinge mit Gräten, 6 Eßlöffel Butter, Salz und ein Bund Dill. Die Fische – so frisch wie möglich – waschen und trocknen. Eine Pfanne mit schwerem Boden mit ein wenig Butter einreiben. Heiß werden lassen. Eine dünne Schicht Salz einstreuen. Die Heringe hineinlegen. Auf beiden Seiten knusprig dunkelbraun, zum Schwanz tendierend, braten. Beim Servieren auf jeden Schornsteinfeger etwas kalte Butter geben. Mit gehacktem Dill bestreuen.

Soviel die Schweden auch von Fischmarinaden und Heringszubereitung verstehen, vor einem Gericht muß ich jeden Leser warnen. Der Name dieses Teufelszeugs ist »*Surströmming*«. Die Vorbereitung dauert Monate. Zunächst werden die Heringe 24 Stunden gesalzen, dann in Fässer geschichtet und zwei Tage lang praller Sommersonne ausgesetzt. Für die dabei entstehenden Gase bleibt so viel Raum im Faß frei, daß es nicht in die Luft fliegt. Nun werden die Fässer kühl gelagert oder eingegraben. Was man bis jetzt noch als Geruch der Gärung bezeichnen kann, verwandelt sich in penetranten Gestank. Nur Spezialisten können ohne Atemschutzgerät den Zeitpunkt des Abfüllens in Dosen bestimmen. Die Dose wird bei 20 Grad (plus!)

gelagert, bis der Deckel sich wölbt – »bombiert«, sagt der Fachmann. So vorsichtig wie ein geschüttelter Champagner wird sie nun geöffnet. Was sich im Mund des Essers abspielt, ist mit »scharf und beißend« verniedlicht, was sich an Duft im Raum verbreitet, ist schlicht und einfach unbeschreiblich. Ausländische Teilnehmer sind allein durchs Einatmen schon bewußtlos geworden. Der echte Schwede aber greift jetzt zu papierdünnem Knäckebrot und Salzkartoffeln, gießt sich ein Glas Milch – tatsächlich Milch – ein und strahlt.

Wenden wir uns einer weniger explosiven Betrachtung des Herings zu. Kein Katerfrühstück ohne ihn. Komme er als Rollmops, mariniert, mit schwarzem oder weißem Pfeffer, mit Paprika, mit Senfpulver oder als Matjesfilet auf Eis daher.

Die deutsche Restaurantküche kennt 51 kalte und warme Zubereitungsarten. Schon beim Lesen des Rezeptes »Hering auf Calaiser Art« läuft mir das Wasser im Mund zusammen: vom Rücken aus geöffnet, Gräten entfernt, gefüllt mit gehackten Milchern, Champignons, Schalotten und Kräuterbutter, in geöltem Papier im Ofen gebacken.

Heringe in jeder Form, eingelegt oder als Vorschmack zubereitet, waren unverzichtbarer Bestandteil russischer Gastfreundschaft. Ob bei TSCHECHOW oder GONTSCHAROW, bei jeder Gelegenheit essen die Leute ein salziges Heringshäppchen oder ein sauer eingelegtes Pilzchen, damit der Wodka besser runterläuft. Daher erklärt sich wohl auch, daß ein deutsch-russischer Sprachführer, der 1872 in der Buch- und Musikalienhandlung ERICKSON zu St. Petersburg erschien, ein eigenes Register des kalten Voressens mit 114 verschiedenen Heringsgerichten enthält.

Manchmal habe ich den Verdacht, daß unsere Gesellschaft

durch Freßwelle und *Nouvelle Cuisine* für die einfachen Genüsse versaut ist. ALEXANDRE DUMAS sagte schon vor über hundert Jahren in seinem »Dictionnaire de Cuisine«: »Wäre der köstliche Hering teurer, würde er den Leuten besser schmecken.« Offenbar hatte er recht.

Zwei Restaurants, in denen man die Preisabhängigkeit vieler Feinschmeckerzungen klar erkannte, haben daraus ihren Nutzen gezogen und internationalen Ruf gewonnen: der »Ratskeller« in Glückstadt, 50 Kilometer nördlich von Hamburg, und in New York (Lexington Avenue, Ecke 53. Straße im Citycorp Center) das »Nyborg and Nelson«. Beider Küchenruhm gründet sich auf den Hering. Eine der fabelhaften Heringsvarianten von Nyborg and Nelson kann jeder leicht nachmachen:

Einen Salzhering zwei bis drei Stunden wässern, entgräten und in kleine Stücke zerpflücken. Eine mittelgroße Sellerieknolle schälen, waschen, kleinwürfeln und in Butter weichdünsten. Dann vom Feuer nehmen. In den heißen Sellerie den Hering, zwei in feine Würfel geschnittene Pfeffergürkchen oder drei Eßlöffel geschabten Meerrettich einrühren sowie fünf weichgekochte, in dünne Scheiben geschnittene große Salatkartoffeln. Zuletzt in einer halben Tasse Milch zwei Eidotter verquirlen, über die anderen Zutaten gießen und das Ganze zugedeckt bei Zimmertemperatur eine Stunde durchziehen lassen. Mit schwarzem Pfeffer aus der Mühle abschmecken.

Mit Speisen und Getränken, die man mit dem Namen einer Berühmtheit ehrt, ist es so eine Sache. Napoleons Nachruhm hat durch den nach ihm benannten Cognac nicht gelitten. Die Schillerlocke, ob aus Blätterteig oder geräuchertem Dornhai, ließ Friedrich von Schiller seinen Dichterruhm. Nur dem »eisernen Kanzler«, Gründer des Deutschen Reiches, erging es anders. Er führt im Bewußtsein einiger Zeitgenossen ein Doppelleben, seit er auf unseren Speisekarten erscheint. Den Beweis lieferte bei einem schriftlichen Intelligenz- und Bildungstest ein Stellenbewerber. Auf die Frage: »Wer war Bismarck?« schrieb er kurz und bündig: »Ein Hering.«

Lachs

Nachdem die Norweger im erwärmten Abwasser ihrer Kraftwerke sehr erfolgreich schnell wachsende Lachse züchten, muß der Feinschmecker dem edlen Fisch aus den Fjorden mit Mißtrauen begegnen. Wenn ich trotzdem vom Lachs spreche, setze ich voraus, daß er aus Schottland oder Irland stammt. Wer solchen Wildlachs, geräuchert, nicht am Ort einkaufen kann, der wird sich an den ehemaligen Schauspieler HANS GERD KÜBEL wenden müssen. Er macht den besten Räucherlachs überhaupt, hat einen nordischen Hoflieferanten und lebt auf einer Schweizer Alm. Seine Adresse verschweigen die besternten Nobelrestaurants sorgfältig: Sie sind alle seine Kunden.
Rauchfrischen Lachs (von Kübel) liefert:
Balik, Landwirtschaftlicher Betrieb
»Im Moos«
CH 9122 Ebersol-Mogelsberg

Bestellt man vom Balik-Lachs die Spezialität – das Filet Zar Nikolaj –, so muß man es in dickere Scheiben schneiden als sonst üblich und – bitte – ohne Meerrettichsahne oder gar Zitrone nur leicht gepfeffert essen.
Wem auch der leichte Rauchgeschmack noch zu aufdringlich erscheint, der sollte für sich und seine Freunde einen »Graved Laks« herstellen. Hat man einen sachkundigen Fischhändler, so möge er das Tier ohne Kopf der Länge nach in zwei Hälften spalten und das Rückgrat sowie die kleinen Gräten entfernen. Auf dem Fleisch jeder Hälfte verteilt man zwei Bund grob gezupften frischen Dill, bestreut mit einer viertel Tasse grobem Salz und Zucker sowie

zwei Eßlöffeln weißen Pfefferkörnern, die im Mörser leicht zerstoßen werden. Beide Fischhälften zusammenlegen, mit der Haut nach außen, fest in Alufolie einwickeln und auf einer Schale mindestens 48 Stunden im Kühlschrank aufbewahren. Auch 3 Tage sind nicht zu lange. Alle 12 Stunden wird der Fisch gewendet, damit die sich bildende Beize ihn gleichmäßig durchdringt. Auf das Fischpaket ein Brett legen und mit 3 vollen Konservendosen beschweren.

Ist der Graved Lachs fertig, schabt man Dill und Gewürze ab und tupft ihn mit Küchenkrepp trocken. Er wird in mindestens 1 cm dicke Scheiben geschnitten und zu Schwarzbrot mit gesalzener Landbutter serviert. Eine kalte süße Senfsauce, möglichst aus schwedischem Slots-Senf hergestellt, mit sehr viel frischem gehackten Dill, gehört zur Vollendung des Genusses. Kühler weißer Burgunder – der 1982er Beaune Clos des Mouches ist jetzt schon trinkbar – macht die richtige Tischmusik.

Und nun das Wichtigste:

Verstecken Sie die zusammengefaltete Haut dieses Lachses im Kühlschrank. Sie ist eine unbezahlbare, nicht käufliche Delikatesse.

Nur die allerengsten Freunde sollte man zu diesem Schlemmer-Ereignis einladen. Es gibt Rührei und Lachshaut.

In einer Pfanne die in fingerlange Streifen geschnittene Lachshaut langsam bei mittlerer Hitze in Butter braten, bis die Schnittränder sich aufwerfen. Dann erst leicht salzen. Im Ofen warmhalten.

Für das klassische Rührei, das auf keinen Fall bei großer Hitze rasch hergestellt wird, benötigt man pro Person drei bis vier frische Eier. Außerdem 3 Eßlöffel kalte Butter, 3 Teelöffel süße Sahne, weißen Pfeffer aus der Mühle.

1. Eier in eine Schüssel schlagen, etwas Salz und Pfeffer dazugeben und gut rühren oder quirlen, ohne daß sich Schaum bildet.

2. 1½ EL Butter in einer flachen dickwandigen Kasserolle, möglichst aus Kupfer, bei kleiner Hitze zergehen lassen.

3. Eier in den Topf gießen und mit einem Holzlöffel bei mittlerer Hitze sorgfältig rühren, daß sich gleichmäßig feste Flocken bilden.

4. Sobald das Rührei fest wird, die restliche Butter in kleinen Stücken einrühren, je nach Geschmack Sahne dazugeben und es sogleich in einer vorgewärmten Schüssel beiseite stellen.

Auf handwarme Teller das Rührei portionieren, die Hautstücke darauflegen und mit frischem Dill überstreuen.

Als Getränk kommt ein deutscher trockener Riesling in Frage.

Wegen des Rezeptes wird man vor Ihnen auf Knien liegen. Ich stelle anheim, ob Sie es richtig weitergeben wollen. Wenn Sie nur »Lachshaut« sagen, haben Sie einen Freund weniger. Mit der Haut vom Räucherlachs geht es nämlich nicht. Die würde in der Pfanne zu unzerkaubarem Leder werden.

Caviar

Über Caviar, mit »C« geschrieben, lohnt es sich, immer
wieder zu reden. Offenbar hat der edle Rogen nicht nur
eine orthografische Tücke: Semper aliquet haeret – »Es
bleibt immer etwas hängen«, scheint für diese klassische
Gaumenfreude nicht zu gelten. So hat der Irrtum mit »Ma-
lossol« ein zähes Leben. Diese russische Bezeichnung ist
keine Caviarsorte. Sie besagt nichts anderes als »schwach
gesalzen«, und das heißt im Caviar-Fall um die 3 Prozent
herum.

Erst durch die Beifügung zoologischer Nomenklatur erfahren wir etwas über Doseninhalt und Herkunft.

Aus der Familie der Störfische stammen alle drei Caviar-
spender – der Hausen oder BELUGA, der Stör oder OSIE-
TRA, der Scherg oder SEVRUGA.

Bis zu fünf Meter lang und 1200 Kilo schwer wird der BE-
LUGA (Hausen). Rekordausbeute bei einem Tier 300 Kilo
Caviar.

Der OSIETRA (Stör) ist kleinwüchsiger: Länge bis zu zwei
Metern, Gewicht bis 200 Kilo.

Der SEVRUGA (Scherg) mißt nur anderthalb Meter und
wiegt höchstens 20 Kilo. Als Faustregel gilt: Maximal 20
Prozent des Körpergewichtes sind der begehrte Rogen, was
13 500 Eiern je Pfund Fisch entspricht. Alle drei Arten sind
Seefische, die nur zur Laichzeit das Süßwasser der Wolga,
der Terek, der Sulak sowie des persischen Flusses Kisil
Usen aufsuchen. Sonst leben sie im Kaspischen und im
Schwarzen Meer und können älter als hundert Jahre werden.

Der so oft gerühmte persische »Schah-Caviar« ist nichts

anderes als besonders großkörniger Beluga, der nicht in blauen Blechdosen, sondern in weißen Porzellantiegeln verkauft wird. Er sieht glasig aus und ist fast völlig salzlos. Nur deswegen hat er den »reinsten« Caviargeschmack; aber er ist nur sehr begrenzt haltbar.

Kaviar mit »K« geschrieben ist Faß- oder Preßkaviar, der offen verkauft wird. Seiner Haltbarkeit wegen hat er bis zu 10 Prozent Salzgehalt. Ihn verwenden wir nur zur Weiterverarbeitung in Saucen, Füllungen und Salaten.

Warum der Feinschmecker sich mit diesem lexikalischen Wissen belasten soll, hat einen plausiblen Grund: Obwohl die Qualität des Caviars von allen drei Störarten geschmacklich sehr ähnlich ist, verlangt der Handel ganz unterschiedliche Preise. Ursache dafür ist der Caviar-Esser, der seltsamerweise beim Kauf mehr das Auge als die Zunge sprechen läßt. Dabei spielen die Farben, die von hellgrau über dunkel-stahlgrau bis zum Braun aller Schattierungen und zu fast schwarz reichen, für die Zunge keine Rolle. Großkörniger als Osietra- und Sevruga- ist der Beluga-Malossol-Caviar. Und dennoch wird der Kenner, vor die Wahl gestellt, dem etwas kleinkörnigeren Sevruga den Vorzug geben.

Kaufen sollte man jede Sorte nur in den bekannten Blechdosen, deren Gummiring sich so mühsam entfernen läßt; denn in Glasbehältern wird der Caviar der besseren Haltbarkeit wegen sterilisiert, was seinen feinen Geschmack mindert.

Hüten Sie sich vor Sonderangeboten. Die gibt es für Caviar von bester Qualität genausowenig wie für Goldbarren und lupenreine Diamanten. Caviar immer im besten Delikatessengeschäft kaufen!

Hat er die Struktur von trocken gekochtem Reis – Korn für Korn voneinander separiert und eine Temperatur von plus 3 Grad –, kann das kulinarische Vergnügen losgehen. Alles, was wir jetzt brauchen, ist sanftgebräunter Toast, Butter und einen Löffel aus Perlmutt oder Elfenbein. Den eiskalten Teller darf ein Zitronenschnitz zieren, dem wir nur ein paar Tropfen entlocken, wenn der Caviar einen leicht öligen Nachgeschmack haben sollte. Alles andere, wie Zwiebeln, gehackte Eier und Petersilie ist Unsinn.

Nicht übel ist auch die Kombination von frischer Pellkartoffel und ein wenig Crème fraîche als Caviar-Beilage. Aber Vorsicht! Jeden Bissen einzeln zubereiten! Caviar darf nicht warm werden.

HENRI SOULÉ, der Welt berühmtester Caviarkenner, wirbelte manchmal mit der Pfeffermühle schnell und flüchtig über seine Portion. Nach seiner Meinung setzt der Pfefferhauch einen Akzent, intensiviert den frischen Meeresgeschmack.

Bei den Getränken zu diesem lukullischen Mahl, das Vorspeise und Hauptgericht zugleich sein sollte, gibt es nur ein Entweder-Oder.

»Entweder« heißt eiskalter weicher Wodka. Beste Sorte: Polnische Exportqualität (45 %ig) »Wyborowa«, als Ersatz kommen finnischer oder der beste russische, »Stolydenaya«, in Frage. Auf jeden Fall drei Tropfen Zitrone ins gefüllte Glas.

»Oder« setzt voraus, daß Damen in der Tafelrunde sind. Dann verträgt sich auch ein ganz trockener Champagner mit den Stör-Eiern. Diese Kombination erlaubt außerdem Damen jeden Alters die verwunderte Frage, wie, um Gottes willen, das alles nur passieren konnte.

Schneckeneier

Daß es auf dem Gebiet des Eßbaren noch etwas Neues, etwas bisher noch nicht Dagewesenes geben könnte, schien undenkbar. So lange jedenfalls, bis der Schneckenzüchter ALAIN CHATILLON mit seiner Entdeckung international bekannt wurde. Seit er 1979 in Tibet bei einem Gastessen in einem buddhistischen Kloster Schneckeneier serviert bekam und sie ganz unvergleichlich delikat fand, suchte er auf seiner Farm in Burgund nach einem europäischen Produktionsweg. In Nepal hatte er gesehen, wie die Novizen nach dem Monsun von ihren auf den Bergen liegenden Klöstern ins Tal herabstiegen und dort die unter Steinen abgelegten Schneckeneier einsammelten. Feierlich wurden sie dann – roh auf einer goldenen Schale – dem Lama-Priester als Symbol des ewigen Lebens dargeboten. Fünf Jahre suchte und probierte Monsieur CHATILLON – normalerweise mästet er Weinbergschnecken für Feinschmecker –, dann wurde er fündig.

Nicht die Weinbergschnecke, sondern ihre kleinere graue Schwester, die »Helix aspersa«, war die richtige Stammutter. Mit 200 000 Exemplaren dieser Art ging er das Problem an. Komplizierte technische und zoologische Fragen waren zu lösen: Für die Eiablage mußten kleine keramische Gefäße entwickelt werden, in denen die Schnecken sich wohlfühlten. Täglich zweimal wurden die Tierchen im frischen Gras geduscht und mit einer Sonderdiät aus Möhren, Salat, Steckrüben und Weißkohl gefüttert.

Und dann das komplizierte Liebesleben! Obwohl Schnecken Mann und Frau in einer Person sind, bedürfen sie des Partners zur zärtlichen Umarmung, bevor sie sich zur Ablage ihrer Eier bequemen. Etwa 100 Stück mit einem Gesamtgewicht von 3,5 Gramm legt dann die Helix aspersa einmal im Jahr. Kleine Perlen von makellosem Weiß sind das. Erst nach einer Fermentation von 30–45 Tagen bekommen sie ihre endgültige goldrosa Färbung und ihren unvergleichlichen Geschmack.

Als »Oeufs d'Escargot, Royal Brut« ist diese kulinarische Köstlichkeit jetzt auf dem Markt.

Auf etwa 1900 Kilo wird die Produktion für 1986 geschätzt. Nur ein Viertel davon ist für die Bundesrepublik reserviert. Wer »Oeufs d'Escargot« kaufen will, darf beim Preis nicht erschrecken. Er muß sich klarmachen, daß der Lieferant des Caviars, der Stör, pro Fisch viertausendmal so viele Eier legt wie die kleinen grauen Schnecken von ALAIN CHATILLON. Gemessen an dieser Proportion sind die Schneckeneier billig. Das Kilo kostet so um die 2000 Mark herum. Ich habe »Oeufs« bisher zweimal probiert. Serviert in einem Kristallschälchen, das auf gestoßenem Eis ruhte, dazu frischgetoastetes Landbrot, nur ganz wenig gebuttert, und einen guten alten Bordeaux. (Er ist für diese edle Speise dem Champagner vorzuziehen.) Wenn die drei Millimeter kleinen Eier mit einem leichten Widerstand zwischen den Zähnen platzen, ergießt sich ihr Inneres sanft über die Zunge. Das leicht gesalzene roséfarbene Mini-Etwas vermittelt einen Geschmack, der entfernt an Mandelöl erinnert. Die vom Champagner übernommene Bezeichnung »Royal Brut« besagt: Minimum 95 % Eier, Maximum 5 % Salz.

Den Imperativ »Schneckeneier!« werden sich auch zahlungskräftige Gourmets nicht oft leisten können: Auch wenn man den Preis bezahlen kann, Schnecken lassen sich nicht hetzen.

Trüffeln

Um die Jahreswende stehen dem Gourmet teure Wochen und Monate bevor. In den Monaten Oktober, November, Dezember muß er sich der italienischen weißen Trüffel (tuber magnatum) widmen, und schon folgt in den Monaten Januar, Februar, März die französische schwarze Périgord-Trüffel (tuber melanosporum).

Während der Feinschmecker es bei der weißen Trüffel, die noch stärker duftet als ihre schwarze französische Schwester, noch in der Hand hat, wie teuer sein Trüffelgericht ist – die weiße Trüffel wird ja roh in millimeterdünnen Scheiben grammweise über Salate oder Risotto gehobelt –, ist bei Gerichten mit der schwarzen Trüffel, die nur gekocht verzehrt werden sollte, allein die Stückzahl preistreibend. Nun schreibt sich ein Wort wie »gekocht« leicht hin. Generationen von Köchen haben am Herd mit der schwarzen Trüffel experimentiert. Heute sind sich alle kulinarischen Wettkämpfer so weit einig, daß ALFRED WALTERSPIEL die beste Zubereitung für die schwarze Périgord-Trüffel gefunden hat. Seine *Trüffeln Walterspiel* werden so zubereitet:

Zwölf ganze Trüffeln (720 bis 800 g) sauberbürsten und sehr dünn schälen. Einen halben Liter Fond aus einem Teil klarer entfetteter Kalbsbouillon und einem Teil sehr trockenem Sherry bereiten, mit ganz wenig Salz und einem Hauch weißen Pfeffer aus der Mühle würzen. Die Trüffeln gut bedeckt in diesem Fond 20 bis 25 Minuten sanft kochen lassen. Der Fond sollte so weit eingekocht sein, daß für jede Trüffel eine Mokkatasse voll Bouillon übrigbleibt.

Zu den Trüffeln werden hauchdünne eisgekühlte Butter-späne serviert. Man schneidet die Trüffeln in dünne Schei-ben und ißt sie zusammen mit der geeisten Butter. Den Fond extra servieren.

Ich habe dieses Gericht schon einige Male zubereitet und kann daher aus Erfahrung sagen: Hände weg von mehr Salz und von allen anderen Gewürzen, nur die Walterspiel-sche einmalige Drehung der Pfeffermühle ist erlaubt.

Trüffeln sehen aus wie alte narbige Kartoffeln, deren ledri-ge Haut mit schwärzlichen Warzen überzogen ist. Trotz ih-rer unappetitlichen äußeren Erscheinung sind und bleiben sie die Diamanten der Küche.

Schwarze Trüffeln werden in den südfranzösischen Land-schaften Périgord, Bourgogne und Provence gefunden. Die edlen weißen wachsen im Piemont, in den Wäldern um Alba herum. Das Fruchtfleisch der französischen Trüffel ist schwarzgrau bis rötlich-violett, bei der italienischen gelb-lich-weiß, bei beiden von netzartigem Aderwerk durchzo-gen.

Ob Trüffeln Pflanzen (Pilze) oder Tiere sind, ist immer noch umstritten. Pflanzen können es nach den geltenden botanischen Kriterien nicht sein, weil sie an der Fotosyn-these, dem Aufbau organischer Stoffe durch Lichteinwir-kung, nicht teilnehmen können. Sie haben kein Chloro-phyll, ohne das der Lichtkreislauf nicht zustande kommt. Tiere sind Trüffeln auch nicht, weil sie unbeweglich an einem Platz verharren müssen und keinen erkennbaren Kreislauf haben, sagen die Zoologen. Nein, sagen Pilzfor-scher, weder – noch: Es handelt sich um eine dritte Art, die sonst in der Natur nicht vorkommt. Dennoch bezeichnen sie die Trüffel als hypogäischen Schlauchpilz, der in sym-biotischer Lebensgemeinschaft (Mykorrhiza) mit verschie-denen Eichenarten lebt.

Eines hat die wissenschaftliche Diskussion Gott sei Dank erreicht: Weltweit wird jetzt die Anzucht von Trüffeln versucht. Allen voran natürlich die Amerikaner, die sich kein Geschäft »aus der Nase gehen« lassen und zunächst einmal einen elektronischen Trüffel-Detektor entwickelten, dem allerdings der rechte Sucherfolg nicht beschieden war. Das US-Magazin »Newsweek« berichtete über die erste Trüffelfarm. Nach Texas wurde nicht nur die Kalkerde des Périgord importiert, sondern dazu auch 20 000 Trüffel-Eichenpflänzchen und eine entsprechende Menge Trüffelsporen. Ob der Anbau funktionieren wird, weiß der Farmer FRANÇOIS PICART noch nicht, denn zehn bis fünfzehn Jahre dauert es im günstigsten Fall, ehe sich herausstellt, ob mit den Eichen auch die Trüffeln wachsen. Vorerst bleibt also nur die große Hoffnung und eventuell ein kleines Abschreibungsgeschäft.

In Frankreich sind Experten schon ein bißchen weiter mit der Züchtung. Noch hüten sie das Verfahren sorgfältig vor den Augen Dritter. Aber auch hier wird mit einer Karenzzeit von zehn Jahren gerechnet, ehe man Genaues weiß.

Ob der schwarzen oder der weißen Trüffel der Vorzug zu geben sei, läuft auf die Frage hinaus: Italienische oder französische Küche – welche von beiden ist die feinere? Trüffelsucher in der Gegend von Alba haben sich schon bei solchen Diskussionen krankenhausreif geprügelt.

Halten wir zunächst einmal fest, was die weißen Diamanten Italiens, die Tartufi di Alba, mit den schwarzen Perlen Frankreichs gemeinsam haben: Beide sind knollenartige Wesen, die unterirdisch wachsen. Sie sind auf die Nachbarschaft von Eichen, gelegentlich auch Kastanien, Weiden, Haelsträuchern und Pappeln angewiesen.

Ihre bevorzugte Höhenlage: Zwischen 200 und 400 Meter über dem Meeresspiegel.

In beiden Ländern beträgt die Strafe für unbefugtes Trüf-
fel-Graben bis zu fünf Jahren Gefängnis.

Als Plinius im ersten Jahrhundert n. Chr. seine Naturgeschichte schrieb, glaubte man noch, Trüffeln seien vom Blitz
gezeugt und wüchsen zwischen den Wurzeln jener Bäume,
die bei Gewitter der Strahl Jupiters traf. Plinius, der ein
kritischer Mann war, mochte diese abergläubische Version
nicht übernehmen und versuchte, durch systematische Untersuchungen das Rätsel um die Trüffel zu lösen. Das gelang ihm genausowenig wie den vielen Generationen von
Wissenschaftlern bis heute, und so erklärte er schließlich
schlicht: »Die Trüffel ist eine Verirrung der Natur.«

Alles, was man über die Trüffeln je gedacht, geforscht und
geschrieben hat, zeigt eine Sammlung, die im Schloß von
Grinzano-Cavour in der Nähe von Alba zu besichtigen ist.
Wissenschaftlich gesicherte Erkenntnisse sucht man auch
dort vergebens; nur der Feinschmecker erfährt, was er ohnehin schon weiß: Die Trüffeln sind die »Sancta sanctorum
aller Nahrungsmittel«, das »poetische Geheimnis aller Ga-
stronomie«. Interessanter ist neben dem Schloß das Gebäu-
de am Rande des Dorfes Roddi. Am Dachfirst stehen die
seltsamen Worte »Universität für Trüffel-Hunde«. Darunter, gleich einem Wappen, der Wahlspruch dieser abseitig-
sten Alma mater der Welt: Ein Schloß – ein Hund – eine
Trüffel! Tatsächlich werden in dieser Hochschule von einem Professor Bartini mit den kleinen Bastardhündinnen
Seminare veranstaltet. In einer Art genuschelter Geheim-
sprache teilt der Professor seinen schwanzwedelnden Höre-
rinnen mit, wie und wo sie die Trüffeln zu suchen haben.
Für einen von ihm fertig ausgebildeten Trüffel-Fiffi muß
man dann um die 3000 Mark zahlen.

Auch ohne Forschung und wissenschaftliche Diskussionen
wußten die französischen und italienischen Trüffelsucher

seit langem, was die Forscher erst kürzlich herausfanden: Der Duft der schwarzen Trüffel ist in seiner chemischen Substanz mit dem Sexualhormon des Ebers identisch. Deswegen nahmen die Bauern in Südfrankreich zur Suche immer ein weibliches Schwein – die Chercheuse – an die Leine. Das Tier wittert die geschlechtliche Sensation auch noch dreißig Zentimeter unter der Erde und fängt sofort mit der Ausgrabung an. Bevor es jedoch am Ziel seiner Begierde ist, schaltet sich der Bauer ein und nimmt die Trüffel mit einem besonders geformten Grabeisen vor der Nase des Schweines weg. Ist es ein ordentlicher Fund, so wiegt die Knolle zwischen 20 und 50 Gramm (Wert: 24 bis 60 Mark).

Auch der stärkere, beinahe penetrante Duft der weißen Trüffel beruht auf diesem tierischen Geschlechtshormon, das die unterirdische Knolle auf rätselhafte Weise herstellt. Die Italiener behaupten, der Duft ähnele mehr dem eines Hundes auf Freiersfüßen, und deswegen seien bei der Trüffeljagd nur Hündinnen mit Erfolg einzusetzen. Ob es nun der Geruch oder die mögliche Wirkung des Sex-Hormons ist – im Piemont ist es verboten, frische Trüffeln in öffentlichen Verkehrsmitteln zu transportieren.

Über die schwarze Trüffel des Périgord, die sich im Gegensatz zur weißen in Salz und Alkohol eine Zeitlang konservieren läßt, ohne allzuviel Aroma zu verlieren, hat Brillat-Savarin in seiner »Physiologie des Geschmacks« mehr als über irgendein anderes Nahrungsmittel geschrieben.

»Wer Trüffel sagt, spricht ein Wort aus, das bei dem Geschlecht, welches Röcke trägt, erotische und feinschmeckerische Gefühle erregt, und bei dem Geschlecht, welches Bärte trägt, erotische Erinnerungen stürmisch lebendig macht.

Diese schätzbare Doppelwirkung kommt daher, weil diese hervorragende Knolle nicht allein köstlich schmeckt, sondern weil man weiß, daß sie eine Kraft steigert, welche von den süßesten Vergnügungen begleitet ist.

Zwar will es mir scheinen, als ob auch noch andere Delikatessen Anrecht auf diese Wertschätzung hätten, aber schließlich habe ich gefunden, daß es vor allem die Trüffel ist, die das geschlechtliche Vergnügen fördert.«

So und ähnlich schwelgt Brillat-Savarin über mehr als ein Dutzend Druckseiten und kommt schließlich zu einem Schluß, der weder Astronomen noch Philosophen gefallen wird: »Die Entdeckung der Trüffel ist für das Glück des Menschengeschlechtes von größerer Bedeutung als die Entdeckung eines neuen Gestirns.«

Bevor wir uns als Anfänger mit einer Trüffel, sei sie weiß oder schwarz, in die Küche begeben, sollten wir wissen, daß allein die »Encyclopédie de Cuisine de tous les Pays« über 450 Rezepte verzeichnet, in denen die Trüffel eine entscheidende Rolle spielt. Daraus nehmen wir das einfache *Trüffelomelett*:

Eine ungeschälte schwarze Trüffel von etwa 50 Gramm wird halbiert und in einen Korb mit zehn frischen Landeiern gelegt und zugedeckt. Dann warten wir 48 Stunden. Das Trüffelaroma durchdringt die Eierschalen und verbindet sich mit dem Weiß und den Dottern. Wenn wir nun die Eier in gewohnter Weise aufschlagen und die Masse vor dem Backen bei mittlerer Hitze noch mit einigen Trüffelspänen versetzen, erwartet uns ein Genuß, der unvergleichlich ist.

Wer die weiße Trüffel vorzieht, der kann bei diesem *Trüffelsalat*-Rezept die Küche meiden:

Ein Trüffelhobel (gibt es in jedem Fachgeschäft für Hotelbedarf) wird neben einer faustgroßen Trüffel auf den

Tisch gelegt. Jeder hobelt sich so viele ganz dünne Trüffelscheiben, wie er mag, auf den Teller. Ein wenig erstklassiges Olivenöl, etwas Zitronensaft, eine kleine Prise Salz und ein wenig weißer Pfeffer aus der Mühle werden darübergegeben. Schon ist der Salat fertig – Kräuter und andere Zutaten sind absolut überflüssig.

Wem das Winterklima in Alba oder im Périgord mißfällt, der kann zum Trüffel-Schlemmen auch den kleinen Umweg über New York machen. Im Restaurant Barbetta, 321 West 46th Street, gibt es von Ende Oktober bis März täglich fünfzig frische Trüffelgerichte. Dreimal wöchentlich werden von Barbettas eigenen Trüffelhunden gesuchte Piemonteser eingeflogen. Schon CARUSO und TOSCANINI waren in diesem Lokal Trüffel-Stammgäste, wenn sie die für einen europäischen Gourmet wichtigste Zeit des Jahres in New York verbringen mußten.

Sollte eine solche Trüffel-Orgie irgend jemand noch nicht exklusiv genug sein, kann ich nur noch die sogenannte Seetrüffel empfehlen, die es an der Ligurischen Küste in der Gegend von Lérici und Portovenere gibt. Ihr lateinischer Name – venus verrucosa, wörtlich: warzige Venus – deutet bereits an, was die Kenner behaupten: Sie wirkt als Aphrodisiakum so, daß selbst Tote aufwachen.

Die Suche nach der Seetrüffel erfordert allerdings einigen Aufwand. Man braucht ein Schiff mit Krananlage und einem geübten Taucher. Da sich die Seetrüffel Löcher in die Kalkfelsen bohrt und sich darin fest einnistet, muß man zunächst in 10 bis 15 Metern Tiefe einen solchen löcherigen Felsblock finden und vom Kran auf das Schiff heben lassen. Dort entnimmt man mit Hammer und Meißel nach Steinmetzart die geschätzte Gaumenfreude und verzehrt sie roh.

Pilze

Über kein Wildgemüse wird so viel Unsinn von Generation zu Generation weitergegeben wie über Pilze. Mit dem Silberlöffel oder der geschälten Zwiebel im Kochtopf, sagt Oma, könne man die Verträglichkeit sicher prüfen – werden die Fremdkörper blau oder schwarz, ist ein Giftpilz dabei, und man muß die Pilze wegwerfen.

Diese Pseudoweisheit führte schon oft dazu, daß sich ganze Familien ausrotteten. Fröhlich wurde zugesehen, wie der Silberlöffel blank, die Zwiebel weiß blieb – also anscheinend alles in Ordnung war. Wenn dann die honigartig wohlriechenden grünen Knollenblätterpilze auf dem Teller liegen, sollte der Notarztwagen im nächsten Krankenhaus schon startklar sein. Von jetzt an entscheiden Minuten über das Weiterleben.

Dennoch – Pilzesuchen ist ein einzigartiges Vergnügen. Hat man es einmal angefangen, kann man es nicht mehr lassen.

Als leidenschaftlicher Pilzsucher möchte ich mich an dieser Stelle zu einer einseitigen Betrachtung bekennen: Ich liebe ihre sanfte Haut, ihren betörend feinen Duft, ihre junge feuchte Frische, ihre ungestüme Triebkraft, die sie über Nacht wachsen läßt – kurzum: Wald- und Wiesenpilze sind aus meinem Koch- und Eßleben nicht wegzudenken.

Die Lebenswichtigkeit der Kenntnisse von genießbaren Arten kann ich allerdings nicht eindringlich genug deutlich machen – ich empfehle jedem, beim Pilzesammeln zwischen Amselschlag und Häherruf der raschen Vergänglichkeit menschlichen Lebens zu gedenken. Das Memento mori im Wald haben schon viele berühmte Persönlichkeiten der Geschichte überhört. Zum Bedauern dieses Fehlers blieb ihnen nicht viel Zeit.

GOTAMA BUDDHA starb 480 v. Chr. an einem Pilzgericht, das er individuell zusammengestellt hatte. KAISER DIOKLETIAN, der von der Jagd ein Wildschwein und Waldpilze mitbrachte und zubereiten ließ, überlebte die delikate Beilage im Jahre 313 n. Chr. nur wenige Stunden. Auch Frankreichs KÖNIG KARL VII., dessen Geliebte AGNÈS SOREL ihm vier Töchter schenkte, verstand offensichtlich von Mädchen mehr als von Pilzen. Diese Bildungslücke bezahlte der Monarch 1461, gerade eben 58 Jahre alt, mit seinem Leben. Er verwechselte Wiesenchampignons mit Knollenblätterpilzen.

Wenden wir uns dem Genuß zu und bereiten wir uns darauf so vor: Zunächst kaufen wir uns, im Taschenformat und wasserdicht versiegelt zum Mitnehmen in den Wald, R. M. DÄHNKES »Pilzkompaß«. Dieser Pilzsteckbrief, illustriert mit

75 hervorragend genauen Farbfotos, ist schon die halbe Lebensversicherung.

Ab August gibt es wieder reichlich Pilze. Mit Korb und Küchen- oder Taschenmesser (die Plastiktüte kommt aus gesundheitlichen Gründen auf keinen Fall in Frage) gehen wir auf die Jagd. Reviere sind Wiesen und Wald, die wenigstens einen Kilometer von Autobahnen und vielbefahrenen Straßen oder Industrieschornsteinen entfernt sind. Auf Pferde- und Kuhkoppeln suchen wir die Champignons, deren erste Vertreter sich schon Ende Mai gezeigt haben. Champignons gehören zur Familie der Egerlinge. Mit etwas Pilzglück kann man zwei verschiedene Arten von Champignons abschneiden: den WIESENCHAMPIGNON und den ANISCHAMPIGNON. Alle Champignons haben freie Lamellen, die beim jungen Exemplar rosa bis graurötlich sind und später dunkelbraun werden. Der Stiel ist weiß, kahl und schlank, ein Hautring umgibt ihn im oberen Drittel.

Champignons gehören zu den besten Speisepilzen überhaupt. Was wir normalerweise unter diesem Namen an gezüchteten Exemplaren kaufen, ist in Aroma und Geschmack eine müde Ahnung vom »wilden« Exemplar; was uns in Dosen – der Inhalt wird meist aus Rotchina geliefert – als Mini-Champignon angeboten wird, gehört eher auf die technische Messe nach Hannover als in die Küche. Ich glaube, daß diese Pilzzwerge von unseren gelben Brüdern nach einem Geheimverfahren aus Plastik hergestellt und mit sehr schwachem künstlichem Pilzaroma versetzt werden.

Beim Sammeln von Champignons gibt es Verwechslungsgefahren: Eine wildwachsende Art ist der ungenießbare, nur schwach giftige KARBOLCHAMPIGNON, der genauso riecht, wie sein Name vermuten läßt. Auch er gehört zur Familie der Egerlinge.

Leider gibt es aber auch zwei tödlich giftige weiße Knollenblätterpilze, die mit Champignons verwechselt werden können: den KEGELHÜTIGEN KNOLLENBLÄTTERPILZ
und die weiße Form des GRÜNEN KNOLLENBLÄT-
TERPILZES. Beide haben aber stets weiße Lamellen.

Bevor man Profi ist, bitte jeden Champignon mit der Abbildung im Buch vergleichen, besser noch: die Tagesbeute einer Pilzberatungsstelle vorführen (es gibt davon über tausend in der Bundesrepublik; Adressen durch Telefonaus-
kunft oder örtliche Tageszeitung). Auf keinen Fall aber
eine Bißprobe am rohen Pilz machen. Beim Knollenblätterpilz kann schon das böse Folgen haben.

In Laub- und Nadelwald erfreut das Sammlerherz jetzt der
PFIFFERLING. Jeder kennt ihn, und – eine Seltenheit bei
Pilzen – er kann weder verwechselt noch gezüchtet werden.
Sein pfeffrig-würziges Aroma hat ihn zum beliebtesten
Speisepilz gemacht. Leider ist er von allen Pilzen der am
schwersten verdauliche. Sein Nährwert ist gleich Null.

Im Gras des Nadelwaldes wächst oft in Massen der MARO-
NEN-RÖHRLING. Dieser gute Speisepilz ist kaum mit
Giftpilzen zu verwechseln. Sein Hut ist kastanienbraun. Bei
Feuchtigkeit wird er leicht schmierig. Die gelbgrünlich- bis
olivfarbigen Röhren verfärben sich bei Druck blau. Maronen lassen sich fein geschnitten sehr gut getrocknet konservieren.

Sowohl unter Kiefern und Tannen als auch im Laubwald,
der mit Eichen durchsetzt ist, wächst der deutsche König
des Waldes, der STEINPILZ. Aus gutem Grund wird er
auch Herren- oder Edelpilz genannt. Je nach Alter und
Standort wird er zehn bis zwanzig Zentimeter hoch, der
weißlich-hell- bis dunkelbraune Hut erreicht bis zu 20 Zentimeter Durchmesser. Die Farbe der Röhren ist zunächst
weißlich, dann gelblich, im Alter olivgrün; sie lassen sich
leicht vom Hutfleisch ablösen. Der Stiel ist von weißer bis

bräunlicher Farbe, immer mit feiner, erhabener, weißer Netzzeichnung in der Nähe der Spitze. Der Steinpilz eignet sich, in feine Scheiben geschnitten, hervorragend zum Trocknen und steht so als erlesene Würze für Saucen und Suppen das ganze Jahr zur Verfügung.

Verwechslungsmöglichkeit: der GALLEN-RÖHRLING, der bittere Doppelgänger des Steinpilzes. Der Gallen-Röhrling ist jedoch nicht giftig, sondern nur ungenießbar. Damit nicht das edle Steinpilzgericht durch seine fiese Bitterkeit verdorben wird, kaut man im Zweifelsfall ein fünfpfenniggroßes Stück. Ist es der Doppelgänger, spuckt man die Probe schnell freiwillig wieder aus, so teuflisch bitter ist das Biest.

Sehen wir beim Pilzsuchen ganze Kolonien kleiner, bräunlicher oder schwefelgelber Pilze auf vermodertem Holz wachsen, sollten wir zugreifen. Denn entweder ist es das STOCKSCHWÄMMCHEN oder der GRAUBLÄTTRIGE SCHWEFELKOPF. Beide sind ganz hervorragende Würzpilze, und oft findet man mehr als hundert an einer Stelle. Auf jedem Markt in Frankreich muß man sie hundertgrammweise teuer bezahlen, nur wir Deutschen lassen sie aus Unkenntnis meist stehen. Dabei gibt es keine Giftpilze, die den beiden auch nur entfernt ähnlich sehen. Zwar hat der Graublättrige Schwefelkopf einen bitteren Verwandten, dessen Lamellen grün scheinen – den GRÜNBLÄTTRIGEN SCHWEFELKOPF. Eine Geschmacksprobe vom rohen Pilz am Fundort schafft sofort Klarheit: Stockschwämmchen und Graublättriger Schwefelkopf schmekken mild, der nicht genießbare, aber ungiftige schmeckt bitter.

Will Ihnen ein Pilzfreund eine Stelle zeigen, wo es den HALLIMASCH besonders zahlreich gibt, lassen Sie ihn allein dorthin ziehen. Seit einiger Zeit weiß man, daß dieser Pilz, der nur ganz jung wohlschmeckend, in rohem Zustand giftig ist. Und selbst gekocht ruft er in Verbindung mit Alkohol bei vielen Leuten Gleichgewichtsstörungen hervor. Verhältnismäßig häufig kommt im Sommer und Herbst im Kiefernwald, an Wegen und in Schneisen der BUTTER-PILZ vor. Er hat eine gewisse Ähnlichkeit mit den Maronen; seine Röhren sind zunächst hellgelb, später schmutziggelb, die Oberhaut ist beim jungen Pilz schleimig, beim alten glatt und glänzend und immer leicht abziehbar. Am Stiel findet man den Rest seiner Geburtshülle, als weißen Ring im oberen Drittel. Wegen seiner Zartfleischigkeit eignet er sich besonders zum Braten. Dieser Pilz ist standorttreu. Merken Sie sich also die Stelle, wo Sie ihn gefunden haben. Er erfreut Sie nächstes Jahr wieder dort. Verwechslungsmöglichkeiten gibt es nicht, es gibt keinen entfernt ähnlichen Giftpilz.

WICHTIG: Den Butterpilz schon im Wald putzen, denn er will nicht gewaschen werden, weil er das Wasser wie ein Schwamm aufsaugt. Außerdem verhindert das Abziehen der schmierigen Oberhaut, daß die anderen Pilze im Korb verschmutzen.

In der Nähe von Birken kommen besonders zwei Pilze vor: die ROTKAPPE und der BIRKENPILZ. Beide können nicht mit Giftpilzen verwechselt werden. Der Hut der Rotkappe erreicht bis zu 20 Zentimeter Durchmesser, ist rot- oder orangebraun, die Huthaut trocken und etwas körnig, seine Röhren sind jung dunkelgrau, später heller bis gelblich-grau. Sein Fleisch ist weiß und fest, verfärbt sich an der Luft ins Bläulichgraue, beim Schmoren wird es schwarz. Zum Trocknen eignet er sich gut.

Eine alte Rotkappe und ein alter Birkenpilz können sehr ähnlich aussehen. Ein Druck mit dem Finger auf den Hut gibt Auskunft: Die Rotkappe bleibt bis ins Alter festfleischig, während der Birkenpilz dann schwammig-weich und im Grunde nicht mehr sammelnswert ist. Das hat ihm im

Volksmund wohl auch solch abwertende Namen wie Geiß-
pilz, Pfaffenkopf und Rotzling eingetragen.

Eine der ganz großen Delikatessen, die von Sommer bis
Herbst in Buchenwäldern wächst, ist die HERBSTTROM-
PETE. Daß sie auch Totentrompete heißt, sollte niemand
stutzig machen und daran hindern, den fünf bis zwölf Zentimeter hohen Pilz, der häufig in Trupps vorkommt, einzu-
sammeln. Sein schrumpliges Äußeres ist nicht besonders
ansprechend. Er ähnelt einem Füllhorn oder einem Trich-
ter mit umgebogenem Rand, ist grau, graubraun, manchmal beinahe schwarz. Seine Außenseite ist schwach runz-
lig, geadert oder leicht faltig, sein Fleisch dünn und brü-
chig. Es gibt keine Verwechslungsmöglichkeiten mit Giftpilzen.

Die beste deutsche Pilzkennerin, Rose Marie Dähnke,
schreibt über die Herbsttrompete: »Als Frischgericht
schmeckt sie schon sehr gut, ist aber viel zu schade dafür.
Unübertrefflich wird die Herbsttrompete erst in getrockne-
tem Zustand, wenn sie zerbröckelt oder in Pulverform einem Gericht die denkbar feinste Würze gibt. Eine Trompe-
tensuppe wird auch durch Morcheln nicht in den Schatten
gestellt, die allgemein als das Nonplusultra für Pilzsuppe
gelten. Die Großen unter den Küchenchefs verwenden die
Herbsttrompete als Trüffelersatz, was ihr zwar Anerkennung zollt, sie aber als Ersatz unverdientermaßen herab-
mindert. Wenn man das Verhältnis zwischen beiden klären
wollte, wäre es richtiger, die Trüffel als Ersatz für die
Herbsttrompete hinzustellen. Ihr Aroma schwindet nie,
während manches Scheibchen Trüffel den Gourmet schon
enttäuscht hat und ihn an seinem eigenen oder an der Trüffel Geschmack zweifeln ließ.«

Für die Zubereitung und das Konservieren in der Küche
sollte man folgendes wissen:

- Grundsätzlich werden die Pilze trocken geputzt. Die Haut wird vom Rand her nur dann abgezogen, wenn sie schmierig ist oder sich leicht abziehen läßt.
- Wenn Waschen erforderlich ist, dann kurz und gründlich in viel kaltem Wasser und sofort abtropfen lassen.
- Haben die Pilze Wasser aufgesogen, kann man sie ruhig wie einen Schwamm ausdrücken. Es schadet ihnen nicht.
- Frische, rohe Pilze, wie Champignon oder Steinpilz, in grünen Salat geschnitzelt, ergeben eine Traumkombination.
- Für fast alle Gerichte, gebratene oder geschmorte, die Pilze fein aufschneiden. Je feiner, um so besser entfalten sie ihr Aroma.
- Ein gutes Pilzgericht muß in zehn Minuten fertig sein.
- Als Gewürz zu Pilzgerichten sollte man sich auf Rosmarin oder Thymian beschränken.

Zum Trocknen fädelt man Pilze – in Scheiben geschnitten – auf und hängt sie an einen luftigen Platz im Schatten. Oder man legt sie mehrere Stunden auf ein Kuchenblech in den Ofen bei 50 Grad Temperatur. Gelegentlich wenden. Erst wenn die Pilze fast trocken sind, werden sie auf Küchenkrepp auf dem Blech umgebettet.
Die modernste Art der Haltbarmachung ist das Tieffrieren. Fast alle Pilze, die man einfrieren will, sollten aufgeschnitten sein und ganz rasch in wenig kochendem Wasser blanchiert werden. Besser noch: ein Pilzgericht fertig zubereiten, auskühlen lassen und portionsweise einfrieren. Die Haltbarkeit beträgt im Durchschnitt neun Monate. Eine besondere Technik zum Auftauen ist nicht erforderlich. Die Pilze können gefroren in den Schmortopf kommen. Nur Pfifferlinge eignen sich nicht zum Einfrieren. Sie werden zäh und bitter.

Bitter kann es auch enden, wenn man sich aus der Drogenszene Rat für einen preiswerten Trip holt. Als Geheimtip gilt da der FLIEGENPILZ.

Tatsächlich werden im Nordosten Sibiriens heute noch Fliegenpilze gesammelt und getrocknet, um bei Festen als Rauschmittel verzehrt zu werden. Eine halbe Stunde danach stellen sich gehobene Stimmung, Heiterkeit, Erregungszustände und Sinnestäuschungen ein, die schließlich in ohnmachtähnlichen Schlaf übergehen.

Die Wirkung kann aber auch in Depressionen und Tobsucht umschlagen. Nach erfolgtem Tiefschlaf ist der Berauschte wieder nüchtern, das Gift wird auf natürlichem Wege durch die Nieren wieder ausgeschieden.

Lassen Sie es trotzdem nicht auf einen Versuch ankommen. Der Gehalt der beiden im Fliegenpilz vorkommenden Giftstoffe Atropin und Muscarin läßt sich nicht im voraus bestimmen.

Schnecken

Hört man den lateinischen Namen »Helix Pomatia«, denkt man eher an eine Droge oder an ein kosmetisches Mittel als an die »Gemeine Weinbergschnecke«.

Eine Freundin, die ich zum Schneckenessen einlud, gab ihrer Begeisterung für das liebe Gartentier so Ausdruck: »Das Wort Schnecke ist für diese Köstlichkeit zu banal. Das sind doch Zungenküsse des Teufels, die wir hier genießen.« In der Tat unterschätzen viele Deutsche noch immer Geschmack und Wirkung der Schnecke. Man sieht sie lieber am Rebstock oder auf Brennesseln als auf dem Eßtisch.

Die Römer wußten es besser. Sie waren so versessen auf die kleinen Kriech-Delikatessen, daß sie sich hauptamtliche Schneckenhirten hielten, die ihre Schützlinge auf besonders saftige Weiden trieben und mit Milch mästeten. Auch in Frankreich schätzte man sie schon hoch, als es noch genügend gab.

Erst kürzlich führte eine 104 Jahre alte Frau aus Perpignan ihr hohes Alter auf den regelmäßigen Genuß der Escargots zurück. Nun wird ja immer irgendwo jemand 104 und macht dafür alles mögliche verantwortlich – Knoblauchzwiebeln, sexuelle Enthaltsamkeit, dreimal täglich kalte Bäder oder Schlafen unter freiem Himmel –, nur nicht die angeborene Konstitution. Den Schneck und seine Geheimnisse loben jedoch sogar die Medizinmänner (selbst wenn sie vegetarisch leben).

Das Fleisch einer einzigen Schnecke enthält achtzehn Prozent Eiweiß, das sind 180 Gramm pro Kilo oder sechsmal mehr als ein Hühnerei gleichen Gewichts. Daß gerade diese Tierchen, als Inbegriff der Langsamkeit und Passivität verschrien, das Liebesleben müder Männer reparieren sollen, erklärt auch Dr. Nawratil, ein Biologe aus Wien, der sich seit Jahren mit dem Wert der Weinbergschnecken befaßt: »Sie enthalten in ihren Drüsen das Arginin, eine Aminosäure, die als der wichtigste tierische Wuchsstoff bezeichnet wird und für das Gleichgewicht im Hormonhaushalt verantwortlich ist.« Dies und der hohe Eiweißgehalt machen die Schnecke zu einem natürlich wirkenden Aphrodisiakum, das nicht nur leicht verdaulich, sondern auch äußerst angenehm in der Anwendung ist.

Kein Wunder: Die Tiere haben selbst ein ausgefallenes Liebesleben – es sind Zwitter. Jedes hat männliche und weibliche Geschlechtsorgane, erzeugt männliche und weibliche Zellen, ist Schneck und Schnecke in einem. Trotzdem (oder gerade deshalb) dauert das Liebesspiel dieser Hermaphroditen mit Haus über zwei Stunden. Auch im kleinen ist die Natur großzügig.

Weinbergschnecken-Greise können bis zu zwölf Jahre alt werden. Allerdings erreichen nur wenige dieses gesegnete Alter, vor allem die nicht, die einem gewissen Othmar Ku-

BEN gehören, der zwar ein liebenswürdiger Mensch ist, aber nicht daran denkt, seine Schnecken an Altersschwäche sterben zu lassen. Er hat anderes, Besseres mit ihnen vor. KUBEN ist Gastronom und »Pater Sodalitates« einer von ihm gegründeten Feinschmeckerbrüderschaft, deren Mitglieder in Venedig, Wien und Kuwait sitzen. Er besitzt im ostwestfälischen Bad Oeynhausen das Kurhotel »Wittekind« mit Restaurant, Fasanerie und Schneckenfarm. Das Ergebnis dieser Kombination auf seiner Speisekarte: ein cremig-zartes Schneckensüppchen, Schnecken im Champignonkopf, in Chablis, als Pastete, mit Artischockenböden und als Cocktail.

Das Entscheidende, auch beim ausgefallensten Rezept, ist immer die Qualität der Schnecke selbst. Was sie nicht von Haus aus mitbringt, kann später durch kein Kraut verbessert werden. Für alle Zubereitungen müssen die gesäuberten Schnecken in einem Weißweinfond mit Wurzelwerk 3–4 Stunden gekocht worden sein. Und das ist noch nicht das Ende aller Schwierigkeiten. Der Kenner horcht auf, wenn er das tückisch-schlichte Rezept der *Schneckensuppe* erfährt:

Sechs gekochte Schnecken, zwei Tassen Schneckenfond, eine dreiviertel Tasse Sahne, eine Knoblauchzehe, frisch gerieben, ein Eßlöffel Sauce Hollandaise, Salz, Pfeffer.

Selbst wer sich erstklassige Schnecken zu verschaffen weiß, woher – zum Teufel – soll er diesen Fond nehmen? Jenes kostbare Konzentrat, das einen Mann wochenlang in Hochform hält, das man aber nur bei der Verarbeitung von frischen Schnecken bekommt. »Nun gut«, sagt OTHMAR KUBEN, »dann nehmen Sie schlichte Fleischbrühe« und schaudert. Für Hartnäckige liefert Kuben den kostbaren

53

Sud in Dosen per Post. Denn erst mit ihm wird der Schnek-
kenfreund schöpferisch tätig und beginnt sich von jenem
Pseudo-Gourmet zu unterscheiden, der eine Alu-Packung
tiefgekühlter Schneckentiere in seinen Ofen schiebt, mit
Kräuterbutter würzt und einem »Olala« verzehrt.
Schnecken-Schmecken ist nie ein Massenessen. Am besten
in kleinstem Kreise, völlig ausreichend sind da zwei Personen. Nehmen Sie doch mal:

Zwölf gekochte Schnecken, die mit einem Teelöffel ge-
hackter Zwiebeln, zwei Eßlöffeln Öl, fünf Shrimps,
Knoblauch, Pfeffer, Salz, einer Prise Zucker und frischer
Petersilie zusammen 15 Minuten geköchelt werden.

Origineller noch die *Katalonischen Spieße*:

Zwölf vorgekochte Schnecken mit Knoblauch und Salz
würzen, jedes Tierchen mit einem Streifen mageren
Specks umwickeln, sorgfältig auf einen Spieß reihen und
in der Pfanne in Butter 8 Minuten braten.

Wenn Sie dazu einen weißen Burgunder servieren, kann
eigentlich nichts mehr schiefgehen. Der Teufel verteilt
Zungenküsse.
Dann gibt es da noch ein Gericht, nach dem sich die
Schnecken-Snobs zwischen Aberdeen und Zürich die Finger lecken, zumal man es aus der Hand ißt. Bei Kuben steht
es unter *Schnecken westfälisch* auf der Karte. Der Gastronom empfiehlt es zur Vorspeise als »anregenden Munter-
macher«. Die Zubereitung:

Man zieht unter einen Reibekuchenteig pro Person sechs
mit Salz und Knoblauch gewürzte Schnecken, dazu einen Eßlöffel Tomatenkonzentrat, einen Teelöffel ge-

kochte Schinkenstreifen, zwei in Scheiben geschnittene Oliven und backe den Reibekuchen aus.

Unter einem Horsd'œuvre d'amour habe ich mir eigentlich etwas anderes vorgestellt. Wer wird sich vor einem Schäferstündchen den Magen mit Kartoffelpuffern beladen? Aber Herr KUBEN behielt recht. Mit der Anregung und auch der Munterkeit. Nur eines hat er verschwiegen: Die Schnecken produzieren nicht nur das liebesfördernde Eiweiß und Arginin, sondern – typisch zwitterhaft – auch das Anti-AHp. Aus dem wird der Stoff hergestellt, der den exakten Vaterschaftsnachweis ermöglicht.
Der Teufel küßt mit gespaltener Zunge.

Brot

Manchmal könnte ich mich ohrfeigen. Wochenlang habe ich mich auf kulinarische Höhepunkte in einem bestimmten Restaurant gefreut. Jetzt ist es endlich soweit. Ich habe bestellt. Das Wasser läuft mir schon im Mund zusammen, da bringt der Ober noch vor allem anderen ofenwarmes, duftendes Weißbrot und ein Schüsselchen gesalzener Butter – oder knuspriges Roggenbrot, begleitet von Sardellenbutter oder hausgemachtem Entenschmalz. Und jedes Mal esse ich Brot und Brot und Brot... Kommt dann die Vorspeise, bin ich schon satt. Ich weiß, wie undiszipliniert das ist, wie unkultiviert, wie so gar nicht gourmetmäßig; aber ich kann nicht anders – frisches Brot macht mich willenlos. Natürlich habe ich gelernt, daß sieben lebensnotwendige Stoffe des Getreidekorns im Brot enthalten sind: Eiweiß für das Gewebe und das Blut, Kohlenhydrate als Energiespender, Vitamin B_1 für den Stoffwechsel, Vitamin B_2 für die Zellatmung, Niacin für alle Organe, Eisen zur Blutfarbstoffbildung, Rohfasern zur Anregung des Darmes.

Ich weiß auch, daß frisches Brot nicht so wahnsinnig gesund sein soll und daß die Linienbewußten Vollkorn- oder Knäckebrot für unentbehrlich halten; nur heißhungrig oder gierig macht mich das alles nicht.

Brot ist an sich zwar kein Dickmacher, aber man wird davon auch nicht schlanker. Sowenig wie von irgendeinem anderen Nahrungsmittel, wenn man nur genügend davon ißt. Mit einem Wert von 100 pro Scheibe hält sich der Kaloriengehalt des Brotes in akzeptablen Grenzen.

Um Lust und Appetit zu erzeugen, ist unser tägliches Brot weitgehend vom Belag abhängig. Abgesehen von der ordinären Stulle präsentiert sich Brot als arrivierter internationaler Belagsträger unter den Namen Sandwich und Toast. Einer der größten Schurken der Geschichte des 18. Jahrhunderts hat dem Sandwich seinen Namen gegeben: SIR JOHN MONTAGU, der 4. Earl of Sandwich. Die endlose Kette seiner Untaten hat ihm keinen Nachruhm eingebracht – ob er als Chef der britischen Admiralität Ruf und Kampfkraft der Flotte durch maßlose Korruption total ruinierte oder seine Frau zwang, mit seiner Geliebten ein gemeinsames Schlafzimmer zu halten, wo er dann seine vier unehelichen Kinder zeugte.

LADY MONTAGU ließ schließlich das Weibsbild ermorden, woraufhin er seinen engsten Freund durch falsche Anschuldigungen erst vor Gericht und dann an den Galgen brachte.

Dann kam der 6. August 1762 – eine von zahllosen Nächten, die er als Falschspieler in einem Privatclub von London verbrachte. Gegen drei Uhr morgens bestellte er, um während des Essens weiterzuspielen, zwei Scheiben Roastbeef, dünn mit Mayonnaise bestrichen, eingebettet in drei Scheiben Brot.

Seine Kumpane sahen die mehrstöckige Atzung und bestellten sofort auch für sich »so einen wie Sandwich«. Damit war der Name geboren, der seit über 200 Jahren von Millionen Menschen in der ganzen Welt ausgesprochen wird. Der Ausdruck »Sandwich« ist in alle Sprachen eingegangen.

Der Klassiker unter den Sandwiches ist der CLUB-SANDWICH. Nur, leider, was man unter diesem Namen bekommt, hat meistens mit dem Original überhaupt nichts zu tun. Das fängt damit an, daß der Clubsandwich zwar zur kalten Küche gehört, aber heiß serviert werden muß. Um ihn fachmännisch herzustellen, benötigt man drei in Butter geröstete Weißbrotscheiben. Die erste Scheibe wird mit

dünn geschnittenem weißen Hühnerfleisch belegt und
dann mit einem Blatt Kopfsalat bedeckt, das vorher in einer
pikanten Kräutermayonnaise gebadet wurde. Nun folgt eine Auflage von magerem, grilliertem, heißem Speck. Jetzt
wird die zweite Brotscheibe aufgelegt, der Vorgang noch
einmal wiederholt und mit der dritten gerösteten, noch heißen Brotscheibe abgeschlossen. Der Sandwich muß sofort
serviert werden. Dazu trinkt man ein kleines Pils oder einen
Riesling.

Für die Sandwich-Freunde habe ich eine neue Delikatesse
ausprobiert, den

Käse-Sandwich Basil

2 frische kleine Baguettes
100 g Roquefort
1 weicher Camembert
1 Bund Stangensellerie
1 reife Williams Christ-Birne
1 TL rotes Johannisbeergelee
1 rote Paprikaschote
½ Tasse Rotwein
½ TL Kümmelpulver
1 TL Zucker

Die Baguettes der Länge nach aufschneiden. Beide Seiten aushöhlen. Einen Sproß vom Stangensellerie quer
zur Pflanze in dünne Streifen schneiden, ganz kurz in
kochendem Wasser blanchieren, abtropfen und kalt werden lassen. Die Birne halbieren, schälen, das Kerngehäuse entfernen und in sehr dünne Scheiben schneiden.
Den Paprika putzen, Kerne und weiße Häute entfernen,
in kleinfingerlange, dünne Streifen schneiden, den Rotwein mit Zucker und einer Prise weißem Pfeffer zum
Kochen bringen. Paprika drei Minuten mitkochen und

fünf Minuten neben dem Herd ziehen lassen. Dann abgießen und kalt werden lassen.

Die unteren Hälften der Baguettes mit salziger Butter dünn ausstreichen, mit dem vorbereiteten Stangensellerie auslegen, das Bett mit Roquefort füllen, mit Johannisbeergelee bestreichen und mit den dünnen Birnenscheiben zudecken. Auf die oberen Hälften keine Butter streichen. Ein Bett aus den Paprikastreifen bereiten, mit dem Camembert zustreichen und mit Kümmelpulver bestreuen. Dazu ein kaltes Budweiser oder trockenen Rotwein.

So kompliziert sich das Rezept anhört – es ist doch einfach und schnell zubereitet.

Noch einfacher, aber auch trauriger ist ein Rezept für einen »polnischen Sandwich«. Eine Warschauer Zeitung hat es veröffentlicht, um damit die Versorgungslage in Polen zu beschreiben: Auf einen Bezugschein für Weißbrot legt man 100 g Fleischmarken, würzt nach Geschmack und deckt mit einem weiteren beliebigen Bezugschein ab. Dazu trinkt man einen großen Wodka.

Ein wahrer Segen für alle chemischen Reinigungen ist es, daß der klassische Sandwich einen Boden und einen Deckel hat. Beim Zubeißen quillt vieles über den Rand auf die Kleider des Essers, und selbst beim Zerschneiden auf dem Teller ist der Weg mit der Gabel zum Mund voller Tücken. Diese Ferkelei mochte der große deutsche Gastronom ALFRED WALTERSPIEL seinen Gästen nicht zumuten. Deshalb servierte er in seinen Restaurants nur den amputierten Sandwich, den Toast.

Weltberühmt wurde sein »Toast Nelson«, den bis heute noch keiner originalgetreu nachmachen konnte. (Der Meister selbst brauchte über eine Stunde zur Vorbereitung dieser Luxus-Stulle.) WALTERSPIEL sei Dank, daß er uns we-

nigstens ein Toast-Rezept hinterlassen hat, an das sich be-
gabte, routinierte Laienköche wagen dürfen. Es ist sein

Toast Tatare

Sie rösten frische, kleine, in Scheiben geschnittene
Steinpilze in heißem Gänseschmalz mit einer Prise Safran und einer feingehackten Knoblauchzehe an, geben
einige durchwachsene, in Streifchen geschnittene Scheiben von gekochtem Schinken dazu, fügen einen guten
Eßlöffel geschälte, in kleine Würfel geschnittene Tomaten bei, lassen alles zusammen wenige Minuten dünsten
und beträufeln es mit eingekochtem Kalbsjus.
Die Masse auf geröstete Weißbrotscheiben streichen und
mit wenig feingehacktem, frischem Salbei bestreuen.

Wer dazu noch ein Glas Montrachet oder einen kühlen
Baron de L. trinken kann, der hat den Himmel bereits auf
Erden.

Von Alfred Walterspiel stammt auch diese Antwort auf
die Frage nach der Spitze aller Gaumenfreuden: »Eine
Scheibe ofenfrisches Bauernbrot, mit leicht gesalzener Butter bestrichen, dazu ein spritziger Riesling und eine Hand-
voll junge Haselnüsse. Etwas Besseres gibt es nicht.«
Natürlich lassen sich aus Brot auch erlesene Süßspeisen
zubereiten. Für Feinschmecker empfehle ich

Apfel Charlotte

Für 6 Personen benötigen Sie:
¼ l Orangensaft
1500 g Äpfel
200 g Zucker
Weizenmischbrot
100 g zerlassene Butter

¼ l Schlagsahne
1 Glas Grand Marnier
Äpfel schälen und ohne Kerngehäuse vierteln, mit Orangensaft und Zucker einmal aufkochen und im geöffneten Topf ganz langsam auf kleiner Flamme einkochen, dann erkalten lassen. Dünne Brotscheiben zurechtschneiden, durch die zerlassene Butter ziehen und damit eine feuerfeste Form auslegen. Die Äpfel einfüllen und mit weiteren Brotscheiben bedecken.
Auf der unteren Backofenleiste bei 160 Grad etwa 60 Minuten lang backen. Sehr heiß mit kalter, dickflüssig gerührter und mit Grand Marnier abgeschmeckter Sahne servieren.

In Deutschland gibt es mehr als 200 verschiedene Brotsorten. Am häufigsten sind Längsformen, seltener Rundformen. Von freigeschobenen Broten spricht man, wenn das Teigstück frei im Ofen liegt und ringsum Kruste bildet. Bei angeschobenen Broten berühren sich die Teigstücke, so daß sich an dieser Stelle keine Kruste bildet. Geringere Krustenanteile haben auch Kastenbrote oder Korbbrote.

Grundsorten sind:

ROGGENBROT
Leicht säuerlicher Geschmack. Hält sich lange frisch.
ROGGENMISCHBROT
Mischung aus mindestens 51 Prozent Roggenmehl. Der Rest ist Weizenmehl. Herstellung mit Sauerteig oder Hefe oder beidem. Je dunkler die Krume, desto höher der Ausmahlungsgrad.
WEIZENBROT
(Meterbrot, Toastbrot, Weißbrot, Barches). Aus reinem Weizenmehl, zum Teil mit Milch, Fett, Salz und Zucker hergestellt. Teiglockerung durch Hefe.

WEIZENMISCHBROT
Überwiegender Anteil Weizenmehl. Je mehr davon, um so heller und lockerer die Krume und desto milder und neutraler der Geschmack.

VOLLKORNBROT
Aus ungeschälten Getreidekörnern einschließlich der Keimlinge, reich an Vitaminen, Mineralstoffen, essentiellen Fettsäuren und Eiweiß. Kann sowohl aus Roggen als auch aus Weizen gebacken werden. Bei Roggen: Geschmack würzig bis kräftig säuerlich. Bei Weizen: mild bis nußartig.

GRAHAMBROT
Amerikanisches Rezept. Wird aus Weizenschrot hergestellt.

SCHLÜTERBROT
Süßliches Roggenbrot mit Zusatz von Kleie.

SIMONSBROT
Roggen- oder Weizenvollkornbrot. Wird mit Sauerteig in Dampf gebacken.

PUMPERNICKEL
Aus Roggenschrot und dunklem Roggenmehl mit Sauerteig versetzt. Wird bis zu 24 Stunden bei niedriger Temperatur in Dampfkammern gebacken.

KNÄCKEBROT
Hart und mürbe. Mischung aus Roggen- und Weizenmehl oder -schrot. Manchmal mit Milchzusatz. Wird bei hoher Temperatur schnell gebacken und anschließend getrocknet. Lange lagerfähig.

TOASTBROT
Weißbrot mit Zusatz von Fett.

Landwirte und Bäcker sind verständlicherweise an steigendem Brotverzehr interessiert. Millionen sind schon ausgegeben worden, um dieses Ziel mit allen möglichen Werbemaßnahmen zu erreichen. Größtes Erfolgshindernis: die mythologisch-religiöse Mauer, die das Brot umgibt. Denn sogar Atheisten haben ein dummes Gefühl, wenn sie altes Brot wegwerfen, statt es als Brotsuppe oder als Tierfutter zu verwerten: »Wer Brot wegwirft, versündigt sich«, haben uns Generationen weisgemacht.

Der Bäcker kriegt bei dem Wort »Brotsuppe« Schaum vor den Mund. Er träumt von der französischen Gewohnheit des Verbrauchers, zwei- bis dreimal am Tag ein frisches Weißbrot zu kaufen und den Rest des alten in den Mülleimer zu schmeißen. Die Franzosen sind aber das einzige Volk, das trotz aller kirchlichen Mahnungen so sorglos mit der Gottesgabe umgeht.

Selbst im Heimatland des Wegwerf-Konsums – in den USA – hat Brot noch eine symbolische Bedeutung. Ja, es hat sogar schon einen Wahlkampf entschieden. Bei der New Yorker Bürgermeisterwahl im Jahre 1933 wurde dem Kandidaten FIORELLO HENRY LA GUARDIA nicht die geringste Chance gegeben. Sein Parteifreund JIMMY WALKER hatte als Bürgermeister so tief in die Stadtkasse gegriffen, daß er fliehen mußte. LA GUARDIA schaffte die Nachfolge trotzdem – mit Brot.

Bei jedem Auftritt in den Wahlversammlungen präsentierte er ein amerikanisches Einheitsbrot, wrang es wie einen nassen Schwamm aus und versprach den Wählern, daß er als Bürgermeister dieses wabbelige amerikanische Brot beseitigen und für europäische Brotqualität sorgen werde. Bei diesen Worten zog er ein solides deutsches Schwarzbrot aus der Tasche und wedelte damit über seinem Kopf. LA GUARDIA, Sohn armer italienischer Einwanderer, konnte diese Szene so melodramatisch gestalten, daß seine Zuhörer – meist europäischer Herkunft – an das Brot ihrer Heimat dachten und bis zu Tränen gerührt waren. So gewann er seine erste Wahl mit beispiellosem Erfolg. Sein Versprechen hat er allerdings nicht eingehalten.

Ein Kolumnist der »New York Times« kommentierte damals den Wahlsieg La Guardias mit dem jüdischen Sprichwort: »Wem Gott Brot gibt, dem geben die Menschen die Butter dazu.«

Überhaupt spielen Sprichwörter um das Brot in fast allen Sprachen der Welt eine bedeutende Rolle. Stellt ein Berliner etwas weg, ob für immer oder nur, weil er es vorübergehend nicht braucht, begründet er sein Tun mit dem Satz: »Det frißt keen Brot.«

Dem Chinesen ist das Brot Anlaß zu philosophischer Poesie: »Wenn du zwei Brote hast, verkaufe eins und kaufe eine Lilie.«

Macht jemand in Frankreich auf etwas zu geschickte Weise Karriere, heißt es von ihm: »Il sait manger son pain.«

Die Wahrheit des russischen Sprichwortes »Wer Kuchen will, verliert sein Brot« hat schon mancher am eigenen Leib schmerzhaft erfahren.

Von tiefer Weisheit zeugt das jüdische Sprichwort, das entstand, als ein Vater seine Tochter davon abbringen wollte, einen Menschen zu heiraten, der nichts an der Hacke hatte: »Liebe ist süß – schmeckt aber nur gut mit Brot.«

Nudeln

Das geniale System, das wir dem Schweden CARL VON LINNÉ für das Reich der Pflanzen verdanken, gibt es für die Küche leider nicht. Wie einfach wäre es mit der Warenkunde, wenn wir unter dem Stichwort »Nudeln« der Linnéschen Gliederung folgen könnten: Art: Nährmittel; Gattung: Teigwaren; Familie: Nudeln.

Jede Verwechslung mit Spätzle (vom Brett ins kochende Wasser geschabter Teig) oder Knöpfen (bayerische Spezialität, bei der der Teig ins kochende Wasser durch ein Sieb gedrückt wird) wäre von vornherein ausgeschlossen. Wir wüßten einfach, daß die Familie der europäischen Nudeln aus den bei uns käuflichen 42 Sorten besteht, und könnten frei von Zweifeln zwischen den Varietäten wählen.

Die Geschichte der Nudel begleitet seit Jahrhunderten ein hartnäckiger Irrtum, den selbst die neueste Ausgabe der 24-bändigen Brockhaus-Enzyklopädie verbreitet. Dort steht, wie auch in fachlichen Nachschlagewerken, daß die Teigwaren und damit die Nudeln durch MARCO POLO um 1300 nach Italien gebracht wurden, der sie am Hofe des KUBLAI KHAN kennengelernt hatte.

Genau hundert Jahre bevor MARCO POLO geboren wurde, schrieb allerdings der arabische Geograph ABU ABD ALLAH MUHAMMAD IBN MUHAMMAD, meist unter dem Namen IDRISI bekannt, in seinem Buch über König ROGER II. von Sizilien im Jahre 1154 folgendes: »Westlich von Termini befindet sich die Ortschaft Trabia in bezaubernder Landschaft, reich an fließenden Gewässern und Mühlen; in schöner Ebene und mit großen Gütern, auf denen dünne Nudeln in solcher Menge hergestellt werden, daß auch die muselmani-

schen Länder mit ausgiebigen Ladungen versorgt werden.«
Und noch einmal, hundert Jahre vorher, in einem sizilianischen Dokument aus dem Jahre 1041, findet man für einen
Menschen, der als durchtriebener Gauner beschrieben
wird, die ironische Metapher, er sei »so klar wie Makkaro-
ni-Wasser«, was soviel wie sehr trübe und undurchsichtig
heißt.

Wenn's um die Nudel ging, von der wir annehmen dürfen,
daß sie in Süditalien um die Zeitwende erfunden wurde,
hatte selbst der ärmste Italiener eine genaue Qualitätsvor-
stellung. Heute kümmert sich sogar der Staat um die Nudel: Seit dem Jahr 1967 gibt es unter der Nummer 580 in
Italien ein Gesetz, das die Herstellung von Teigwaren aus
Weichweizen ausdrücklich verbietet und Hartweizen vor-
schreibt. Dieser Hartweizen kann aber nur unter bestimmten klimatischen Voraussetzungen wachsen. Er braucht ein
halbtrockenes Klima mit viel Sonne, ist teurer als der nor-
male Weizen, den wir verwenden, und das ist der Grund
dafür, daß es in Italien industriell gefertigte Nudeln von
einer Qualität gibt, nach der man bei uns lange suchen
muß. Jeder Feinschmecker wird es bestätigen: Die einfachsten Dinge sind in der Küche die größten. Je einfacher aber
die Zubereitung einer Speise scheint, um so mehr Sorgfalt
müssen wir dem Kochvorgang schenken. Das gilt für Gemüse und Fisch ebenso wie für das Auf-den-Punkt-Garen
von Kartoffeln und für alle Nudeln.

Ein untrügliches Zeichen dafür, ob in einer Küche geschlu-
dert wird oder nicht, ist die perfekt gekochte Nudel. Ob
Spaghetti, Makkaroni, Band- oder breite Nudel – allen gemeinsam ist, daß sie für den Verzehr stets frisch zubereitet
sein müssen.

Serviert Ihnen ein Kellner in weniger als fünf Minuten ein
Nudelgericht, ist jede Verkostung überflüssig: Stehen Sie

auf und gehen Sie grußlos, ohne zu bezahlen. Nudeln brauchen nämlich zwischen 6 und 12 Minuten im sprudelnd kochenden Salzwasser, um sich vollendet zu präsentieren. Was schneller auf den Teller kommt, ist auf Vorrat gekocht, wird erst bei Bestellung in kochendem Wasser im Sieb wieder erhitzt und statt in den Futtereimer auf Ihr Gedeck geschüttet. Ausnahmen von dieser Regel sind nur die fernöstlichen Glas-, Reis- und Sojamehlnudeln, die mit kürzeren Kochzeiten auskommen.

Auch am eigenen Herd sollten Nudeln nicht anders zubereit werden als so:

1. Der Topf zum Nudelkochen muß ein Fassungsvermögen von mindestens 5 Litern haben, da schon 125 Gramm Nudeln 2 Liter Wasser brauchen. Für alle weiteren 100 Gramm je 1 Liter Wasser mehr.

2. Alle Nudeln brauchen leicht gesalzenes Wasser (1 Liter Wasser = 1 gestrichener Eßlöffel Salz). Das Wasser muß sprudelnd kochen, bevor die Teigwaren hineingeschüttet werden. Nicht zudecken! 2 Eßlöffel Olivenöl, ins kochende Wasser gegossen, verhindern, daß die Teigwaren zusammenkleben.

3. Auf die Packungsangabe der Zubereitungzeit soll man sich besser nicht verlassen, sondern beim Kochen neben dem offenen Topf stehenbleiben. Das ist schon deswegen wichtig, weil alle Nudeln nach dem Einschütten mit einer Holzgabel durchgerührt werden, damit sie sich trennen und nicht am Topfboden hängenbleiben.

4. Von der 6. Minute an jede weitere Minute eine Nudel herausnehmen, kalt abspülen und durch Biß den Garzustand prüfen. Ist er perfekt, nicht zu weich und nicht zu hart, also »al dente«, wie man in Italien sagt, sofort eine Tasse kaltes Wasser zu den Nudeln gießen, damit der Kochvorgang augenblicklich unterbrochen wird.

5. Sofort abgießen. Unter Schütteln abtropfen lassen. Nicht

abspülen. In vorgewärmter Schüssel servieren. Alle Nudeln schmecken nur, wenn sie richtig heiß sind.

Fast zu jeder Nudelart gibt es eine kleine amüsante Geschichte. So sollen die zarten Tagliatelle entstanden sein, weil Lucretia Borgia durch ihr feines blondes Haar einen Koch zu dieser Schöpfung inspirierte.

Nehmen wir an, Sie haben eine liebliche Lucretia zu Gast und wollen sich durch einen kleinen Imbiß eine Stunde Reden ersparen. Sie müssen kein großer Koch sein, um ihr folgenden unmißverständlichen Antrag zu machen:

125 Gramm Tagliatelle werden so, wie beschrieben, gekocht. Nach dem Abgießen 2 Teelöffel frischer Butter auf den Nudeln zergehen lassen. 3 Eßlöffel Kaviar mit 2 Eßlöffeln Crème fraîche verrühren und auf dem Teller über die Nudeln gießen.

Das ist alles. Eine Flasche 78er weißer Bordeaux, zum Beispiel ein »Y« (genannt Igrec), trinkt sich dazu wie von selbst.

Tortellini sollen ihre Entstehung der Liebe verdanken: Ein Koch sah die schlafende Frau seines Herrn nackt und verfiel daraufhin in solche Leidenschaft, daß er aus Nudelteig ihren Nabel formte.

Nudeln machen ein flüchtiges Aroma zu einer Sache, die man beißen kann. Das sagt eine Menge über ihre Haupteigenschaft aus. Sie selbst geben wenig an Geschmack, aber machen viel aus dem, was man dazu gibt.

Wie so mancher Geheimbund hängt die Loge der Nudelisten mit Sex und Sinnesfreuden zusammen. Die wörtlichen Übersetzungen bekannter italienischer Nudelsorten kann man sich auf der Zunge zergehen lassen.

Amorini	–	kleine Putten
Agnelotti	–	fette Lämmchen
Cannelloni	–	große Röhren
Conchiglie	–	Muschelschalen
Lingue di pàssero	–	Sperlingszungen
Stivaletti	–	Stiefelchen
Ricciolini	–	Löckchen
Mostaccioli rigati	–	kleine Schnurrbärte

Selbstgemachte Nudeln sind frisch gekocht – bevor sie trocken werden – eine so große Köstlichkeit, daß es sich lohnt, dieses *Grundrezept* auch ohne Nudelmaschine zu probieren:

250 g Weizenmehl. Je ein Ei auf 100 bis 125 g Mehl, was von der Größe der Eier und der Aufnahmefähigkeit des Mehls abhängt. 1 EL Olivenöl und bei Bedarf, falls der Teig zu fest ist, 1 EL kaltes Wasser zufügen. Die Zutaten mit zwei Messern mischen, dabei etwas Mehl zurücklassen. Danach mit bemehlter Hand alles zu einem Kloß zusammendrücken und den Teig mindestens 10 Minuten weiterkneten. Bei Bedarf etwas von dem zurückbehaltenen Mehl dazugeben. Den Teig mit dem Handballen immer wieder flachdrücken, zusammenschlagen, wieder drücken, bis er glatt, glänzend und elastisch ist. Als Kugel zwischen zwei Schüsseln an einem warmen Platz 60 Minuten ruhen lassen. Dann auf einer leicht bemehlten Arbeitsfläche mit dem guten alten Nudelholz hauchdünn ausrollen. Ein bißchen antrocknen lassen, locker zusammenrollen und mit nasser Messerklinge quer zur Rolle in Streifen schneiden.
Sofort danach vorschriftsmäßig kochen.
ACHTUNG: Frische Nudeln brauchen nur 3 bis 5 Minuten, um gar zu werden.

Solche Nudeln schmecken mit etwas frischer Butter und Parmesan schon ganz fabelhaft, aber sie vertragen natürlich wie ihre industriellen Schwestern auch ein kleines Sößchen und werden so zu einer kompletten Mahlzeit. Als Umrahmung eignen sich Salat, Käse und Obst. Zwei schnelle, köstliche Saucen bereiten Sie wie folgt:

Sardinensauce
In den Mörser eine in Wasser gedünstete, gehackte Fenchelknolle, 3 frische, entgrätete, zerpflückte Sardinen, 1 feingehackte Zwiebel, ein paar Pinienkerne, 1 EL Sultaninen, 2 bis 3 EL Olivenöl, Salz und schwarzen Pfeffer. So lange stampfen, bis sich eine halbflüssige Paste bildet, und kalt über die gebutterten, heißen Nudeln geben.

Anchovissauce
2 zerdrückte Knoblauchzehen in 3 EL Olivenöl goldgelb dünsten. 6 Anchovisfilets mit der Gabel zerdrücken und 2 Minuten bei mittlerer Hitze mitbraten. Das Ganze heiß über die Nudeln gießen.

Natürlich vertragen sich alle Nudeln mit schlichten, enthäuteten, entkernten, gewürfelten Tomaten, die man in Butter kurz zerschmelzen läßt, mit sämtlichen Meeresfrüchten, mit gehackten und gedünsteten Gemüsen, mit scharfen Pfefferschoten, mit sanftem Schafskäse, mit Ragout aus Lamm- oder Hühnerleber. Nur eines nimmt die Nudel übel – sie will nie in zuviel Sauce schwimmen.

Was einen Nudelfan krank macht, ist der Verdacht, daß jeden Tag irgendwo auf der Welt ein neues Nudelrezept erfunden wird, von dem er nichts erfährt. Mir ist es so gegangen, als ich mein Kochbuch »Die Neue Alte Küche« geschrieben hatte. Es meldete sich bei mir ein Leser mit dem Vorwurf, ich hätte das beste Pilzrezept der Welt unterschlagen. Er schnitt ein halbes Dutzend Steinpilze fächerartig auf, bräunte sie mit einigen hauchdünnen Zwiebelringen ganz kurz in Butter, löschte mit einem herben Weißwein ab, streute gehackte Petersilie und geriebenen Parmesan darüber und vermischte das Ganze mit Makkaroni. Es ist sicher nicht etwa dem Umstand zuzuschreiben, daß wir dazu einige Flaschen friaulischen Malvasia tranken, wenn ich noch heute überzeugt bin, daß dieses Rezept eines der besten der Welt ist.

Ob es nun am Tourismus oder an den vielen italienischen Gastarbeitern bei uns liegt, läßt sich schwer ergründen: Spaghetti oder dünne Makkaroni mit Bologneser Sauce haben sich Küche und Gaumen der Deutschen erobert. Einfach zuzubereiten ist die *Sauce Bolognese* nicht, dennoch lohnt es sich, das verhältnismäßig zeitaufwendige Originalrezept nachzukochen:

250 g Spaghetti (für 4 Personen) nach Vorschrift kochen, wenn die Sauce fertig ist, was mindestens 45 Minuten dauert.

750 g Tomaten überbrüht und abgepellt in Viertel geschnitten, 3 feingehackte Zwiebeln, 1 Dose Corned Beef (340 g) oder 1 Dose Rindfleisch in Gelee (220 g) mit der Gabel zerkleinert, 1 kleine Dose Tomatenmark, 2 Knoblauchzehen zerdrückt, 5 EL Olivenöl, 3 Tassen Rotwein, 2 TL Oregano (ersatzweise Thymian), 1 EL Zucker, ½ TL Paprika scharf oder 2 kleine getrocknete Peperoni, 1 EL gekörnte Brühe (Instant), schwarzer Pfeffer aus der Mühle, Salz, Wasser nach Bedarf.

Olivenöl in einem schweren eisernen oder emaillierten Topf heiß werden lassen. Zwiebeln und Knoblauch 2 Minuten unter Rühren darin andünsten. Fleisch einrühren,

1 Minute weiter braten lassen, Tomatenstücke dazugeben, Oregano und Wasser zufügen. Unter Rühren mit
dem Holzlöffel kurz aufkochen lassen. Nach 10 Minuten
allmählich Rotwein dazugießen und Tomatenmark einrühren. Jetzt auch Zucker, Paprika sowie die gekörnte
Brühe dazugeben. Bei kleiner Hitze unter gelegentlichem Rühren mindestens 30 Minuten ohne Deckel köcheln lassen. Im Bedarfsfall wenig heißes Wasser dazugießen. Wenn die Zwiebelstücke so gut wie verkocht
sind, die Sauce mit Salz und schwarzem Pfeffer abschmecken. Statt der frischen Tomaten kann auch eine
Kilodose gepellte Tomaten mit Saft verwendet werden.
Je länger man die Sauce köcheln läßt, desto besser wird
sie.

Grüner Salat, wenn möglich Rugetta, ist die richtige Begleit-
musik.

Reis

Orientalen und Juden essen kein Schweinefleisch, Mongolen ekeln sich vor Kaviar, Kartoffeln sind Japanern widerwärtig, Rindfleisch zu essen ist einem Hindu nicht vorstellbar, Geflügel wird von manchen afrikanischen Völkern verachtet – nur eines wird rund um den Globus gegessen: Reis; weißer, langkörniger, runder, geschälter, dunkler, wilder oder duftender Reis.

Für kein Nahrungsmittel gibt es mehr Rezepte und mehr Kochmethoden, von denen jede die »einzig richtige« ist. Selbst die Weltmeister des Reiskochens – die Chinesen – verfeinden sich bis aufs Blut, wenn der Koch aus den Südprovinzen seinem nördlichen Kollegen erklärt, Dampf sei das einzig mögliche Garungsmittel für guten Reis. Daß bei uns in vielen Haushalten Reis nur als Suppeneinlage oder süß mit Milch auf den Tisch kommt, hat seinen Grund in einer verbreiteten Unsicherheit:

»Ich kriege ihn nicht trocken« – »Mir brennt er immer an« sind Standardargumente der Reisverweigerer. Wenn Sie keine eigene funktionierende Zubereitungsmethode für einfachen, trockenen Reis als delikate Beilage zu vielen Gerichten – ob Fisch oder Fleisch – kennen, diese hier ist die einfachste und sicherste:

Nehmen Sie geschälten Langkornreis (eine Tasse Körner gibt mehr als zwei Tassen fertiggekochten) und stellen Sie leicht gesalzenes Wasser aufs Feuer. Wieviel Wasser ist nicht so wichtig, nur weniger als die dreifache Menge der Körner sollte es nicht sein. Wenn das Wasser kocht, die Reiskörner einschütten – sowie es wieder brodelt, den Deckel auf den Topf und die Hitze klein, ganz klein stellen.

Nach genau 19 Minuten, ohne inzwischen zu rühren oder neugierig den Deckel abzunehmen, den Reis durch ein Sieb abgießen und gründlich abtropfen lassen (wenn Sie ungeschälten [Natur-]Reis bevorzugen, beträgt die Kochzeit 23 Minuten).

Schütten Sie jetzt den abgetropften Reis in eine feuerfeste Schüssel und stellen Sie ihn bei 100 Grad für 5 Minuten in den vorgewärmten Backofen. Was dann auf den Teller kommt, ist »staubtrocken« und eignet sich auch zu vielen anderen Weiterverarbeitungen; als gebratener Reis mit gedünstetem Gemüse vermischt, als serbischer Reis mit Lammfleischeinlage, als Reissalat – um nur wenige Beispiele zu nennen.

Wer es einmal so probiert hat, bleibt ein Reisfan und genießt bei Hausfrauen hohes Ansehen.

Bevor wir vom Reis als Symbol für Fruchtbarkeit und Potenz und von seiner Geschichte reden, sollten wir folgendes über die vielgeliebten Körner wissen:

LANGKORNREIS hat 6–8 mm lange schlanke Körner. Pur als Beilage zu Fleisch oder Fisch; aber auch als Basis für viele Reisgerichte zu verwenden.

MITTELKORNREIS ist auch 6–8 mm lang, aber viel dikker als Langkornreis. Er klebt leicht und ist vor allem für Risotto (Garzeit 30 Minuten) geeignet.

RUNDKORNREIS. Kürzere dicke Körner. Sehr stärkehaltig. Geeignet für Risotto. Besonders gut für Milchreis oder Reispudding. Kochzeit 30 Minuten (Milchreis etwas länger).

GESCHÄLTER REIS ist enthülst und geschliffen. Weißes Korn.

NATUR-REIS (ungeschält). Enthülst, jedoch nicht geschliffen. Mehr Vitamin- und Eiweißgehalt als geschälter Reis, gelblich/bräunliches Korn. Etwas längere Garzeit. Kräftig im Geschmack.

WILDER REIS. Teuerste Reisart von schwarz-brauner Farbe. Langkörnig. Kochzeit 45 bis 50 Minuten. Mindestens dreimal soviel Wasser wie Kornvolumen nehmen. Diesen Reis gibt es nur ungeschält.

Mehr als die Hälfte aller auf der Welt lebenden Menschen sind in ihrer Ernährung vom Reis abhängig. Mißernten bedeuten für Millionen Hunger und Tod. Für die fehlenden Reiskörner gibt es keinen Ersatz.

Anders für den Europäer – Reis ist für uns eine Beilage, eine kulinarische Abwechslung, und es gibt in Europa nur ein nennenswertes Anbaugebiet – die italienische Po-Ebene.

Wer im Sommer durch die Glut dieser bleiernen Ebene auf das Städtchen Allessándria zufährt, traut den Riesenschildern am Straßenrand nicht, die ihm versichern, daß hier das »Centro di Riso« ist. Alles, was man in der wabernden Luft sieht, sind riesige Schilfwälder und Millionen und Abermillionen großer Libellen. Eine Welt von Hitchcock, in der man alle fünf Minuten die Windschutzscheibe von den zerplatzten Libellen reinigen und aus den Waben des Kühlergrills Hunderte von Libellenleichen entfernen muß, weil das Kühlwasser schon wieder kocht. Hier wurde vor vielen Jahren der unvergeßliche Film »Bitterer Reis« gedreht, und für mich sind immer noch die strammen Shorts der tiefgebückten, im Reisfeld stehenden Silvana Mangano ein Symbol für den Reis und die Po-Ebene geblieben. Obgleich von Ebene bei Silvana eigentlich nicht die Rede sein kann.

Den Reis haben, wahrscheinlich für ganz Europa, die Venezianer entdeckt, die ihn seit dem 8. Jahrhundert aus Persien und dem Orient einführten. Um den Absatz der Importe im eigenen Land zu sichern, entwickelten sie die Reisküche und verbreiteten die Rezepte in ganz Italien. Eine Absatzstrategie, die das amerikanische Management heute für seine Erfindung hält und »marketing« nennt, wurde in Venedig schon 500 Jahre lang praktiziert, bevor Kolumbus Amerika entdeckte. Ebenso vertraut war den venezianischen Kaufleuten die Verkaufsförderung durch das Konsumverhalten von *opinion-leadern.* Am 25. April, dem Tag des Heiligen Marcus, begann das Festmahl des Dogen der Republik Venedig mit risi e bisi. Verspätete sich die Ernte der für dieses Gericht erforderlichen Erbsen, wurden sie aus Genua herbeigeschafft. Wenn es ums Essen und ums Geschäft ging, waren die Feinde auf See – Genua und Venedig – plötzlich hilfsbereite Freunde.

Risi e bisi gab es schon damals in vielen Variationen. Bereitete man ihn in Venedig mit Fleischbrühe zu, so wurde schon im nahen Treviso die Brühe aus den Erbsenschoten gekocht, in Padua fettes Gänsefleisch zugefügt und in Vincenza ein Hammelhals mitgekocht.

Weiter nördlich, in Flandern und weiterer Umgebung, begann man, inspiriert durch die Venezianer, sich an ein Reisgericht zu gewöhnen, das wir bis heute unter dem Namen Reisbrei kennen und essen. Dort, wo der Reis gedeiht, ob in Indien oder Italien, verursacht weichgekochter Reis den Einheimischen den größten Ekel. Ein alter Brauch aus dieser Zeit ist leider in Vergessenheit geraten: In Flandern, wo man Reisbrei zu Ehren des ermordeten und zu Lüttich beigesetzten Bischofs Lambertus traditionsgemäß an seinem Todestag aß, setzte man eine hübsche, dralle Maid nackt in den riesigen Napf, so daß sich ihre üppigen Formen im lauwarmen Brei abdrückten. Der belgische Dichter TIM-MERMANS hat uns diese Szene genau geschildert und behauptete, trotz seiner bekannten Frömmigkeit, der Brei schmeckte danach besonders gut. Auch der alte belgische König LEOPOLD, der mit dem Spitzbart, soll seinen Reisbrei auf die gleiche Weise durch den Gesäßabdruck seiner Geliebten, der Tänzerin CLÉO DE MÉRODE, gewürzt haben.

Auf diesen küchengeschichtlichen Hintergrund, auf den nicht nur bei unseren Kindern so beliebten Milchreis ist es zurückzuführen, daß die Mittelmeer-Anwohner die Deutschen noch heute als »Reisbreifresser« abqualifizieren. Hermann Mostar berichtet, daß Deutsche, die die Levante bereisten und allzuoft den landesüblichen Pillav mit Rauchgeschmack und Hammeltalg essen und in verwanzten Betten schlafen mußten, sich für die Bezeichnung Reisbreifresser mit folgendem Vers rächten:

»Wer nie Pillav mit Unschlitt fraß,
Wer nie am Mangal frierend saß,
Wer nie im Bett den Regenschirm aufspannte,
Der kennt Dich nicht, Du himmlische Levante!«

Den höchsten Pro-Kopf-Verbrauch an Reis haben die Chinesen. Wie wichtig er ihnen ist, zeigt das Wort Fan, das Reis bedeutet. Ein Mahl heißt bei den Chinesen Tsche-Fan, Reisessen; das Frühstück Tsaa-Fan, der Morgenreis, und das Abendbrot Quam-Fan, der Abendreis.

Da die Chinesen in der Küche nichts umkommen lassen, verwenden sie selbst den Reis, der gelegentlich bei zu starker Hitze im Topf etwas braun ansetzt. Die zusammenhängende Schicht wird vollständig abgelöst und für sich in einem heißen Ölbad fritiert. Das schmeckt tatsächlich ganz besonders gut.

Unglück bedeutet es für den Chinesen, wenn eine Reisschale durch Ungeschicklichkeit umkippt. Das absichtliche Verschütten einer Reisschale bei Tisch stellt die größte Beleidigung dar, die es gibt. Den Kindern droht man noch heute, wenn sie den Reis nicht bis zum letzten Körnchen aufessen, daß ihr zukünftiger Gatte ein pockennarbiges Gesicht haben würde.

Von allen Reiszubereitungen spielt im heutigen Italien das

Risotto die größte Rolle. Rund 127 verschiedene Risotto-Zubereitungen kennt die lokale italienische Küche. Dabei schwört jede Region, oft jede Stadt, auf ihr einzig wahres Originalrezept. Ein Mailänder würde lieber hungern, als seinen Risotto einfach in eine Brühe schütten, was dem Sizilianer dagegen selbstverständliche Voraussetzung für ein gutes Gelingen des Risotto ist. In Mailand werden die Reiskörner trocken, in Öl, Zwiebeln und etwas Butter gerö-stet. Die Körner müssen platzen und das Fett aufsaugen, damit sie nach dem Zugießen der Brühe, dem Einrühren von Rindermark, Safran und Parmesan nicht zerkochen. Erst wenn das Risotto vom hölzernen Rührlöffel sich ablöst und dennoch nicht trocken ist, gilt es als gelungen.

Wildreis gedeiht nur in einigen Seen der amerikanisch-kanadischen Grenze und in der kanadischen Provinz Onta-rio. Die Rispen dieses Wassergrases wachsen im klaren, seichten Wasser der nordwestlich gelegenen Seen. Heute noch ernten die Indianer Kanadas, die man vor 150 Jahren von ihrer einzigen Getreidequelle brutal verjagt hat, den wilden Reis genauso wie vor vielen hundert Jahren:

Zwei Männer fahren mit einem Kanu durch das seichte Wasser. Der Hintere steuert das Boot, der vorne Sitzende beugt die mannshohen Halme der Pflanze herunter und schlägt mit einem Stock die reifen Körner aus den Rispen. Da an einer Rispe die Körner unterschiedlich heranreifen, fallen nur die wirklich reifen in das Boot. Bis zu 90 Prozent allerdings fallen ins Wasser. Dadurch wird ungewollt die natürliche Wiederaussaat gewährleistet. Wegen dieser schwierigen Ernte und des beschränkten Angebotes ist Wildreis eine der teuersten Delikatessen. Für 250 Gramm muß man mit etwa 25 DM rechnen. Allerdings gibt es für diesen Preis einen Reis, der nicht viel mit normalem Reis gemeinsam hat. Der Nußgeschmack ist einmalig. Kanadi-scher Wildreis ist bis heute noch nie mit Kunstdünger oder

Herbiziden in Berührung gekommen. Nach der Ernte wird der Wildreis nur getrocknet, gesäubert und verpackt.

Wilden Reis bereitet man so zu:

Man wäscht ihn unter fließendem kalten Wasser, gibt den Reis in die dreifache Menge kochendes Wasser, kocht ihn nur 3 Minuten, nimmt ihn dann vom Feuer und läßt ihn in dem gleichen Wasser zugedeckt eine Stunde lang quellen. Er vergrößert sein Volumen etwa um das Vierfache. Noch vorhandenes Wasser dann abgießen. Wilder Reis bietet sich ganz besonders als Beilage zu Wildgerichten an, zum Füllen von Geflügel oder Rouladen, als Auflauf mit Oliven und Schinken, Käse oder Champignons. Wem der Reis nach einer Stunde quellen noch zu hart ist, der kann ihn dann bei der Weiterverarbeitung noch nachgaren lassen.

Das Wort Reis stammt aus dem indischen Sanskrit. Priester bereiteten den besten Reis zu und führten die Schönheit der Mädchen, die der Liebesgöttin dienten, auf den Reisgenuß zurück. In der orientalischen Vorstellung vom Paradies gibt es mitten im Garten Eden einen Berg aus köstlichem, trockenem Reis. Auf seinem Gipfel tanzen die schönsten Huris. Sie geben sich dem Gläubigen gerne hin und sind gewissermaßen die orientalischen Schwestern der flandrischen, dickärschigen Mädchen, die man in unseren Breiten auf etwas derbere Art in den Reisbrei setzte.

Als besonders delikat empfehle ich diese vier Reiszubereitungen:

Gebratener Gemüsereis
In der Pfanne feingeschnittene Stücke von rotem, gelbem und grünem Paprika, von einer halben Fenchelknolle, zwei Möhren und kleinen Zucchini-Würfeln in bestem Olivenöl glasig dünsten. Mit Chinagewürz bestreuen und mit Salz abschmecken. Den vorgekochten

Langkornreis daruntermischen. Fünf Minuten zugedeckt und drei Minuten ohne Deckel braten.

Serbischer Reis
Drei feingehackte Zwiebeln in Butter anschwitzen,
reichlich Rosenpaprika, etwas Fleischbrühe und 250
Gramm gewürfeltes mageres Lammfleisch hinzufügen,
das Fleisch etwa 30 Minuten dünsten, dann in Butter
glasig geschwitzten Reis hineingeben, mit Fleischbrühe
auffüllen und alles zugedeckt langsam weichdünsten,
zuletzt geriebenen Parmesan darunterrühren.

Reissalat Derby
Körnig gekochten Langkornreis, grüne feinste Erbsen
aus der Dose, abgegossene, gedünstete Champignons
und gekochten Schinken, beides in feine Streifen geschnitten, mit Vinaigrette und etwas Mayonnaise anmachen und mit Walnüssen garnieren.

Risi e bisi
80 Gramm Butter mit 80 Gramm feingewürfeltem
Schinkenspeck und einer gewürfelten Zwiebel anbraten.
400 Gramm frische grüne Erbsen (das sind ca 1,5 kg
Schoten) in das Fett geben. Mit ¼ l Fleischbrühe aufgießen. 250 Gramm Reis daruntermischen und einen
ganzen Liter Fleischbrühe sowie ein Glas trockenen
Weißwein dazugießen. Bei kleiner Hitze 18 Minuten fest
zugedeckt weichkochen.
Das fertige Gericht mit vier Eßlöffeln frisch geriebenem
Parmesan und zwei Eßlöffeln weicher Butter vorsichtig
durchrühren. Erst jetzt weißen Pfeffer darübermahlen
und nach Bedarf salzen.
Risi e bisi darf nicht trocken sein!

Senf

Alexandre Marquis Davy de la Pailleterie (1802–1870) schrieb 302 Romane und am Ende seines Lebens ein weltberühmtes kulinarisches Werk, das »Grand Dictionnaire de Cuisine«. Wir kennen heute außer diesem Werk nur noch zwei seiner Bücher: »Die drei Musketiere« und »Der Graf von Monte Christo«. Und natürlich sein Pseudonym – Alexandre Dumas.

Als er eines Tages im Zug das Aussteigen in Mâcon verschlief, mußte er in Dijon übernachten. Dieser einen Nacht verdanken wir eine Studie über den Senf, die er »an alle Feinschmecker der Erde« richtete.

»Im Hotel du Parc verlangte ich um elf Uhr nachts zu speisen. Man bot mir zwei Hammelkotelettes und ein halbes kaltes Huhn.

›Welchen Mostrich wünschen Sie?‹ fragte mich der Kellner.

›Dijoner, welchen sonst‹, sagte ich.

Mit beleidigter Miene antwortete er: ›Wir haben 84 Sorten für Herren und 29 für Damen.‹

›Welches ist der Unterschied zwischen Herren- und Frauen-Senf?‹ fragte ich.

›Damen haben einen feineren Gaumen als Herren. Deswegen haben wir in Dijon eine sanftere Kollektion für die Damen vorrätig.‹

›Dann bringen Sie mir die besten von beiden‹, befahl ich.

›Wie? Mein Herr. Sie wollen Damen-Mostrich essen?‹ rief er verwundert. Dann ging er und brachte auf zwei Tabletts zu meinen Kotelettes je sechs Sorten Senf. Ich bin kein großer Mostrich-Liebhaber und brauchte bisher dieses ›Vorwort des Appetits‹ nur selten. Jetzt häufte ich mir zwölf kleine Senfpyramiden auf den Tellerrand und begann zu essen. Was ich erlebte, war eine Offenbarung. Kapern- und Sardellen-Mostrich, mit Knoblauch, mit Estragon, mit feinen Kräutern, mit Zitronenöl, mit Pilzen, süßsauer, à la ravigote und à la grecque, roter Senf und pulverisierter, mit Wasser angerührter.

Ich schob das zweite Kotelett beiseite, ließ es warmstellen und orderte Thunfisch und Ölsardinen, die ich auf meinem Teller zu einem feinen Brei zerdrückte. Zwei hartgekochte, feingeschnittene Eier fügte ich hinzu, schnitt ein Cornichon klein, würzte mit zwei Sorten Senf – mildem und scharfem –, schmeckte mit Tafelessig von Maille ab und ließ mir dann alles durch ein Sieb streichen. Was ich jetzt auf kleinem Teller zurückbekam, war eine himmlische Sauce, die zu meinem Kotelett nicht übel war, zu Austern und Schalentieren jedoch ideal sein mußte.«

Heute ist diese Sauce als Sauce Dumas Bestandteil der großen französischen Küche, und jeder Küchenchef von Rang hat sie in seinem Repertoire.

Um die Begriffe zu klären: Mostrich – als Wort aus dem Holländischen stammend – ist das gleiche wie Senf. Allmählich wird der Begriff Mostrich von der älteren deutschen Bezeichnung Senf im Sprachgebrauch verdrängt.

Durch viele Jahrhunderte ziehen sich sprichwörtliche Redensarten wie »seinen Senf dazugeben«, was soviel heißt wie überflüssigerweise seine Meinung zu äußern; »den ganzen Senf bezahlen« oder »einen langen Senf machen« – sich weitschweifig äußern. Die Berliner Redensart »eenem Mostrich uff die Titten streichen« – jemanden etwas verleiden – hat ihren Ursprung im Niederdeutschen – »eenem Semp up de Titt smeeren« – und bezieht sich auf die Entwöhnung des Kindes von der Mutterbrust. Diese wurde mit

82

Senf bestrichen, um dem Säugling durch den scharfen Geschmack das Trinken abzugewöhnen.

Schwarzer Senf und weißer Senf, botanisch Sinapis nigra und Sinapis alba, sind beide hochwachsende Verwandte des dickbäuchigen Kohls. Der eine hat braune Samenkörner, der andere sahnefarbene. Beide werden auch zur Erzeugung von Tafelsenf benutzt, nur in Dijon ist die Verwendung des weißen Senfs verboten.

Seine Schärfe verdankt der Senf dem ätherischen Allyl-Senföl, das im Samen noch nicht enthalten ist, sondern sich erst entwickelt, wenn gemahlene Senfkörner mit Wasser zusammenkommen. Dann erst wird das im Senf enthaltene Glukosit Sinigrin gemeinsam mit dem Ferment Myrosin aktiv. Dieses Ferment ist überaus empfindlich. Stört man es durch vorzeitige Beimischung von Essig oder Salz oder durch heißes Wasser, so wird die Ehe zwischen Sinigrin und Myrosin schlecht: der Senf wird bitter. Deswegen muß Senfpulver immer mit kaltem Wasser angerührt werden und vor dem Gebrauch zehn Minuten ruhen. Erst danach läßt sich der Senfbrei, der bereits alle Würzzutaten in sich enthält, wenn man will, vermischen, kochen oder einfrieren. Jeder gute Koch verwendet neben fertigem Tafelsenf für bestimmte Gerichte Senfpulver.

Seit der Mitte des vorigen Jahrhunderts gilt Colman-Senfpulver als das beste. Seinen Namen hat es von JEREMIAH COLMAN, einem Müller aus Norwich, der die erste Senffabrik gründete. In Batterien von Mörsern wurde unter Donnergetöse der Senfsamen zerstampft. Besonders feine Seidensiebe trennten dann das Pulver von der Kleie.

Gemessen am Senfreichtum Dijons ist unsere bundesdeutsche Auswahl eher ärmlich. Düsseldorfer Löwensenf in drei Schärfegraden, süßer bayerischer – und damit hat sich's im deutschen Normalhaushalt. Da möchte man sich für eigene Kompositionen schon eine Dose Senfpulver vom alten Jeremiah Colman gönnen. Wen der Ehrgeiz nicht ruhen läßt, der muß für seinen eigenen Senf außer Pulver und Senfkörnern Essig, Weinmost, Pfeffer, Gewürznelken, Zimt, Zucker, Meerrettich und Salz im Haus haben.

Mit Senf würzten schon im vierten Jahrhundert v. Chr. die Griechen Salate, Fisch- und Gemüsegerichte. Die Würzpaste von der Insel Zypern galt damals als die feinste Sorte. Von den Griechen übernahmen die Römer das neue Gewürz. In Mitteleuropa wurde Speisesenf erst über 1200 Jahre später bekannt. Danach setzte allerdings eine wahre Senfsucht ein.

Clemens VI., der französische Gegenpapst, ernannte seinen Neffen in Avignon zum »Grand Moutardier du Pape«, zum päpstlichen Obersenfmeister.

Wer Senf schätzt, hätte sich sicher gerne 1336 vom Herzog von Burgund zu einem Fest einladen lassen. 70 Gallonen Senf – was bei tausend geladenen Gästen etwa 250 Gramm pro Kopf entspricht – verputzten die Esser an der noblen Tafel. Da kommen wir bei einer delikaten Senfbutter als Sandwich-Unterlage, als Beigabe zu Kochfisch oder Fleisch mit sehr viel weniger aus. Für 100 Gramm weiche Butter reicht ein Eßlöffel Estragonsenf. Zwei hartgekochte Eidotter werden noch zerdrückt, untergerührt und das Ganze mit einer Prise Zucker und Salz abgeschmeckt.

Auch heiße Senfsauce ist zu Fisch, Rindfleisch oder verlorenen Eiern nicht zu verachten. Eine besonders edle Sauce dieser Art entsteht, wenn man in eine fertige *Holländische Sauce* drei Eßlöffel mittelscharfen Senf einrührt.

In nur zehn Minuten läßt sich eine Senf-Delikatesse als kalte Sauce herstellen. Für vier Personen nimmt man einen achtel Liter süße Sahne, zwei Teelöffel scharfen

Senf, zwei Teelöffel süßen Senf, zwei Teelöffel groben französischen Senf (Moutarde à l'ancienne), einen halben Teelöffel abgeriebene Zitronenschale (unbehandelt), einen halben Teelöffel Zucker, Salz, schwarzen Pfeffer aus der Mühle. In die steifgeschlagene Sahne werden alle Zutaten gerührt. Die Sauce ist fertig.

Zwei Senf-Tips von Küchen-Profis:
Einfachen Senf kann man selbst veredeln, indem man ihn (pro Glas) mit einem Eßlöffel Weißwein und der gleichen Menge Traubensaft verrührt. Die ganz jungen Blätter der Senfpflanze – sie wächst auch im Blumenkasten sehr schnell – sind eine raffinierte Beigabe zu grünem Salat.

Senf ist gesund. Neuere Untersuchungen haben gezeigt, daß unser Tafelsenf eines der gesündesten Gewürze überhaupt ist. Er hilft mit, daß fette Speisen nicht wie Blei im Magen liegen, sondern ihn schnell passieren. Auf diese Weise entlastet er bei älteren Menschen auch den Kreislauf.
Wenn Kinder keinen Appetit spüren, greifen sie oft in den Senftopf. Man soll sie gewähren lassen. Sie verhalten sich dabei instinktiv richtig.
In der Volksmedizin ist Senf ungemein beliebt.
Innerlich wird Senfsamen gegen die verschiedensten Magen- und Darmbeschwerden teelöffelweise verordnet. Die Homöopathie verwendet Senfmehl, ein Restprodukt bei der Gewinnung von Senföl, in der dritten bis sechsten Potenz (D 3 bis D 6) gegen Heuschnupfen, Heiserkeit und Sodbrennen. Alle medizinischen Anwendungen beziehen sich auf Sinapis nigra, den schwarzen Senf. Der weiße, geschmacklich milder, wird zwar auch zur Herstellung von Speisesenf gebraucht, medizinisch aber hat er so gut wie keine Bedeutung.

Bei der äußerlichen Anwendung kennt die Medizin Senfpflaster gegen Rheuma, Ischias und Gicht, Senfspiritus zum Einreiben bei Muskelschmerzen, Verstauchungen und Verrenkungen und den Senfwickel zur Behandlung fiebriger Bronchitis.

Alle äußerlichen Anwendungsgebiete beruhen darauf, daß Senf eine Hyperämie (partielle stärkere Durchblutung) auslöst. Deswegen gibt es in Süditalien immer wieder besonders mutige Männer, die eine Einreibung mit Senfspiritus zur Steigerung ihrer Potenz versuchen. Die gewünschte Erektion kommt zwar jedesmal zustande; aber ein reines Vergnügen ist sie für keinen. Auf Schleimhäuten löst Senfspiritus nämlich ein teuflisches Brennen aus. Und das kann ja wohl nicht der Sinn der Sache sein.

Da klingt die indische Variante schon besser: Für die Inder ist Senf das Symbol der Fruchtbarkeit. Zahllose vegetarische Gerichte und auch Fische werden aus diesem Grund mit schwarzem Senfsamen teelöffelweise gewürzt. Die aphrodisische Wirkung muß sich wohl bestätigt haben, denn in der Küche der buddhistischen Mönche ist Senfsamen streng verboten.

Essig

Mit dem Essig haben wir Deutschen es nie richtig verstanden. Natürlich verwendet die Hausfrau ihn seit langem für Salate, für die Herstellung von Sauerfleisch und zum Einlegen von Kürbis; aber wirkliche Geschmacks- und Qualitätsunterschiede blieben wohl wegen der zwei Standardsorten – Obst- und Branntweinessig – für die deutsche Küche terra incognita.

Erst mit dem Freß-Tourismus, bei dem sich die Reiseroute nach der Anzahl der Sterne der Restaurants im Michelin richtet, und mit der internationalen Küchenrevolution des PAUL BOCUSE, der *Nouvelle Cuisine*, gewann der Essig neue kulinarische Bedeutung.

Namen wie »Balsamico« und »Maille« sind unseren Feinkosthändlern jetzt geläufig. Seit ein halber Liter Balsamico-Essig des Jahrgangs 1893 auf einer Auktion in Modena 1982 dreitausend Mark erbrachte, gilt der Jahrgang beim Essig soviel wie beim Bordeaux.

Neue Geschmacksvarianten sind zur Freude der Feinschmecker – teils jetzt entwickelt, teils in Rezeptbüchern des Mittelalters entdeckt – in den Gourmet-Boutiquen wieder vorrätig.

Knoblauch-, Estragon-, Apfel- und Sherry-Essig sind noch verhältnismäßig geläufige Sorten; aber haben Sie schon einmal beim Marinieren oder zur Vinaigrette mit Kirsch-, Zitronen-, Himbeer- oder Erdbeer-Essig gearbeitet? Ist Ihnen Zwiebel-, Meerrettich-, Flieder- oder Veilchen-Essig eine geläufige Würze? Wenn ja – *chapeau!* Sie sind ein ausgefuchster Gourmet. Haben Sie aber schon Wacholder- oder Lorbeer-Essig probiert?

Wenn Sie noch ein Essig-Novize sind, machen Sie sich doch mal zum Würzen von Wildsaucen, für Buttersaucen, Sauce Béarnaise oder Fleischsalat, auch zum Beizen von Fleisch vor dem Grillen Ihren eigenen Wacholder-Essig. Er ist einfach herzustellen.

Für 1 l Essig:
3 Zweige frischer Estragon
1 Bund Kerbel
3 EL Wacholderbeeren
1 l Weinessig
Alle Zutaten in ein sauberes, helles Glasgefäß füllen und gut verschließen. Mindestens 4 Wochen an einem sonnigen Platz durchziehen lassen. Dann filtrieren, in eine dunkle Flasche abfüllen und verkorken.

Alles über Essig weiß der deutsche Gastronomie-Experte Arne Krüger, der sich seine eigenen Sorten in verschiedensten Geschmacksrichtungen selbst herstellt. Er sagt auf die Frage, welches der beste Essig ist:
»König unter den Essigen ist der reine, rote bis bräunlich-mahagonifarbene Essig aus reinem Wein und der Balsamier des Dr. Fini aus Modena, dessen Witz darin liegt, den Wein vor dem Vergären zu Essig zu einem Dicksaft, einem Balsam einzudampfen.
Die Weinqualität ist nur die Hälfte des Essiggeheimnisses. Die andere Hälfte wird allein von der Essigmutter bestimmt. Sie ist eine gallertartige Bakterienkultur, die sich in Essigfässern als weiche bis schnittfeste Scheibe absetzt. Solche Essigmutter wird unter Gourmetfreunden in kleinste Stücke zerschnitten und in Fläschchen mit Wein oder Essig verschenkt (genau wie die Adresse eines besonders guten Restaurants oder die Telefonnummer eines hübschen Mädchens mit ständigem Unterhaltungsbedürfnis).«

Und auf die Frage, wo man eine Essigmutter kaufen könne, meint Arne Krüger:
»In Italien gibt es aus dem Hause Fini keine Auskünfte.
Man kann nicht etwa in einen Laden gehen und ein Pfund
Essigmutter kaufen. Der Verkäufer würde in Italien oder
Frankreich die Achseln zucken. Auch wenn er zu Hause
einen irdenen großen Topf oder ein ausrangiertes Weinfaß
hat, in dem eine Essigmutter ihr saures Werk wohltuend
verbringt, er würde Ihnen als kaufwilligem Essigfan kein
Stück davon abgeben. Auch die Quelle, wo er seinen Wein
für den Essig kauft, wird er Ihnen nicht verraten.«
Was den Wein für einen hochwertigen Essig angeht, weiß
Arne Krüger:
»Süße, gehaltvolle körperreiche Weine mit hohem Alkohol-
gehalt sind die besten. Und rot müssen sie sein, je dunkler,
desto besser. Nach ausreichender Essigvergärung und Rei-
fung entsteht ein kupferroter Essig von hohem aromatischen
Wert. Bis dahin ist's ein langer Weg. Er erfordert Geduld
und einen guten Freund mit einer essigsauren Mutter.«
Und wie wird in der großen Küche solcher Essig für Salate
verwendet?
»Die modernen Salatmeister begießen ihre Vorspeisen oder
Salatbeilagen nicht mehr mit dem Essig oder essigsauren
Saucen. Sie beträufeln das Gericht mit einem Pinsel.
In einer Schale wird der gute Essig mit Öl, Salz und weißem Pfeffer vermischt, dann wird der Pinsel eingetaucht
und über den knackigen Blättern über jeder Portion ein- bis
zweimal abgeschüttelt.«
Dieses Verfahren scheint in vielen deutschen Speisehäu-
sern noch unbekannt zu sein, sonst würde der Salat nicht so
oft miserabel schmecken.
Leider gibt es zahlreiche Gaststätten, in denen nur Blätter-
rudimente, die in viel wässeriger Brühe schwimmen, als
Salat serviert werden.

Die Brühe besteht oft aus dem Wasser von Gewürzgurken, Öl, Dosenmilch und Salz. Und die Gurkenmacher verwenden nur in seltenen Fällen hochwertigen Essig.

Er wäre wohl auch zu teuer. Sie nehmen Essig aus Bier oder der Maische für die Branntwein-Destillation. Der Bier-Essig heißt auch Malz-Essig. Gelegentlich wird auch Kartoffel-Essig verwendet, der aus gärender Kartoffelmaische ebenso hergestellt wird wie Obstessig aus Obstmaische.

Auf die Frage, ob aus altem, saurem Burgunder von selbst brauchbarer Essig entstünde, meinte Arne Krüger:

»Wenn eine noble Flasche Burgunder essigsauer wurde, ergibt das noch keinen Essig für gehobene Ansprüche. Weinhändler bieten oft ›Sonderfüllungen‹ von Weinessig an. Meistens stammt der aus verdorbenen, essigsauer gewordenen Weinpartien. Hände weg, kann ich nur sagen. Mißtrauen ist auch gegen die Trittbrettfahrer der neuen Essigliebe angebracht. Sie lassen mindere Weine in der Sonne stehen und füllen sie als AC-Rotwein-Chateau-Essig ab.

Guten Essig kann man trinken. Er gilt sogar als gesund bei rheumatischen Erkrankungen und Stoffwechselkomplikationen. Und er schmeckt vortrefflich. Wie sollte er sonst in einem Gericht den hohen Grad von Wohlgeschmack erzeugen.«

Um den Essig gibt es viele Geschichten. Hier eine besonders hübsche:

Früher hatten die Damen im Riechfläschchen weder Kölnisch Wasser noch Parfüm, sondern Essig. Deswegen schrieb Madame de Sevigné 1665 an ihre Tochter: »Halte die Moral stets fest in Händen und dein Riechfläschchen mit Essig gefüllt unter die Nase, um in keiner Situation Schiffbruch zu erleiden.«

Olivenöl

Wissen Sie, was die »eleomazémata« ist? Falls Sie im Herbst einen griechischen Urlaub planen, schreiben Sie sich das Wort auf, und versuchen Sie, in irgendeinem Dorf, in dessen Nähe Olivenbäume wachsen, an der Eleomazémata, der Olivenernte, teilzunehmen. Das ganze Dorf ist auf den Beinen, die Männer klettern auf die Bäume und schlagen mit langen Stöcken auf die Zweige des Ölbaums, damit die Oliven herunterfallen. Auf den Knien sammeln die Frauen die Früchte vom Boden auf und füllen sie in Körbe. Unter den Gerichten, die die Einwohner mit aufs Feld nehmen, sind einige, die aus Hammelfleisch und frisch getrockneten Bohnen zubereitet werden, immer begleitet von frischen Gemüsen der Jahreszeit: die heißgeliebten, in Öl gebratenen Blumenkohl- und Kürbisschnitze und natürlich, unverzichtbar, die letzten Tomaten und Paprikaschoten. Nirgendwo in Griechenland, auch nicht in Feinschmeckerlokalen, werden Sie ein besseres und so unvergeßliches Gaumenerlebnis haben wie hier.
Bevor die Ernte ins Dorf zur Ölmühle gebracht wird, werden die größten reifen, schwarzen Oliven aussortiert und mit Meersalz gebeizt; die härteren, grünen und fast pflaumengroßen werden gespalten und in Salzlake gelegt und später als *tsakistés*, als eingelegte Oliven, verkauft. In der Ölmühle dreht heute wie vor zweitausend Jahren der Esel mit verbundenen Augen zwei große, flache, runde Steine, zwischen denen die Oliven zermahlen und zerdrückt werden. Das Mark wird auf große Vierecke aus handgewebtem Wolltuch verstrichen, die wie ein Briefumschlag gefaltet und stapelweise dem Druck einer Holzpresse ausgesetzt

werden: Als goldgrüner Strom fließt das frische jungfräuliche Olivenöl in ein Kupferbecken. Kinder und Erwachsene rösten getrocknete Feigen oder Brotstückchen über einer Feuerstelle, tunken sie dann in das frische Öl und stopfen sie sich in den Mund. Frisches Olivenöl hat einen so verführerischen Duft, daß jeder Vorübergehende hungrig wird.

Rund ums Mittelmeer wissen die Menschen mit zwei Dingen wirklich Bescheid: Öl und Wein. Beides sind verhältnismäßig billige Nahrungsmittel; deswegen hat sie jeder in seinem Haushalt, der Arme wie der Reiche. Erstaunlicherweise stellen gerade die Ärmsten an die Qualität dieser beiden Produkte den höchsten Anspruch.
Die Familien der Ölfälscher, die vor einigen Jahren in Spanien so viele Menschen umgebracht haben, sind dort für immer geächtet. Nicht etwa, weil die Zahl der Opfer so groß war, sondern weil es jemand gewagt hat, sich am Öl zu vergreifen. Selbst bei den Prozessen gegen baskische Terroristen mußte nicht soviel Polizei aufgeboten werden wie bei den Ölverfälschern, um sie vor Volkswut und Lynchjustiz zu bewahren.

Der oft zitierte Brillat-Savarin, der der französischen Küche zu ihrem gastrosophischen Unterbau verhalf, sprach natürlich von provenzalischem Ölivenöl, wenn er sagte: »Vergessen Sie nicht, wenn Ihnen jene kleinen Forellen unter die Hände kommen, die kaum mehr als ein viertel Pfund wiegen und aus den klaren Bergbächen stammen, welche in weiter Ferne von der Hauptstadt rieseln – vergessen Sie nicht, sage ich, sie im feinsten Olivenöl zu backen, das Sie erhalten können. Gehörig gewürzt und mit Zitronenscheiben belegt, ist dieses einfache Gericht eines Kardinals würdig.«

Schon vor über hundert Jahren äußerte sich JULIUS ROT
TENHÖFER, Mundkoch des bayerischen Königs Maximilian
II., vor dessen Anspruch nur wenige Zutaten qualitativ bestehen konnten, geradezu euphorisch über das provenzalische Olivenöl, das man damals wie heute in Deutschland in
Apotheken kaufen konnte. »Frisches, reines Olivenöl ist
ohne Widerspruch viel feiner als die beste Butter. Dies edle
Öl muß ebenso vorsichtig behandelt werden wie edler
Wein. Das beste Öl ist das Jungfernöl, der Ausbruch, der
ohne Erhitzung mit leichtem Druck aus der Olive abfließt.
Vortrefflich ist das grünliche Öl von Aix-en-Provence, wenn
man's frisch erwischen kann, aber auch das Öl aus einigen
Gegenden Italiens hat hohe Verdienste.«

Italienische Küche ist ohne Öl undenkbar. Selbst bei Suppen spielt es eine ganz wichtige Rolle und wird zum Beispiel bei der Bohnensuppe zweimal verwendet: Zu Anfang
werden Knoblauch und Speck in Öl angebraten, am Ende
wird der fertigen Suppe nochmals frisches Olivenöl hinzugefügt, um den Geschmack abzurunden.

In der Toscana verfährt man so, genau wie in Umbrien oder wie in der Provinz Lucca. Alle behaupten sie, ihr Öl sei das beste und von einem unbeschreiblich zarten Aroma. Alles andere, und stünden die Olivenbäume auch nur zwei Meter von der Provinzgrenze entfernt, könne man vergessen. Tatsächlich gibt es Kenner, die in der Lage sind, die Öle aus neun Provinzen blind zu unterscheiden. Sie tunken etwas Weißbrot in einen Löffel Öl, riechen daran, pressen es zwischen den Lippen zusammen und murmeln: »Extra vergine di oliva della regione Puglia.«

Tatsächlich gehört das apulische neben dem umbrischen Olivenöl zu den besten Ölsorten Italiens. Es hat die erstaunliche Eigenschaft, daß es die Speisen nicht schwer-, sondern im Gegenteil leichtverdaulich macht. Ich habe in Apulien einmal in einer kleinen Trattoria die Wildtaube »alla leccarda« gegessen, die am Spieß gebraten mit der Ghiotta serviert wird – einer Sauce aus Öl, Wein, Knoblauch, Gewürznelken und entsteinten schwarzen Oliven, die in der Tropfpfanne unter dem Spieß langsam kocht, während der sacht herabtropfende Fleischsaft in sie hineinrinnt. Wer diese Köstlichkeit einmal probieren durfte, der weiß, was es für Qualen sind, an diese Wildtaube zu denken, während man sich in Hamburg oder Kopenhagen befindet. Gott sei Dank gibt es aber eine Menge Dinge, die wir auch in nördlichen Regionen heute nachkochen können, denn ein Gutes hat uns der europäische Markt tatsächlich beschert: Wir können unter vielen Zutaten anderer Länder wählen, und dies gilt auch beim Olivenöl.

Wer mit der Olivenöl-Küche anfängt, sollte wissen, daß es wichtig ist, das Etikett auf der Ölflasche genau anzuschauen. Das feinste, kalt gepreßte Olivenöl heißt, wenn es aus Italien kommt, »extra vergine«, kommt es aus der französischen Provence, »extra vièrge«. Abgesehen von den verschiedenen mediterranen Spezialitäten eignet sich Olivenöl:

– zum Marinieren (Steaks, die vor dem Braten in eine Kräuter-Olivenöl-Mischung gelegt wurden, sind zarter und schmackhafter),
– zum Würzen von Salaten und Rohkost,
– zum Garen von Ragouts, zum Schmoren und Braten,
– zum Fritieren bei Temperaturen bis zu 200 Grad Celsius,
– zum Kochen von Teigwaren. (Ein bis zwei Löffel davon im Kochwasser verhindern das Zusammenkleben und vermitteln einen Hauch des Ölaromas).
Olivenöl nie in den Kühlschrank stellen – es kann eindikken oder flockig werden. Am besten hält es sich dunkel aufbewahrt bei einer Temperatur zwischen 6 und 18 Grad Celsius, dann ist es auch dünnflüssig und vermischt sich leicht mit anderen Zutaten.

Für schlankheitsbewußte Feinschmecker hat Olivenöl noch eine besonders geschätzte Eigenschaft: Es bringt nur neun Kalorien pro Gramm mit und enthält eine ganze Reihe naturbelassener Vitamine und Spurenelemente.

Wenn Sie Ihr Olivenöl eingekauft haben, machen Sie am besten einen Überraschungsangriff auf ein paar Leute, die immer verzückt von der Nouvelle Cuisine und ihren großen Menüs reden. Laden Sie bis zu sechs Personen zu sich zum Essen ein. Auch wenn Sie im Kochen nicht geübt sind: das Rezept dieses *griechischen Rindergulaschs (Stifádho)* wird Ihnen schon deswegen gelingen, weil es nicht darauf ankommt, ob es eine halbe Stunde länger auf dem Herd steht als hier angegeben:

Nehmen Sie ein Kilo mageres Rindfleisch aus der Keule und schneiden es in walnußgroße Stücke. Schälen Sie ein Kilo kleine Zwiebeln. Zwei Knoblauchzehen werden in Stifte geschnitten, drei Eßlöffel Tomatenmark mit sechs Eßlöffeln Wasser verrührt. Von dem trockenen Rotwein, den Sie später einschenken werden, zweigen Sie einen viertel Liter fürs Kochen ab. Außerdem brauchen Sie sieben Eßlöffel Olivenöl, zwei Eßlöffel Rotweinessig, zwei kleine Lorbeerblätter, einen Teelöffel getrockneten Thymian, etwas Salz und schwarzen Pfeffer aus der Mühle.

Und nun geht's los:

1. Olivenöl in einer tiefen Pfanne erhitzen (es ist heiß genug, wenn ein hineingelegter Weißbrotwürfel sich verfärbt) und die Fleischstücke portionsweise rundherum schön braun braten. Mit einem Schaumlöffel in einen schweren Topf legen.

2. Die Zwiebeln im gleichen Öl, in dem das Fleisch angebraten wurde, braun rösten, in eine Schüssel geben und beiseite stellen.

3. Knoblauch, aufgelöstes Tomatenmark, Wein, Essig, Lorbeerblätter, Salz und Pfeffer in die Pfanne geben und die Flüssigkeit kurz kochen. Vom Feuer nehmen und zu den Fleischstücken in den Topf gießen. Fleisch und Flüssigkeit zum Kochen bringen, die Hitze klein schalten und das Ganze fest zugedeckt 35 Minuten simmern.

4. Die Zwiebeln zufügen und weitere 30 Minuten köcheln lassen, bis Fleisch und Zwiebeln gar sind und die Sauce dick ist; sie gegebenenfalls im offenen Topf rasch etwas einkochen lassen. Vor dem Servieren die Lorbeerblätter entfernen.

Tip: Nur Rindfleisch zum Schmoren verwenden. Zartere Stücke würden bei der langen Garzeit, durch die Stifádho seinen Geschmack erhält, auseinanderfallen. Wichtig: Fleisch bei starker Hitze rasch anbraten, damit sich die Poren schließen. Als Beilage servieren Sie entweder trockenen Reis oder frisches Meterbrot.

Nicht weniger köstlich, vielleicht sogar noch überraschender ist ein *altes sizilianisches Rezept*, das ganz ohne Fleisch auskommt:

Soviel Esser, soviel rote Paprikaschoten brauchen Sie. Legen Sie diese Schoten so wie sie sind auf den Rost im Backofen bei etwa 200 Grad, bis sie leicht schrumpelig erscheinen und schon kleine angebrannte Stellen zeigen. Spülen Sie sie dann mit kaltem Wasser ab. Der Länge nach halbieren, Rippen und Kerne entfernen und, das geht jetzt ganz leicht, die äußere Haut abziehen. In einer Schüssel bereiten Sie jetzt die Füllung: Eine Tasse leicht mit Wasser angefeuchtete Semmelbrösel hineinschütten. Vier gewässerte und in kleine Stücke gezupfte Anchovis und zwei Eßlöffel feingehackte Kapern mit drei Eßlöffeln Pinienkernen, einem Eßlöffel feingehackte glatte Petersilie, vier Eßlöffeln Olivenöl und einem Eßlöffel Sultaninen, die vorher mit kochendem Wasser übergossen wurden, alles das in einen Mörser geben und so lange mit einem Stößel verreiben, bis sich eine teigartige Masse ergibt. Mit den Semmelbröseln verkneten und nun die Schotenhälften in einer feuerfesten Form auslegen. Jede Hälfte mit der pikanten Masse füllen, auf jede noch einen halben Eßlöffel Olivenöl, und das Ganze bei schwacher Hitze nicht zugedeckt im Ofen eine knappe halbe Stunde überbacken.

Wenn Sie dazu noch einen sauberen sizilianischen Rotwein, etwa einen Corvo, servieren, wird man Sie nicht nur für einen großen Koch, sondern für einen Experten der italienischen Küche halten.

Fragt Sie in den Abruzzen ein Kellner, ob er Ihnen den Salat mit »olio santo« anmachen solle, probieren Sie erst einen Fingerdip von diesem Öl mit der Zungenspitze. Es handelt sich nämlich nicht um »Heiliges Öl«, das für kirchliche Zwecke gebraucht wird, sondern um gutes Olivenöl, in das für einige Tage höllisch scharfe, gehackte Peperoncini eingelegt wurden. Von der Dauer des Ölbades der Pfefferschoten hängt es ab, wann Ihre Zungenspitze wieder gebrauchsfähig sein wird.

Fußballtrainer und Sportärzte sagen, daß eine leichte Massage mit Olivenöl das beste Mittel gegen Muskelkater sei. Es muß was dran sein, denn das Rezept existiert seit den ersten Olympischen Spielen des Altertums.

Die Kartoffel

Je länger ich mich mit der Geschichte des Essens und Trinkens beschäftige, um so mehr wird mir die Geschichtsschreibung zum Ärgernis. Als ob Kriege, Schlachten, Attentate, Intrigen und Morde das wären, worauf wir rückblickend stolz sein könnten. Geistesgrößen notieren die Historiker nur noch, wenn ihr Gedankengut Revolutionen auslöste oder begleitete; im übrigen sind Dichter und Denker zur Konservierung im Brockhaus oder als Füllsel in Kreuzworträtseln vonnöten.

Die Personen schließlich, die dafür sorgten, daß Menschheitsgeschichte überhaupt geschrieben werden konnte, kennt keiner mehr. Sie haben ja nichts weiter vollbracht als dafür gesorgt, daß eine ständig wachsende Zahl von Menschen ihren Hunger stillen und satt werden konnte.

Nehmen wir als Beispiel ANTOINE AUGUSTIN PARMENTIER, den französischen Apotheker, der am 17. April 1737 in Montdidier geboren wurde und 77jährig in Paris starb.

Sein Grab liegt auf dem berühmten Friedhof Père-Lachaise. Um das Grab ist ein kleines Gärtchen angelegt, das Jahr für Jahr mit der Pflanze, die er so sehr liebte und für die er unermüdlich arbeitete, bestellt wird: der Kartoffel.

Bevor ich aus der Vergangenheit und Gegenwart dieser köstlichen Knolle berichte, will ich ihre großartige Geschichte erzählen, an die heute kein Mensch mehr denkt, selbst wenn ihm auf der Speisekarte Parmentier-Kartoffeln begegnen. Sie schmecken fabelhaft und sind sehr einfach zuzubereiten: roh in Würfel geschnitten, in Butter goldgelb gebraten, leicht gesalzen und mit Schnittlauch bestreut.

Parmentier diente als Apotheker bei einem französischen Detachement im Hannoverschen, wo er zum ersten Mal kleine Kartoffelfelder sah. Er untersuchte die Knollen, deren Anbau Friedrich der Grosse im Siebenjährigen Krieg befohlen hatte, um damit ein Ernährungsproblem seiner Truppen zu lösen. Parmentier fand die Wunderknolle mit Namen Solanum tuberosum gesund, schmackhaft und vielfältig verwendbar und dachte sich unverzüglich zwanzig verschiedene Rezepte für ihre Zubereitung aus.

Nach Frankreich zurückgekehrt, stieß er mit seiner Entdeckung, für die er auch das Saatgut mitbrachte, auf wenig Gegenliebe. Ein Teil seiner Landsleute hielt die Kartoffel – weil sie ein Nachtschattengewächs ist – für giftig, andere behaupteten, sie rufe Hautkrankheiten hervor. Das Vorurteil wurde so stark, daß der Anbau der Kartoffel, noch bevor sie richtig bekannt war, in einigen französischen Provinzen mit schweren Strafen bedroht wurde.

Wie zählebig solche Vorurteile sein können, sieht man daran, daß der Gourmet Antoine Beauvilliers noch 1888 schrieb: »Der Saft der Kartoffel ist schädlich und schändlich zugleich.«

Parmentier ließ sich damals nicht entmutigen: Er bat Ludwig XVI. um eine Audienz. Bei dieser Unterredung pries er dem König die guten Eigenschaften der eßbaren Knolle, erklärte ihre nahrhafte Zusammensetzung und wies darauf hin, daß sie ein wohlfeiles, vorzügliches und lagerfähiges Ersatzmittel für Brot sei.

Brot war damals knapp. In Frankreich herrschte beim gemeinen Volk während des Winters eine schlimme Hungersnot. Ludwig tat zweierlei: Er befahl, daß fünfzig Äcker kultiviertes Land für den Kartoffelanbau zur Verfügung zu stellen seien, und er ernannte Parmentier zum Baron.

Zunächst ließ PARMENTIER sich ein Wappen entwerfen, für das er eine Kartoffelblüte als Symbol wählte; dann wandte er sich energisch dem Erdäpfelanbau zu.

Als die Zeit der Ernte kam, ließ er das Gelände tagsüber durch Gendarmen bewachen, die sich jedoch bei Dunkelheit zurückzogen. Wie er voraussah, setzten in den Nächten sofort umfangreiche Plünderungen ein – was so aufwendig bewacht wurde, mußte ja kostbar und gut sein –, und schon im übernächsten Jahr entwickelte sich in Frankreich eine wahre Kartoffelmanie.

Der Bewachungstrick wird immer wieder dem ALTEN FRITZ angedichtet, weil von ihm ein Kupferstich existiert, der ihn bei der Inspizierung eines Kartoffelackers zeigt. Zwar hat sich der Preußenkönig um die Einführung der Kartoffel verdient gemacht; aber wie es seiner Natur entsprach, eher durch rigorosen Zwang als durch List.

Frankreich, schon damals für eine anspruchsvolle Kochkunst bekannt, sorgte nun als kulinarischer Opinion-Leader für eine europäische Kartoffelsucht in höfischen und bürgerlichen Küchen. Neue Sorten wurden gezüchtet, die so reizende Namen wie »Kleinauge« und »Damenfinger« oder »Frühe Niere« und »Holländische Ochsenzunge« führten.

Die Kartoffelliebe am französischen Hof ging so weit, daß 1788 anläßlich eines Balles in Versailles die Königin und ihre Hofdamen sich mit Kartoffelblüten dekorierten, und selbst der König trug eine im Knopfloch.

Parmentier lud mit Unterstützung des Königs die wissenschaftliche Elite Frankreichs zu einem Festbankett ein, auf dem es nichts anderes als dreißig verschiedene Kartoffelspeisen gab. Selbst das Brot und der Kaffee waren aus Kartoffeln hergestellt. Pommes de terre waren der letzte Schrei.

Auf dem Gelände der ersten fünfzig Kartoffeläcker steht heute die Stadt Neuilly, die Parmentier ein Denkmal setzte.

150 Jahre bevor dies alles in Frankreich passierte, hatte Sir Walter Raleigh die Kartoffel aus Virginia nach Irland eingeführt. Niemand interessierte sich für die unterirdischen Knollen. Die Pflanze wurde lediglich als Kuriosität gezüchtet. Auch Sir Francis Drake, der aus Peru die ersten Kartoffeln mitbrachte und sie Königin Elizabeth I. 1586 zu Füßen legte, war mit seinem Geschenk nicht sonderlich erfolgreich. Die einzige späte Anerkennung, die er für seine lobenswerte Entdeckung bekam, war ein Denkmal in Offenburg im Freistaat Baden, errichtet von den Bürgern der Stadt.

Neben der Anerkennung durch die höfischen Küchen der Fürsten und Könige waren es aber vor allem die großen

europäischen Hungersnöte, die für die Verbreitung der
Kartoffel als Nahrungsmittel sorgten.

Ohne PARMENTIER und seine Lebensarbeit wären nicht nur
diese Hungersnöte noch viel dramatischer verlaufen, auch
die Geschichte der zweiten Hälfte des 19. Jahrhunderts hätte ein anderes Gesicht bekommen. Womit, wenn nicht mit
billigen Kartoffeln, hätte man die leeren Mägen der Fa-
brikarbeiter und der Kinder in den Textilmanufakturen
stopfen sollen – die Kartoffel rettete die unterernährten Opfer des Frühkapitalismus. In diesen bösen Jahren wurde die

Kartoffel zu dem, was sie trotz zahlreicher Verfeinerungen bis heute geblieben ist: zum Volksnahrungsmittel.

Die gastronomische Bedeutung der Kartoffel ist uns erst später bewußt geworden; Feinschmecker lassen heute gerne viele kunstvoll arrangierte Leckerbissen der Haute Cuisine für eine Pfanne gut gemachter Bratkartoffeln stehen. Ihre klassische Zubereitung ist zwar zeitaufwendig, aber einfach:

Am Vorabend die Kartoffeln in der Schale mit etwas Salz und Kümmelsamen kochen. Abgießen, pellen, kalt stellen. Am nächsten Tag in Scheiben schneiden. Geräucherten Speck, klein gewürfelt, mit etwas Schweineschmalz in der Pfanne erhitzen. Die Kartoffelscheiben hineingeben, salzen, mit einer Prise Zucker bestreuen und bei kleiner und abwechselnd mittlerer Hitze bis zu 30 Minuten (je nach Sorte) von allen Seiten anbraten. Dabei nicht zu viel und zu heftig mit dem Holzlöffel rühren. In den letzten Minuten die Pfanne bei kleiner Hitze zudecken. Ob man Zwiebeln mitbrät oder nicht, ist Geschmackssache, genauso wie die Auswahl der Beilage, die Spiegelei, Roastbeef, Sülze oder einfach grüner Salat heißen kann.

Was die Küche der Restaurants betrifft – bei Kartoffeln dürfen wir ruhig etwas anspruchsvoller werden: Von insgesamt 5000 bekannten Rezepten stehen dem ehrgeizigen Koch allein im »Hering«, dem Küchenlexikon des Profis, 146 Variationen der Kartoffelzubereitung zur Verfügung. Ein Gespräch darüber bei der Bestellung der Mahlzeit lohnt sich in jedem guten Restaurant.

Von den sogenannten Veredlungsprodukten der Kartoffel – den Pommes frites und den Chips – läßt sich Zwiespältiges berichten. Pommes frites können da, wo sie als Beilage am Platz sind und ordentlich zubereitet werden, recht gut sein, und auch mit frischen Chips läßt sich in der Küche manches verzieren. Wenn Kinder aber Riesenportionen Pommes mit Mayonnaise oder wahlweise Ketchup, in schlechtriechendem Fett gebacken, in sich reinmampfen, läuft mir schon beim Anblick eine Gänsehaut über den Rücken. Ob diese Verbrauchergeneration jemals einen großen Koch oder Feinschmecker hervorbringen wird?

Es mag auch sein, daß Fernsehen ohne die Schale mit den Chip-Variationen zur rechten Hand nicht immer genügend Salz und Paprika hat – zur Lust am Essen kann ich solche Verzehrsgewohnheiten nicht rechnen.

Aus der Ecke dieser unbewußten Vielfraße kommt wohl auch die unsinnige Behauptung, daß Kartoffeln dick machen. Die Ernährungswissenschaft hat dieses Vorurteil längst widerlegt. 100 Gramm Kartoffeln haben nur 85 Kalorien, die gleiche Menge Reis dagegen 371 Kalorien. Außer Wasser und Kohlenhydraten enthalten Kartoffeln hochwertiges Eiweiß, Mineralstoffe und Vitamine (besonders Eisen und Vitamin C). Eine richtig geplante Kartoffeldiät bringt viele überflüssige Kilos weg – und sie ist gesund.

In unserer Umgangssprache hat die Kartoffel sich mundartlich besonders schnell durchgesetzt, »Kartoffeldragoner« für Koch, »Kartoffelhengst« für Landwirt oder »Kartoffelhopser« statt Infanterist sind seit dem 19. Jahrhundert gebräuchlich. Wer in Berlin »'ne Kartoffel« hat, ist Besitzer einer Taschenuhr, und »Kartoffeln im Strumpf« sind größere Löcher. »Rin in die Kartoffeln, raus aus die Kartoffeln« drückt Unentschlossenheit aus, und wenn jemand Glück in der Liebe oder im Spiel hat, das ihm mißgönnt wird, heißt's: »Die dümmsten Bauern haben die größten Kartoffeln.« Will man einen anderen als gezierten Affen apostrophieren, unterstellt man ihm die gleiche Redensart so: »Das kubische Volumen der Erdäpfel ist reziprok proportional zur intellektuellen Kapazität der sie produzierenden Agrarier.« Ein »Bratkartoffel-Verhältnis« hat man mit einem Mädel, das sich und seine Kochkunst anbietet.

Die Kartoffel ist im botanischen Sinn keine Frucht, sondern eine ungeschlechtlich vermehrungsfähige Sproßverdickung der Wurzel mit Speichereigenschaften. Ob die Pflanze weiß, rot- oder blauviolett oder gar nicht blüht, ist von der Sorte abhängig. Auf den Ertrag hat das keinen Einfluß. Bauern können sich heute zwischen 120 Sorten für den Anbau entscheiden. In der landwirtschaftlichen Praxis bleibt es jedoch bei etwa zehn Sorten, die wegen ihrer Schädlingsresistenz bevorzugt werden. Die oberirdischen Früchte der Kartoffelpflanze, kleinen grünen Tomaten ähnlich, sind ungenießbar, ja sogar leicht giftig.

Ich glaube, daß wir ganz schlecht beraten sind, wenn wir aufgrund von Vorurteilen oder Unwissen immer weniger Kartoffeln essen. Wenn das so weitergeht, werden eines Tages keine Kartoffeln mehr angebaut werden.

Sellerie

Vor mir liegt ein »Kochbuch für die Besseren Stände« aus dem Jahre 1860, das mit dem Kapitel »Gastronomische Geographie« schließt.

Heute nennt man sowas Einkaufstips. Der Supermarkt hat alles parat – die Geographie ist überflüssig geworden. Aber damals, da konnte man den Gemüsemann noch fragen: »Ist der Sellerie auch aus Erfurt?« Denn der Feinschmekker wußte, daß der beste Sellerie, der schönste Blumenkohl und – erstaunlich! – der feinste Gries aus Erfurt zu stammen hatte. Wer andere Krebse als die aus Eichstätt, anderes Chocoladepulver als das aus Caracas verarbeitete und sich beim Petersilienkauf nicht der Herkunft aus Nürnberg versicherte, der war ein Piefke und hatte vom guten Essen keine Ahnung.

Und natürlich war der Unterschied zwischen dem bleichen Stangensellerie und der derberen Knolle der Köchin geläufig.

George Hesekiel, der seine gourmandisischen Erfahrungen als Diplomat gnadenlos und bestimmt aufzeichnete, drückte das vor 120 Jahren so aus:

»Der Bleichsellerie erfreut sich einiger Beliebtheit. Zu Gorgonzola oder Roquefort-Käse ist er roh eine schmackhafte Beilage; mancher Suppe gibt er eine feine Note.

Ganz anders die Sellerieknolle. Sie kann man nur als liebesfördernden Salat mit einer leichten, raffinierten Vinaigrette vorlegen. Ansonsten ist die Knolle ein sehr gemeines, fades, süßliches Essen. Die Engländer haben die gräßliche Gewohnheit, sie in Wasser zu sieden, das ausgelaugte Gemüse zu zerkleinern und es mit Butter anzurichten. Kläg-

lich ist's, daß viele Deutsche diese Albernheit nachahmen.«
So ganz stimme ich mit HESEKIEL nicht überein.

Eine Bouillon verdient ihren Namen erst, wenn sie, außer
mit anderem Wurzelwerk, auch mit einem Stück Sellerie
gekocht wurde.

Fleischgefüllte, gedünstete Sellerieknollen schmecken vorzüglich, und als Rohkostsalat ist die geraffelte Knolle delikat.

Es ist noch gar nicht so lange her, seit man die potenzstei-
gernde und aphrodisische Wirkung des Selleries wissenschaftlich begründen kann. Apium graveolens ist der botanische Name des Selleries, der auch Eppich genannt wird
und zur Gattung der Doldenpflanzen gehört. Über viele
Jahrhunderte taucht der Sellerie in den Rezepten der Volksmedizin als harntreibendes und auf die Sexualorgane ein-
wirkendes Mittel auf.

Die erhitzende Wirkung der Wildpflanze war schon in der
Antike bekannt. Den Priestern war es verboten, Sellerie zu
essen. Seit dem Mittelalter wird Knollensellerie in Europa
als Gemüse angebaut. Damals gab man dem Selleriesalat,
seiner aphrodisischen Wirkung wegen, den Namen »Steh-
salat«. Auch ein altes Volkslied »Ich bin ein junges Weibchen und hab' ein alten Mann...« rühmt im Schlußvers
die aromatische Pflanze so:

> »Ich koch ihm täglich Eyer
> Und Selleriesalat
> Ist's auch die alte Leyer
> Bleibt's doch ein guter Rath.«

Heute hat die Wissenschaft jene Stoffe im Sellerie analysiert, die die Spannkraft stärken: Eisen, Magnesium, Calcium, Schwefel und Phosphor sind als Mineralienmi-
schung in der Knolle enthalten. Seine volle Wirkung auf die

Manneskraft vermittelt der Sellerie vor allem in rohem Zustand – als Rohkostsalat oder als Saft. (Den Saft sollte man wegen seines faden Geschmackes mit frischem Tomatensaft mischen.)

Der Verwandte der Knollenpflanze, der Bleich- oder Stangensellerie, ist in der Wirkung sogar noch stärker. Nicht zuletzt deswegen sollte er bei den Crudités – dem rohen Gemüse, das man als Vorspeise knabbert – nicht fehlen. Auch zu Käse paßt roher Stangensellerie ganz fabelhaft. Füllen Sie die Höhlung des Blattstieles mit Roquefort oder Camembert – einen Hauch Cayenne-Pfeffer darüber – delikat!

In Griechenland habe ich eine einfache Stangensellerie-Zubereitung kennengelernt, die exzellent schmeckt und, am Abend genossen, die Nacht zum Tage macht.

Drei Teile Weißwein, einen Teil Wasser, einen Teil Olivenöl mit dem Saft einer Zitrone verrührt, zehn schwarze Pfefferkörner und zwei Lorbeerblätter mit etwas Salz aufkochen. Die längs geviertelten Stangen nach gründlichem Waschen in der Brühe dreißig bis vierzig Minuten, ohne Deckel, langsam garkochen. Die Selleriestückchen herausnehmen und kalt werden lassen. Die Brühe so lange weiterkochen, bis sie auf eine halbe Tasse reduziert ist, und dann abkühlen lassen. Wenn sie lauwarm ist, den sehr kalten Sellerie damit übergießen. Dazu frisches Weißbrot und viel trockenen Weißwein.

(Eine Stangensellerie-Pflanze reicht für 2 Personen.)

Reichlicher Selleriegenuß veranlaßt die Schweißdrüsen, einen ganz besonderen Duftstoff zu produzieren, das Androsteron. Es entspricht im Geruch den Ausscheidungen des männlichen Keimdrüsenhormons Testosteron.

Wer der musikalischen Anregung »Freu' Dich, Fritzchen, freu' Dich, Fritzchen, morgen gibt's Selleriesalat« folgen will, der sollte wissen, daß es für diesen Salat vier verschiedene Zubereitungsmethoden gibt. Schließlich will man ja nicht jeden Tag dasselbe essen. Der klassische SELLERIESALAT wird immer aus Knollen zubereitet. Und zwar so:

1. Streifen von gekochtem Sellerie mit süßer Sahne, Zitronensaft, Senf, Salz und weißem Pfeffer aus der Mühle anmachen.

ODER

2. Dünne Scheiben von gekochtem Knollensellerie in eine Marinade aus Essig und Öl einlegen, mit gehacktem Schnittlauch und Herzblättern vom Kopfsalat garnieren.

ODER

3. Sehr feine Streifen von rohem Knollensellerie mit Salz und Estragon-Essig marinieren. Eine Stunde später mit einer leichten Mayonnaise binden.

ODER

4. Rohen Knollensellerie mit der gleichen Menge Äpfeln raspeln, mit sehr fein gehackten Zwiebeln vermischen, einen halben Teelöffel Zucker einrühren. Mayonnaise mit etwas Tomatensaft flüssig machen und unter den Salat mischen.

Anstelle des Salzes können wir bei allen diesen Rezepturen auch sogenanntes Sellerie-Salz verwenden, das aus normalem Kochsalz besteht, welches mit pulverisiertem Knollensellerie gewürzt ist. Dieses Spezial-Salz paßt übrigens auch zu anderen grünen Salaten.

Wir Männer müssen uns beim Sellerie zweifach bedanken. Er hüllt uns nicht nur in die unwiderstehliche Androsteron-Duftwolke ein, er sorgt auch dafür, daß wir für die Folgen gut gerüstet sind.

Tomaten

Wenn die pharmazeutische Forschung für ein neues Medikament einen klinischen Versuch startet, bekommt die Hälfte der Probanden die echte Arznei, die andere Hälfte Placebos. Placebos entsprechen äußerlich – ob als Ampulle oder als Tablette – genau dem Erprobungsmittel, nur enthalten sie keinerlei Wirkstoff. Diese Testtechnik soll unter anderem Besserung durch Autosuggestion ausschließen. Die Forscher nennen dieses Verfahren den Blindversuch. Seit wir innerhalb der EG einen zollfreien Agrarmarkt haben, machen die holländischen Gemüsebauern schon über ein Jahrzehnt mit uns Deutschen einen Dauer-Placebotest. Sie liefern uns rote, glatthäutige, schnittfeste, fleckenfreie, saftige Kugeln, die wir unter dem Namen »Tomate« kaufen.

Den Züchtern ist mit dieser Frucht aus den Niederlanden, wissenschaftlich betrachtet, ein großer Wurf gelungen: Diese sogenannten Tomaten reifen unter Glas ununterbrochen übers ganze Jahr verteilt und – sie schmecken absolut nach nichts und bewirken beim Kochen gar nichts: Sie sind perfekte Placebos.

Eine solche Entwicklung hätte sich der Großimporteur CHRISTOPH KOLUMBUS nicht träumen lassen, als er die ersten Samen der peruanischen Götterfrucht, der »tomatl«, mit nach Hause brachte. Zwar mochte zunächst niemand von diesen unbekannten dicken roten oder gelben Beeren essen; aber als Beispiel für ein Nachtschattengewächs und als nette Zierpflanze waren sie über Jahrhunderte in Apothekergärtchen beliebt. Ihrem indianischen Namen, der soviel heißt wie »wachsen, schwellen«, machten sie in unseren Breiten jedenfalls alle Ehre.

Die Italiener waren wohl die ersten Europäer, die es mit der Tomate in der Küche versuchten, und sie sind bis heute Weltmeister in der vielfältigen Verwendung der »pomodoro« geblieben.

1554 gibt es den ersten italienischen Bericht über den »Goldapfel«, den »pomo d'oro«, der heute in einem Wort geschrieben Italiens Küche beherrscht.

Nicht nur, daß wir den Italienern die besten Tomatenrezepte verdanken, auch die Redensart »treulose Tomate« ist auf sie zurückzuführen. Sie entstand, weil die »Treulosigkeit dieser Tomatenfresser« (Originalton Kaiser Wilhelm, 1916) die Niederlage Deutschlands und Österreich-Ungarns im Ersten Weltkrieg einläutete.

In Deutschland hieß die Tomate noch bis ins 19. Jahrhundert Liebes- oder Paradiesapfel, in Österreich spricht man heute noch von Paradeisern. Es ist noch keine hundert Jahre her, daß Tomate bei uns mit »D« geschrieben wurde.

Noch bevor die rote Frucht chemisch analysiert werden konnte, schrieb man ihr – deswegen wohl auch der Name Liebesapfel – aphrodisische Wirkung zu. Ob das nun an der Kombination der Vitamine A, B_1 und B_2 mit Vitamin C liegt, ob die Mineralstoffe Kalium, Magnesium, Phosphor, Kupfer, Natrium, die alle in der Tomate vorkommen, ausgesprochen sexfreundliche Zutaten sind, weiß bis heute niemand genau.

An einem Kalorienstoß kann es jedenfalls nicht liegen, denn 21 Kalorien bei 100 Gramm sind so gut wie nichts. Schließlich besteht diese Frucht zu 95 Prozent aus Wasser. Carl Zuckmayer, gleich bedeutend als Dichter und Genießer, muß mit der Tomate einschlägige gute Erfahrungen gemacht haben, die er in seinem Gedicht »Das Essen« in einem Vers so ausdrückt:

Und viele Götter leben im Salate,
Saftrot und samenkerngeschwellt das Weib Tomate,
Und grünes Kraut im Frühling ist ein kühles Glück

Für einen Selbstversuch habe ich ein sommerliches Rezept ausprobiert, das von kaum zu überbietender Würzigkeit und Naturkraft ist:

> Im Entsafter wird aus 2 Kilo vollreifen Freilandtomaten alles an Flüssigkeit und Fruchtfleisch herausgequetscht. Diesem dicken Saft wird eine Tasse Milch, etwas Salz und Cayennepfeffer, zwei Eßlöffel Butter, ein halber Teelöffel Zucker und ein Schnapsglas Gin zugefügt. Die Flüssigkeit nur so weit erhitzen, bis die Butter schmilzt. Nicht kochen lassen! Wer dann noch ein paar frische Basilikumblätter darüberzupft, wird nach diesem Süpplein süchtig werden.

Selbst die eher triebarmen Rohköstler können so auch mal was Warmes in den Magen kriegen, das sie nicht nur zu beruflicher Tätigkeit anregt.

Tomaten sind am besten, wenn sie in der Sonne reifen. Solche natürlich gereiften Früchte erkennt man an ihrem zartgrünen »Kragen« am Stielansatz. Leider gibt es solche Produkte aus deutschen Landen nur im Hochsommer und Frühherbst.
In dieser Zeit findet man bei uns inzwischen ein breites Angebot ordentlicher Tomaten. Die großen, gerippten bis knubbeligen Vierländer sind wegen ihres ausgeprägten Eigengeschmacks zu empfehlen. Die Verbraucher müssen begreifen, daß es auf die Ebenmäßigkeit der Form nicht ankommt.
Ganz witzig bei den Neuzüchtungen sind die säurearmen

hellgelben Tomaten, mit denen wir allerlei farblich-dekorative Salatspielchen treiben können.

Wenn es keine inländischen Freilandtomaten gibt, bevorzuge ich die spanischen und italienischen großen Fleischtomaten, fest in der Konsistenz, farblich von Hellgrün ins Orange gehend, dennoch nicht unreif, sondern fruchtig frisch im Geschmack. Sie sind am besten geeignet zu Salaten aller Art, vorzüglich auch als Vorspeise mit Mozzarella oder Schafskäse mit frischen Basilikumblättern.

Dann die kleinen, länglichen, tiefroten Flaschentomaten (manchmal auch Pflaumentomaten genannt), die mit etwas Olivenöl, Knoblauch und Oregano kurz gekocht und durchgesiebt werden – das ist die Basis für viele Saucen und Chutneys, ob wir sie sauer, süßsauer, scharf oder mild zubereiten.

Glücklicherweise ist irgendwo auf der Welt immer Sommer, und so können wir sogar im Winter auf die kleinen Süßen von den Kanarischen Inseln, auf die roten Kugeln aus Marokko und auch auf die Importe aus Israel zurückgreifen.

Ein Höhepunkt des Tomatengenusses bleibt die selbstgepflückte Frucht mit ihrem Frisch-vom-Stiel-Aroma. Dieses wunderbare Gaumensignal zwischen süß und säuerlich und Sonne ist nicht zu überbieten. Die Variationen, die uns die Tomate anbietet, sind grenzenlos. Sie vermählen sich gerne mit Zucker und Salz, Honig oder Essig, Rotwein und Sojasauce, Zwiebeln, Knoblauch und Oregano, Basilikum oder Rosmarin, Thymian oder Salbei, Pfeffer jeder Art oder Paprika, frischem Ingwer und Bohnenkraut, Estragon und Peperoni, Olivenöl und Butter, Mozzarella und anderen leicht schmelzenden Käsesorten, Crème fraîche und Parmesan, Minze und Schnittlauch, Muscheln und Sardellen, Fisch und Fleisch, Reis und Eiern und – last not least – mit Wodka und Gin.

BARON EUGEN VON VAERST sagt über die Tomate in seiner »Lehre von den Freuden der Tafel«:
»Dies ist eine Frucht, die wohl unmittelbar aus dem Paradiese zu uns gekommen sein muß und sie ist gewiß der Apfel gewesen, den Paris der Venus bot, sehr wahrscheinlich auch der, welchen die Schlange zur Verlockung der Eva anwendete. Wer auch nur die Liebesapfel-Sauce nennt, hat alles verständlich gemacht, was über Saucen in letzter entscheidender Instanz zu sagen ist.«

Das Lexikon der Küche, »Der Hering«, nennt über 50 Gerichte, bei denen die Tomate die Hauptrolle spielt und mehr als 300 Speisen, bei denen sie eine wichtige Zutat ist. Trotz meiner Kochpraxis hat es jahrelang gedauert, bis ich bei gefüllten, gedünsteten Tomaten auf den Trick mit dem Reis kam, der auch dort nicht steht. Sooft ich dieses Gericht auch zubereitete – jedesmal, wenn ich den Topfdeckel abhob, waren die Tomaten zu einem groben Brei zusammengesackt oder sie fielen beim Herausnehmen auseinander. Jetzt kann mir das nicht mehr passieren. Das ganze Geheimnis ist ein halber Teelöffel roher Reiskörner, vor dem Füllen in die ausgehöhlte Frucht geschüttet. Der Reis nimmt den überschüssigen Saft gierig auf, und wenn das Gericht fertig ist, sind die paar Körner gar.

TOMATEN-TIPS

Alle Tomaten, die zum Kochen verwendet werden, vorher enthäuten, da die Schale sich beim Kochen löst und zu unverdaulichen Röllchen formt. Die Haut läßt sich leicht abziehen, wenn man die Tomate am Stielansatz kreuzweise einschneidet, sie eine halbe Minute in kochendes Wasser taucht und sofort eiskalt abspült.

Tomaten, vor allem enthäutete, werden schnell gar. Deswegen immer erst in den letzten zehn Minuten in den Topf geben.

Zu Tomaten-Ketchup kann man manches Negative sagen; aber auch etwas Gutes: Es wird ohne Konservierungsstoffe und Färbemittel hergestellt.

Tomaten schätzen die Wärme. Auf Kälteschocks, die ihnen im Kühlschrank zugemutet werden, reagieren sie rasch mit Faulflecken und weichen Stellen.

Der Stengelansatz der Tomate muß ausgeschnitten werden, denn er enthält das schwachgiftige Solanin, außerdem ist er wenig schmackhaft.

Wenn Tomaten roh verwendet werden, immer in kaltem Wasser waschen.

Unreife Tomaten werden schnell rot, wenn man sie zwischen Äpfel legt oder einzeln in Zeitungspapier einwickelt.

Spargel

Wenn es ein Gemüse gibt, das zu zweideutigen Scherzen und Bildern und zu eher eindeutigen Phantasien herausfordert, dann ist es der Spargel. In jeder deutschen Landschaft sind Anspielungen auf und über ihn bekannt, aber vielleicht kennen Sie diese Berliner Geschichte noch nicht: Zum sonntäglichen Mittagessen ist zu Wiener Schnitzel und Spargel der Vorgesetzte des Familienvaters mit seiner Gattin eingeladen. Feine Leute. Nur der Gastgeber sitzt noch nicht auf seinem Stuhl, weil er draußen mit dem Weinkorken kämpft. Da sagt der Gast mit Blickrichtung auf die vier Kinder: »Na, dann fangt doch schon mal mit der Spargelplatte an.«

»Det jeht nich«, antwortet der Kleinste. »Wenn't Sparjel jibt, muß Vata erst die Köppe abbeißen.«

Der Spargel (botanisch: Asparagus officinalis), der zur Familie der Liliengewächse gehört, hat in der gastronomischen Literatur viele begeisterte Chronisten. Ob sie nun ALFRED WALTERSPIEL oder CARL FRIEDRICH VON RUMOHR heißen, der zu Beginn des 19. Jahrhunderts das vielleicht geistreichste Kochbuch geschrieben hat; ob PAUL REBOUX oder HERMANN MOSTAR, sie alle sind sich im Lob des Spargels einig.

Das Spargelessen am ersten Sonntag im Mai ist eine alte Sitte, an der wir festhalten sollten. Jetzt sind die frischen Spargel endlich da, um schon zu Johanni am 24. Juni wieder zu verschwinden. Die Zusammengehörigkeit von Mai und Spargel hat einen gemeinsamen Grund: Beide fördern die Liebe.

Mostar wußte von der sprichwörtlichen Dummheit der alten Böotier zu berichten, die den Spargel nicht aßen, sondern nur als Brautschmuck verwendeten, obgleich dies eine sehr sinnreiche Anspielung war. Viel später folgte in Rom dem symbolischen der reale Genuß. Bei der größten Liebeskünstlerin aller Zeiten, bei Ninon de Lenclos, war die volle Entfaltung ihrer körperlichen Künste immer von einem vorhergehenden Spargelessen zu zweit abhängig. Als sie 79 Jahre alt war und immer noch so schön, daß um ihretwillen der ebenfalls schon betagte Abbé Gédouin aus dem Jesuitenkloster austrat, verweigerte sie sich ihm lange und sagte schließlich: »Warten wir damit bis zum Mai des nächsten Jahres, mein Freund, denn da ist mein 80. Geburtstag und – Spargelzeit!« Und so geschah es denn ...

Trotz solcher Leistungen nach jedem Spargelessen wurde Ninon 90 Jahre alt, und als sie starb, sagte ihr damals 50jähriger Liebhaber, der Dichter Fontenelle: »Sie starb viel zu früh. Sie hätte noch viel länger gelebt, wenn sie noch mehr Spargel gegessen hätte!«

Man lachte über seinen Nachruf; aber als er dann starb, lachte niemand mehr: Er brachte es auf 100 Lebensjahre und führte dies allein auf den Spargel zurück.

Von ihm wird verbürgt berichtet, daß er mit 80 Jahren nach einem Spargelessen eine junge Schauspielerin besuchte, die sich schnell angekleidet hatte und ihn mit den Worten empfing: »Sie sehen, ich bin eigens für Sie aufgestanden.« Beleidigt antwortete er: »Das Gegenteil, mein Fräulein, wäre schmeichelhafter für mich gewesen.«

Heute verdanken wir es der Konservenindustrie und den Tiefkühltruhen, daß der Mai zwölf Monate dauert. Jedes Vergnügen, das mit dem Spargelessen zusammenhängen mag, können wir das ganze Jahr über genießen. Selbstverständlich geht die Einführung der Konservendose auf einen

Spargelliebhaber zurück – den HERZOG KARL VON BRAUN-
SCHWEIG. In Paris probierte er die ersten Spargelkonserven
und schickte sofort einen Abgesandten nach Frankreich,
der tatsächlich das Geheimnis der Blechdose mit nach
Deutschland brachte. Mit Hilfe eines Braunschweiger
Klempnermeisters wurde Seine Durchlaucht nun das ganze
Jahr hindurch mit Spargel versorgt. 1830 wurde es den
Braunschweigern mit den Ausschweifungen ihres Landes-
herrn zuviel, und als er gerade als Dessert nach einem
Spargelessen eine Dame verspeisen wollte, zündeten sie
ihm Schloß und Bett über dem Kopf an. Er ging außer
Landes und vermachte am Ende seines Lebens sein großes
Vermögen der Stadt Genf, die ihm ein Denkmal setzte, das
noch heute steht. Dem Land Braunschweig dagegen hin-
terließ er die Konservenindustrie und die Spargelkultur.

Das Allerwichtigste beim Essen oder Konservieren des
Spargels ist, daß er absolut frisch sein muß. Die beste Garantie dafür hat, wer sich zur Spargelzeit in eines der An-
baugebiete begibt und ihn direkt beim Erzeuger kauft.
Frischen Spargel erkennt man immer daran, daß er an der
Schnittfläche noch feucht ist. Solcher Spargel kann – in ein
nasses Tuch geschlagen – im Gemüsefach des Kühl-
schranks für ein paar Tage lagern, ohne daß er an Frische
verliert. Die Rezeptbücher für Tiefkühlkonservierung geben fast alle die falsche Methode zur Aufbewahrung von
Spargel an. Ob man ihn vor dem Einfrieren blanchiert oder
gar ankocht, bleibt sich gleich – die Qualität leidet darunter. Die einfachste Methode, ihn zu schälen und sofort tief-
zufrieren, ist und bleibt die beste. Allerdings muß man ihn
dann auch nicht auftauen, sondern ihn tiefgefroren in das
sprudelnde, kochende, leicht gesalzene Wasser legen, dem
man ein Stück Butter, etwas Zucker und einen kräftigen
Schluck Weißwein zugefügt hat.

Will man wissen, ob der Spargel gar ist, so prüfe man das am Kopf und nicht am Stiel. Eine gute Methode ist es, den Spargel, selbstverständlich in Portionen gebündelt, in einem hohen Topf stehend zu kochen, weil er im Liegen durch die Wasserbewegung gelegentlich Verletzungen an den Köpfen erleidet.

Nach dem Kochen muß Spargel immer auf einer Lage Küchenkrepp oder einem Handtuch zum Abtrocknen ausgebreitet werden, da er sonst jede Saucenbeilage verwässert und damit verdirbt. Das gilt für das einfachste, aber durchaus köstliche Rezept, über die noch sanft dampfenden Köpfe das Gelbe eines weichgekochten Eies fließen zu lassen und es ganz leicht mit Muskat anzustäuben, ebenso wie für die raffinierteste Art eines Spargelgerichts, das uns von Jeanne Savarin überliefert ist:

»Sind die Spargel gar gekocht und bei aller wünschenswerten Festigkeit weich, läßt man sie abtropfen und legt sie sorgfältig in eine große Schmorpfanne mit frischer zerlassener Butter. Nach zwei Minuten nimmt man sie vorsichtig wieder heraus, ordnet sie mit den zartvioletten Köpfen auf einer Platte wie einen Kranz nach außen, hält sie warm, schmort rasch in der Butter kleingeschnittene, konservierte Trüffeln und füllt damit den offengebliebenen Innenraum im Spargelkranz aus. In die heiße Pfanne noch eine halbe Tasse Kalbfleischbrühe gegossen, dazu etwas gewiegte Petersilie, Salz und der Saft einer halben Zitrone. In diese Tunke wird jeder Spargelbiß eingetaucht, bevor man ihn zum Munde führt.«

Eine der ganz großen Gaumenweiden, bei uns von extremer Seltenheit, ist der wilde grüne Spargel. Seine sehr dünnen Stangen wachsen in der Landschaft um Sevilla.

Einer der wenigen Höhepunkte der spanischen Küche ist es, diesen wilden Spargel als Füllung in Omeletten zu essen.

Wilder Spargel ist so unvergleichlich im Geschmack, daß es sich allein dafür lohnt, nach Sevilla zu reisen.

Inzwischen wird bei uns wie in Frankreich und Italien Grünspargel als Spezialität immer mehr angebaut. Seine Aufzucht ist einfacher, da er oberirdisch wächst und maschinell geerntet werden kann. Er schmeckt anders, ich würde es würziger nennen, wird im Kochtopf – bis auf kürzere Garzeiten – aber genauso behandelt. Man braucht ihn gar nicht oder höchstens am unteren hellen Ende zu schälen. Will man ihn, wie seinen weißen Vetter, im feuchten Tuch im Kühlschrank aufbewahren, muß man ihn aufrecht stellen, sonst wird er krumm.

ALFRED WALTERSPIEL hat auf die Frage, welcher Spargel denn der beste sei, geantwortet: »Der, der frisch gestochen und nicht künstlich gezogen ist, dem also der Boden, und das heißt lehmiger Sandboden, nach seiner Natur gerecht wird.« Nach WALTERSPIEL darf Spargel nicht sieden, sondern muß richtig kochen. Die Kochdauer hängt von Stärke und Qualität ab und ist so verschieden, daß man keine Zeit angeben kann: »Es gibt solchen, der schon nach zehn Minuten fertig ist, während ein anderer dreißig Minuten braucht. Die Frage, ob nun Spargel mit der Hand oder einem Eßwerkzeug gegessen wird, beantworte ich so: Auf meinen Reisen habe ich in der Spargelzeit stets eine Spargelzange mitgenommen, damit ich mir auch an Orten, wo keine warme Fingerbowle zur Verfügung stand, die Finger nicht unnötig beschmutze.

Bei einer Dame mit gepflegten Händen und einem schönen Mund kommt jedoch nur das Essen mit der Hand in Frage, denn das ist ein sehr ästhetischer Anblick. Aber wenn wir es erleben müssen, daß einer zum Spargelessen Messer und Gabel gebraucht, dann rette sich, wer kann.«

WALTERSPIEL bevorzugte für seine tägliche Spargelportion während der Erntezeit eine sehr subtil abgewandelte *Sauce*

Hollandaise, die er so beschreibt: »Der Hollandaise wird das Abgeriebene, aber nur das Alleräußerste einer Apfelsinenschale beigefügt.«

Auch roher, ganz *frischer Spargel* ist eine Leckerei, wegen der man – wenigstens zeitweise – zum Vegetarier werden könnte: Aus sehr gutem Weißwein, entweder einem Riesling oder einem Silvaner, schlägt man mit etwas Olivenöl, Salz, weißem Pfeffer und süßer Sahne eine cremige Sauce. Sie wird über den in dünne Scheiben geschnittenen Spargel gegeben, den man darin etwa zehn Minuten ziehen läßt.

Zur klassischen kalten Küche gehört der *Spargelcocktail*. Pro Person drei Stangen gekochten Spargel kleinschneiden und mit der gleichen Menge Hummerfleisch aus der Dose vermischen.

Ein Salatblatt in das Schalenglas legen, Hummer-Spargel-Mischung darauf verteilen. Mayonnaise mit etwas weißem Port geschmeidig machen. Damit überziehen. Den Cocktail mit den Spargelköpfen und Petersilie garnieren.

Neben seinen geschmacklichen Vorzügen gibt es für den Spargelgenuß auch eine rationale Begründung: Er enthält viel B-Vitamine, Kalium und Asparagin, das die Nierentätigkeit anregt und entschlackend wirkt, sowie eine gehörige Portion Vitamin C. Dabei hat ein Pfund Spargel nur etwa hundert Kalorien. Zutaten und Beilagen natürlich nicht mitgerechnet.

Der Spargelfreund wird während der Erntezeit um Restaurants einen Bogen machen, die auf einer Sonderkarte mehr als ein Dutzend Spargelgerichte anbieten. Mögen kleine Steaks, Wiener Schnitzel oder Omeletten noch erlaubt sein oder der traditionelle Schinken, der meist zu salzig ist und den Spargelgeschmack beeinträchtigt, noch toleriert werden, bei Krabben und anderem Meeresgetier hört die Liebe des Spargelfreundes in jedem Fall auf. Spargel ist keine

Beilage, sondern eine Hauptsache. Und wenn es keine raffinierte Sauce gibt, zerlassene heiße Butter, nicht zu braun geraten, reicht zum Wohlgefühl völlig aus.

George Hesekiel, der so vielen kulinarischen Grundzutaten skeptisch gegenübersteht, lobt in seinen »Mittheilungen eines Gourmands« den Spargel über alle Maßen. Er hat uns die kürzeste, anspruchsvollste und schönste Spargelzutat hinterlassen: »Der Spargel schmeckt am besten bei Nachtigallengesang.«

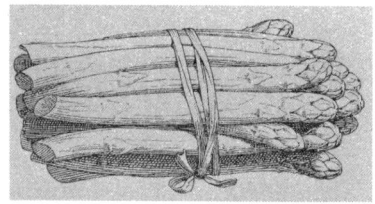

Artischocken

Mit Artischocken ist es so ähnlich wie mit GRACE KELLY. Sie war schön anzusehen, doch stets von einer kühlen Brise umweht. Ihr Appeal hatte eher mit spröder Langeweile zu tun. Aus der internationalen Gesellschaft war ihr altersloses Bild lange Zeit nicht wegzudenken.

Verglichen mit der Dame nun die Artischocke: äußerlich ein vollendetes Design der Natur. Ihren Eigengeschmack bewerten viele als eher langweilig. Bei den internationalen Horsd'œuvres und allen bedeutenden kalten Buffets darf sie nicht fehlen.

Die Artischocke ist nichts anderes als eine Distel. Ihre Heimat ist Nordafrika. Seit 400 Jahren wird sie in Italien, Frankreich, Spanien und Griechenland angebaut und beschäftigt mit ihrem fleischigen Blütenboden und dem unteren Teil der schuppenartigen Blätter der Blütenhülle nachhaltig die Kunstfertigkeit und Phantasie von Staatsmännern, Köchen und Kurtisanen. Sie wird von Dezember bis April – auf jeden Fall aber vor der Blüte geerntet. Nur die Blütenknospe der Artischocke ist genießbar. Alle anderen Teile der Pflanze sind von teuflischer Bitterkeit und werden gerade deshalb weltweit von Trinkern und Naturheilkundigen geschätzt. Für die einen wird aus dem Artischocken-Bitterstoff Cynarin die Spirituose »Cynar« hergestellt. Die anderen setzen die bitteren Pflanzenteile gegen Gelbsucht, Fettleibigkeit, Rheumatismus, Angina pectoris, Infarkt und Schlaganfall ein. Mir ist »Cynar« als Aperitif oder Digestif lieber.

Franzosen, die am meisten vom Kochen der Artischocke verstehen, würzen das Wasser pro Liter mit einer kleinen geschälten Zwiebel, 1 EL Salz, 3 EL Essig und 4 EL gutem Olivenöl. Sie legen die Artischocke erst ein, wenn das Wasser siedet, und lassen sie dann eine halbe Stunde simmern. Auf gar keinen Fall dürfen Artischocken in Aluminiumtöpfen gegart werden, denn dieses Metall läßt das Aussehen und den Geschmack des Gemüses erheblich leiden. Wenn es um die besondere persönliche Note des Kochsuds geht, rümpft Madame X die Nase, weil Madame Y zwei Petersilienstengel und ein halbes Lorbeerblatt hinzufügt und nicht weiß, daß man selbstverständlich keine Petersilie und kein Lorbeerblatt nimmt, sondern daß 1 EL getrockneter Kardamomsamen ins Wasser gehört. Daß man vor dem Verzehr der Artischocke die Samenfäden, die inneren fleischlosen Jungblätter und die äußeren holzigen Deckblätter entfernt, ist sowieso klar.

Weil Artischocken so, à la nature zubereitet, das Maximum an Kalorienarmut darstellen, gibt es natürlich auch eine Artischocken-Schlankheitsdiät. Der Tag beginnt mit grünem Pfefferminztee, ungesüßt. Um 12 Uhr kocht man täglich drei der Edeldisteln, zwei verspeist man anschließend warm, nur mit etwas Öl und Salz, eine kalt am Abend mit einer leichten Vinaigrette.

Wer das von Montag bis Samstag durchhält und den Weinverbrauch auf einen halben Liter täglich reduziert, ist meiner Meinung nach geisteskrank; aber drei Kilo minus sind unter solchen Ernährungsumständen garantiert.

Soll die gegarte Artischocke so weit wie möglich gegessen werden, läßt man sie abtropfen und serviert sie im ganzen warm oder kalt mit holländischer Sauce, Mayonnaise oder Vinaigrette.

Das Essen der Artischocke will gelernt sein. Man pflückt Blatt für Blatt ab, zieht es durch die Sauce und anschließend durch die Vorderzähne, um das Blattfleisch abzustreifen.

Nach dieser »Entlaubung« bleibt endlich der Artischocken-boden übrig. Vom Heu befreit, mit der Gabel geviertelt und mit Sauce bedeckt, ist er wirklich nicht übel. Sein zarter Geschmack ist schwer zu beschreiben; er liegt zwischen Spargelköpfen, Schwarzwurzeln und Teltower Rübchen.

Jährlich werden zwei Millionen Kilo Artischocken aus Mit-telmeerländern in die Bundesrepublik geliefert. Eine unge-heure Menge, wenn man bedenkt, daß man nach einem Artischocken-Essen hungriger aufsteht, als man sich hin-gesetzt hatte. Deswegen konzentrieren sich die meisten Köche von vornherein nur auf den Artischockenboden, schneiden ihn glatt, reiben ihn mit Zitrone ein und fügen ihm ganze Wagenladungen von Zutaten mit mehr oder we-niger Kalorien hinzu.
Eine kleine Übersicht auf gefüllte Artischockenböden be-ginnt mit

ALICE: mit Ochsenmark und Trüffelsauce gefüllt.
ARGENTEUIL: Die Füllung besteht aus Spargelspitzen in Sahnesauce mit Kräutern.
AUF BÄCKER-ART: Mit Bratwurstfleisch gefüllt, in Pa-stetenteig überbacken.
BAYARD: Füllung mit Gänseleberpüree, Hühnerfarce, Trüffelscheibe und Madeirasauce.
BRÜSSELER ART: Gefüllt mit Rosenkohlköpfen, mit De-miglace gebunden.
CASTIGLIONE: Der Graf Baldassare Castiglione, der von 1478 bis 1529 lebte, war weder als Schriftsteller noch als Diplomat bedeutend oder erfolgreich. Nur mit seinem Re-zept für Artischockenböden ist er unsterblich geworden. Seine Füllung besteht aus gewürfeltem Knollensellerie, Gurken, Trüffeln und grünen Spargelspitzen. Das Ganze mit Rahmsauce gebunden.

Ihm folgt in alphabetischer Ordnung der Einiger Italiens, der Staatsmann CAMILLO GRAF DI CAVOUR (1810–1861), der seine Artischockenböden durch flüssige Butter zog, in Parmesan wälzte, im Ofen bräunte, sie mit gehackten, hartgekochten Eiern bestreute, mit Sardellen-Essenz betropfte und schließlich mit schäumender Butter übergoß.

Die Staatsmänner vergangener Zeiten müssen sich intensiv mit den Freuden der Tafel beschäftigt haben. Wie wäre es sonst möglich, daß JEAN-BAPTISTE COLBERT, der von 1619 bis 1683 lebte und unter LUDWIG XIV. das französische Kolonialreich erweiterte, seinen Namen gleich fünfmal auf Speisekarten der Nachwelt erhalten hat. Da gibt es Geflügelkroketten à la Colbert, eine Colbert-Butter mit Petersilie, Estragon, Fleischextrakt und Zitronensaft, die Colbertsauce, eine Colbertcreme und schließlich die *Artischockenböden à la Colbert:*

> Zwei kleine gekochte Böden mit Leberfarce und Duxelles-sauce bestrichen, zusammengesetzt, durch Backteig gezogen und in tiefem Fett gebacken. Colbertsauce nebenbei.

Auch der nächste in der Ahnentafel der Artischocken-Zubereitung, Marschall unter NAPOLEON I., hat wohl mehr mit der Pfanne als mit dem Säbel gearbeitet. Sein Name: MARQUIS DE CUSSY.

> Wieder bedarf es zweier Artischockenböden, die diesmal mit getrüffeltem Gänseleberpüree zusammengeklebt werden. Anschließend wird das Päckchen mit einer Villeroysauce (weiße Grundsauce, Eigelb, Kalbsfuß-Extrakt, Zitronensaft, weißer Pfeffer, Butter, gehackte Champignons) maskiert, dann paniert, in schwimmendem Fett gebacken und mit Madeirasauce überglänzt.

Die Geisteswissenschaften standen nicht im Abseits, wenn es um Artischocken ging. René Descartes (1596–1650), Philosoph und Mathematiker, aß seine Böden so: belegt mit einem Kleinragout (Salpicon) aus Gänseleber, Kalbsmilch und Trüffeln. Auch er nahm Madeirasauce. Im kulinarischen Pantheon begegnen wir jetzt einer Dame, von der heute niemand mehr wüßte, wenn sich Marie Jeanne Bécu nur aufs Nähen beschränkt hätte und dann 1793 knapp 50jährig gestorben wäre. Statt dessen aber wurde sie zwischendurch die Geliebte Ludwigs XV. Er machte sie zur Gräfin Dubarry. Schon zum Frühstück aß sie ihre persönlichen Artischocken: gefüllt mit leicht marinierten Blumenkohlröschen, reichlich mit Mornaysauce übergossen, mit geriebenem Käse bestreut und im Ofen überkrustet.

FEEN-KÖNIGIN nennt die internationale Küche blanchierte Artischockenböden, die in Butter und Zitronensaft gedünstet, mit Käse-Auflaufmasse, Krebs- und Hühnerwürfeln im Ofen gebacken werden.

GEORGETTE heißt die Füllung, die aus Lammhirn, holländischer Sauce und Estragon besteht.

AUF SIBIRISCHE ART: natürlich kalt mit Mayonnaise, hartgekochtem Ei, Kerbel, Estragon, Kapern, Salzgurke und Senf.

AUF SIZILIANISCHE ART wird der Artischockenboden, wie kann es anders sein, mit kleingehackten Makkaroni, geriebenem Parmesan, einem Püree von Geflügellebern und Hahnenkämmen, mit weißer Sauce und nochmals Käse im Ofen gratiniert.

À LA TURQUE (TÜRKISCHE ART): mit Hammelhaschee vermischt, mit gehackten gebratenen Zwiebeln und Tomatensauce.

AUF UNGARISCHE ART bereitet man die Böden, indem man sie in Weißwein mit Scheiben von Zwiebeln und Wurzelgemüsen dünstet, mit Haschee von Champignons, roten Paprikaschoten, gehackten Zwiebeln und Knoblauch füllt und mit dem passierten, gedickten Fond bindet. WEINKENNER-ART oder »du gourmet« heißen die Artischockenböden, wenn sie blanchiert, in Butter und Zitrone gedünstet, mit geschmolzener Tomate gefüllt und mit einer panierten gebackenen Auster verziert werden.

Artischocken sind das ganze Jahr über im Angebot (Ausnahme: Winteranfang), da es bei dieser Frucht nicht auf absolute Erntefrische ankommt. Gute Artischocken erkennt man an den straffen, grünen, festgeschlossenen Hüllenblättern. Je nach Zubereitung spielt das Wachstumsalter eine Rolle. Ist die Artischocke jung, ist sie im Verhältnis zum Stiel kleiner. Der hört nämlich zuerst auf zu wachsen. Artischocken in Dosen sind nach Gurkensalatkonserven die zweitgrößte Schweinerei, die sich die Industrie einfallen ließ. Sie schmecken ähnlich scheußlich wie geschälte Kartoffeln aus dem Glas. Kleine, marinierte Artischocken können konserviert hingegen recht gut sein, wenn ein sachverständiger Italiener letzte Hand anlegte. Solche »carciofini« werden zu einer wahren Götterspeise, wenn man sie roh viertelt, in Öl mit etwas zerdrücktem Knoblauch dünstet, leicht salzt und sie mit klassisch zubereitetem Rührei serviert.

Trotz so vieler aufwendiger Zubereitungsmöglichkeiten sind nicht alle Feinschmecker Freunde der Artischocke geworden. So auch nicht GEORGE HESEKIEL, der 1862 über dieses Gemüse mitteilte: »Die Artischocke ist gewissermaßen die Kartoffel der Italiener. Diese soll sie zur Liebe reizen. Gekocht ißt man sie am besten mit Öl, Salz und Zitronensaft. Eingelegte Artischocken sind scheußlich. In Frankreich gibt man eine weiße, säuerliche Sauce dazu.

Von der Artischocke ist der Stuhl das beste. Der Genuß der gekochten Blätter ist die Mühe nicht wert. Alles in allem sind Artischocken eine bedenkliche Speise: Gerät man an ihre Bitterteile, verleiden sie einem das Souper. Möge den Versuch machen, wer Lust hat!«

Ganz anderer Meinung war THEODOR FONTANE. »Krebse und Artischocken«, sagt er, »kann man immer essen; auch wenn man bereits ein ausgiebiges Diner hinter sich hat.«

Auberginen

An Auberginen komme ich beim Gemüsemann kaum vorbei – sie üben einen Kaufzwang auf mich aus. Ich muß sie
kaufen, weil ich sie so gerne anfasse. Die unglaubliche
Glätte ihrer schwarzvioletten Haut erinnert meine darüber-
streichenden Fingerspitzen an sinnliche Sensationen: die
Kniekehle eines jungen Mädchens, die Hinterseite der
Ohrläppchen, der feuchte Innenraum der Lippen.

Noch ehe die Haut im Kühlschrank stumpf wird, die kleinen Kerne im Fruchtfleisch also noch weich, weiß und mil-
chig sind, sollten die seltsamen Keulen verarbeitet werden.
Die Entscheidung über das Wie ist nicht so einfach. Für die
Früchte des strauchartigen Gewächses, das ursprünglich in
Nordasien und Nordafrika beheimatet war – heute wird die
»Lange Violette« im gesamten Mittelmeerraum angebaut –,
gibt es viele einfache und raffinierte Rezepte: italienische
und ägyptische, türkische und französische, mexikanische
und griechische, bulgarische, deutsche, englische und chi-

nesische und, als ob es mit dieser kulinarischen Vielfalt noch nicht genug wäre, gibt sich die Aubergine in jedem Land einen eigenen Namen. Allein bei uns benutzt sie drei Pseudonyme: Albergine, Eierfrucht und Eierapfel.

Als sie vor etwa 700 Jahren aus China nach Europa kam, ging ihr der Ruf voraus, Liebe und Wahnsinn zu erzeugen. Ein damals berühmter Professor der Medizin in Bologna, Taddeo di Alberotto, hat vor diesen Gefahren eindringlich gewarnt. Einer seiner Schüler machte daraufhin einen Selbstversuch: Nach neun Tagen reichlicher Auberginen-mahlzeiten war er so euphorisch und von Liebesspielen erschöpft wie nie zuvor in seinem Leben. Der Schüler war damit der Aubergine verfallen, der Lehrer sah darin den Beweis für seine Theorie.

Vielen Aubergine-Rezepten gemeinsam ist die Notwendigkeit, das aufgeschnittene Fleisch der Frucht für eine halbe Stunde gesalzen in eine Schüssel zu legen, damit der bittere braune Saft (Solanin) abtropfen kann und danach erst mit der Zubereitung zu beginnen.

Die Aubergine läßt fast alles mit sich machen, braten und grillen, schmoren und backen, kochen und dünsten, füllen und pürieren. Mit Tomaten und Parmesan, Zucchini und Mozzarella, Paprika und Hackfleisch, Sardellen und Eiern, Zwiebeln und Joghurt, Kartoffeln und Knoblauch vermählt sie sich zu schmackhaften Gerichten. An Gewürzen liebt sie Estragon und Thymian, Basilikum, Rosmarin, Oregano und Pfeffer, Koriander und Sambal, Peperoni und Zimt, Lorbeer und Nelke, Zitronensaft und Sojasauce.

Die rumänische Küche kennt eine kalte *Auberginen-Vorspeise*, die ganz einfach zubereitet werden kann:

Die Auberginen im Ofen backen, bis die Schale schwarz wird. Dann abschälen, das Fruchtfleisch hacken und mit

Öl, Zitronensaft, Salz und weißem Pfeffer aus der Mühle anmachen. Mit Tomatenachteln garnieren und sehr kalt anrichten.

Lauwarm essen die Bulgaren ihre *Auberginen in Joghurt.*

Die Früchte dünn abschälen, in 1 cm dicke Scheiben schneiden, salzen und 20 Minuten entwässern lassen. Abspülen und ausdrücken. Die Scheiben mehlen und in heißem Olivenöl braten. Über das Gebratene mit Salz und Knoblauch gewürzten kalten Joghurt gießen.

Aus Neapel stammt das beste italienische Auberginenrezept, *Parmigiana di Melanzane.* Die berühmte ZIA THERESA (Tante Theresa) hat es uns hinterlassen. Mit einer Bretterbude am Hafen, in der sie für die Fischer Bohnensuppe kochte, hat Tante Theresas Karriere begonnen. Im Laufe ihres dreiundneunzigjährigen Lebens – ihre elf Kinder wurden alle vor ihr zu Grabe getragen – wurde aus der Bretterbude das beste neapolitanische Restaurant. Noch als Greisin ging sie zweimal während jeder Mahlzeit von Tisch zu Tisch und begrüßte den Ministerpräsidenten ebenso wie den unbekannten Touristen stets mit der Anrede »mio figlio« – mein Sohn. Und dies ist ihr Rezept:

Die ungeschälten Auberginen in 1 cm dicke Scheiben schneiden, salzen, nach 20 Minuten die Flüssigkeit abgießen und abwaschen. Mit Salz und Pfeffer würzen, in Mehl drehen und in heißem Olivenöl schwach hellbraun ausbacken. Eine feuerfeste Form mit einer Lage von geschälten, entkernten, gehackten und mit kleingeschnittenen Zwiebeln, gedämpften Tomaten, die mit Basilikum und Salz gewürzt sind, etwa 2 cm hoch auslegen. Darauf gibt man eine Lage der gebackenen Auberginen, bestreut diese mit einigen großen Würfeln Mozzarella-Käse, streut reichlich feingeriebenen Parmesan darüber, wiederholt das Ganze noch einmal und gratiniert das Gericht im Ofen. Es kann heiß, lauwarm oder kalt gegessen werden.

Es ist ein uralter Streit zwischen Bulgaren, Jugoslawen und Griechen, wer von ihnen den besten Auberginen-Fleischauflauf, das *Musakás*, macht. Für mich gibt es da keinen Zweifel: die Griechen.

Sie wählen feste makellose Früchte mittlerer Größe und schälen die Haut in zebraartigen Streifen ab. Wenn die Auberginen frisch sind, ist es unnötig, sie zu entwässern; die Griechen spülen die Scheiben einfach in einem Sieb unter fließendem Wasser ab. Für acht Personen braucht man drei mittelgroße Auberginen, die der Länge nach in 1 cm dicke Scheiben geschnitten werden, ferner 60 g Semmelbrösel, 70 g frischgeriebenen *kefalotíri* oder Parmesankäse, vier mittelgroße Eier. Für die Fleischsauce, die zuerst zubereitet wird: 7 EL Olivenöl, eine gehackte Zwiebel, 1 kg mageres Lamm- oder Rinderhack, 6 große enthäutete Tomaten, 2 Bund glattblättrige Petersilie, gehackt, 2 halbierte Knoblauchzehen, Salz und Pfeffer. Bei Mittelhitze in Olivenöl die Zwiebel glasig dünsten, das Fleisch dazugeben und so lange braten, bis es seine rote Farbe verliert. Alle anderen Zutaten zufügen und etwa 20 Minuten kochen lassen, bis die Sauce sehr dick ist. Für den Auflauf wird nun der Ofen auf 180 Grad vorgeheizt. Die streifenartig geschälten Auberginenscheiben trockentupfen und den Boden der eingeölten Backform mit der Hälfte der Auberginenscheiben völlig bedecken. Die Hälfte der Fleischsauce gleichmäßig über das Gemüse verteilen, und diesen Vorgang noch einmal mit Auberginenscheiben und der restlichen Sauce wiederholen. Die Oberfläche mit der halben Semmelbröselmenge bestreuen, die mit der Gabel geschlagenen Eier gleichmäßig darübergießen und noch einmal mit Semmelbröseln und Käse bestreuen. Nach etwa einer Stunde müßte die Oberfläche goldbraun und die Auberginen weich sein. Zur Probe mit einer Gabel durch die Kruste stechen. Die Garzeit hängt vom Wassergehalt der Früchte ab; wenn die Oberfläche bräunt, bevor die Auberginen weich sind, mit einem Stück Alufolie abdecken und fertiggaren.

Nichts wird so oft falsch zubereitet wie das französische Ratatouille. Was unter diesem Namen bei uns serviert wird, ist meist ein mehr oder weniger gelungener Gemüseeintopf. Das recht einfache Originalrezept einer *Ratatouille à la Niçoise* verdanke ich Monsieur FERNAND MARTIN, dem Ex-Küchenchef des Hotel Royal in Nizza.

500 g Auberginen und 500 g Tomaten werden geschält und in Würfel geschnitten. 200 g sehr feingehackte Zwiebeln in fünf Eßlöffeln Olivenöl goldgelb anschwitzen. Das Gemüse dazugeben. Mit Majoran, Thymian, schwarzem Pfeffer, einem Lorbeerblatt und Salz würzen. Das Ganze während einer Stunde sehr weich kochen lassen.
Das Ratatouille wird lauwarm auf Toast von Weißbrot gegessen.

Die Anpassung der Aubergine an die Küchen so vieler Völker, ihre Bereitschaft, sich mit den verschiedenartigsten Gewürzen sanft oder feurig zu vermählen, der abgründige Schmelz ihrer verführerischen Haut – was könnte diese Frucht anderes sein, als das, was sie nach der botanischen Ordnung ist – ein Nachtschattengewächs.

Bohnen

Von keinem Gemüse der Welt gibt es so viele verschiedene Sorten wie von Bohnen. Um mit den Namen der frischen grünen anzufangen: Sie heißen Brechbohnen, Schneidebohnen, haricot verts, Feuerbohnen, Saubohnen und Stangenbohnen; gelb leuchtet dazwischen die Wachsbohne, die nicht nur als Salat köstlich ist. Aber das ist erst die Ouvertüre. Bei den getrockneten, den Hülsenfrüchten geht es richtig los: braun und glatt die Ackerbohne, faltig und groß die dicke Bohne, klein und dunkelgrau die Strauchbohne, mit kokettem Pupillendekor die Augenbohnen, weiße und braune Bohnen, schwarze Bohnen und rosarote Azukibohnen, die gelblich-weiße Limabohne, die pistazienfarbene Flageolet und die längliche Cannelinisorte, die gesprenkelte Pintobohne, zart gemustert die Barlotti und schließlich die rote Kidney. 20 Sorten!

Selbst die blaue Bohne, an der Monsieur BÉMER aus Toulouse im Dezember 1982 in Castelnaudary starb, hatte mit Bohnen etwas zu tun. Das Cassoulet, der überbackene Fleischeintopf mit weißen Bohnen, wurde BÉMER zum Schicksal. Weiße Bohnen, frische Speckschwarte, Knoblauchkochwurst, Schweine- und Lammfleisch und eine 2–3 kg schwere Ente gehören dazu.

»Ente«, schreien die Toulouser Köche, »ein Wahnsinn! Gans muß es sein. Nur eingemachte Gans kommt in Frage.«

»Was?« schreien die Bürger aus Carcassone, »Ente? Zum Teufel damit. Zartestes Lamm ist das einzig Wahre. Na schön, ein bißchen Gans darf sein.«

Zwei Vereine wurden gegründet, mit verschiedenem Sitz,

aber dem gleichen Namen: Les Compagnons du Cassoulet. Um den gegenseitigen Haß in einen Kochkompromiß zu verwandeln, trafen sich die 430 Mitglieder (255 aus Toulouse, 175 aus Carcassone) am 12. Dezember 1982 in einem »Maison du Cassoulet« in Castelnaudary, das fast in der Mitte zwischen Toulouse und Carcassone liegt. Bei dem gemeinsamen Essen – Cassoulet ohne Gans und ohne Ente, dafür aber mit viel zartem Schweinefleisch – flammte der Streit auf. Teller und Kellen flogen durch die Luft, Terrinen stürzten zu Boden. Prügelnde stießen sich auf die dunkle Rue Carmes. Dann ein Pistolenschuß, der Herrn BÉMER traf und ihn nach zwei Tagen Hospital ins Jenseits beförderte. Der Schütze wurde nie ermittelt, die beiden Vereine auf Befehl der Präfektur aufgelöst. Seitdem schwelt der Haß im verborgenen im Département Languedoc.

Bohnen scheinen es wirklich in sich zu haben. Da gibt es auch in der Literatur der Vergangenheit kein Sowohl-als-auch, sondern nur ein deutliches Pro oder Contra. Contra Bohnen äußerte sich JULES GOUFFÉ vom Pariser Jockey-Klub 1867: »Als Gemüse sind frische Bohnen erträglich, die weißen Bohnen aber sind kein angenehmes Gericht. Die toskanischen Bauern essen sie mit Kohl und Brotscheiben. Die jüdische Küche macht sie gar mit Sirup an, entsetzlich! PYTHAGORAS verbot seinen Schülern Bohnen zu essen, vermutlich hatte er sie in dieser Form einmal verspeisen müssen.«

Aus der gleichen Ecke kommt auch der Versuch einer Frau, ihren Mann durch ausschließliche Ernährung mit Bohnen umzubringen. Nachzulesen in der deutschen Märchenliteratur des 19. Jahrhunderts.
Nachdem der Gatte schon den 20. Tag Bohnen zum Frühstück, Bohnen zum Mittag und Bohnen zum Abendessen

bekam, flüsterte er, schon stark geschwächt, beim Frühstück des 21. Tages:

>*Bohnen, Bohnen,*
meines Herzens Kronen;
aber Wein und Weißbrot,
wär mein sicherer Tod.«

Sofort schaltete die Frau auf Weißbrot und Wein um. Der
Mann genas und verstieß sein böses Weib.

Über die grünen und die wachsgelben Bohnen gibt es bei
großen Köchen keine Meinungsverschiedenheit. ALFRED
WALTERSPIEL hat das in seinem berühmten Kochbuch so
ausgedrückt: »Über die jungen Bohnen gibt es nicht viel zu
schreiben, denn jeder Koch und Feinschmecker weiß, daß
sie eine wirkliche Delikatesse sind.«
Obendrein sind Bohnen die klassischen Träger für das
leicht pfeffrige Bohnenkraut. Ihm sollten wir viel mehr Auf-
merksamkeit schenken. Erst seit kurzem ist bewiesen, daß
eines der stärksten einheimischen Aphrodisiaka unser ordi-
näres Bohnenkraut ist, und daß es auf weibliche wie männliche Esser gleichermaßen wirkt.
Nirgendwo wird das Pro für die getrocknete Bohnen so laut
und anhaltend gesungen wie in Südamerika und auf dem
Balkan. Von Mexiko bis Feuerland kann und will niemand
ohne schwarze Bohnen leben.
In Cuba kombiniert man sie mit schneeweißem Reis. Mo-
ros y Cristianos heißt dieses Gericht. Fast überall in Süd-
und Mittelamerika werden die Bohnen sehr heiß und höllisch scharf serviert. Die Einheimischen wissen, daß die
Schärfe, die einen zunächst schwitzen läßt, gesund ist und
sofort abkühlend wirkt, während die geeisten, von Touristen bevorzugten Suppen eher einen Magenschock als Abkühlung auslösen.

Eine Delikatesse unter den Bohnensuppen ist die *Soupe à Congo* aus Martinique.

Verschiedene Bohnensorten werden mit Auberginen, Jamswurzel, grünen Bohnen, Kohl, Avocados, Möhren und Okraschoten gekocht. Als Gewürze kommen dazu Knoblauch, Zwiebel, Nelken, Chilischoten. In die Terrine kommt eine große Süßkartoffel (Topinambur) und ein mitgekochter Schweineschwanz. Ein toller Eintopf!

Aus Italien – die italienische Küche kennt allein über 100 Bohnenrezepte – ist von Antonio Cornazzano (1429–1500) eine hübsche Bohnengeschichte überliefert.

»Eine edle Dame in der Lombardei hatte einen Fürsten zum Gatten, der unersättlich war im Verkehr mit dem weiblichen Geschlechte; Tag für Tag verbrachte sie im Gram über die Unbill, während er sich mit seinen Freundinnen vergnügte. In dieser Not richtete sie einmal einen festlichen Schmaus aus, mit der Absicht, ihrem Manne auf kulinarische Weise zu verstehen zu geben, daß es zwischen Weib und Weib keinen Unterschied gäbe, außer vielleicht den, den nur übermäßige Lüsternheit macht. Der Fürst nahm mit seinen Baronen an der Tafel Platz, der Küchenmeister setzte die schmackhaftesten Gerichte und verschiedensten Leckerbissen mit köstlichen Spezereien gewürzt auf die Tafel. In Wahrheit bestanden alle Speisen durchweg aus Bohnen. Da gab es Marzipan aus Bohnen, Krebse aus Bohnen geformt, Fische aus dem gleichen Material, auch Torten und Süßspeisen. Obwohl alle Gerichte aus Bohnen bereitet waren, hatten sie doch die verschiedensten Formen und wiesen tausenderlei Geschmack auf. Der Fürst meinte, noch nie so gut gespeist zu haben. Als der Hunger gestillt war, erkundigte er sich nach den Speisen, die ihm so vortrefflich gemundet hatten. Zuerst nach der Gattung des Marzipans, dann nach der Art der Fische. Seine Dame antwortete:

›Marzipan und Fische, beides sind nur Bohnen.‹

›Und der Braten, der dann kam?‹

›Auch Bohnen.‹

›Und die Aale, und die Lampreten?‹

›Alles Bohnen.‹

Da sich der edle Herr der verflossenen Tage erinnerte, die er in wollüstigen Umarmungen mit seinen verschiedenen Dirnen verbracht hatte, begriff er den Sinn dieser einzigartigen Speisefolge rasch.

Alle Anwesenden empfanden Freude, als er nun zu seiner Gemahlin sagte:

›Ihr habt mich königlich bewirtet. Ihr werdet von nun an allein mit mir speisen und mit mir das Lager teilen.‹

Er verabschiedete alle seine Beischläferinnen und hielt sich fürder zu seiner Gattin, wie es die Pflicht heischt.«

Eine *Suppe aus weißen Bohnen* gehört vom Mittelalter bis zum heutigen Tage zu den besten Mahlzeiten in der kalten Jahreszeit.

Damit das Gericht gelingt, müssen Sie darauf achten, daß das Wasser, in dem Sie 400 Gramm Bohnen am Abend vorher einweichen, handwarm ist. Am Morgen wird es abgegossen. Mit einem Stück Schinkenspeck (auch Speckschwarte darf mitkochen, wenn sie vorher in der Pfanne gebräunt wurde) und zweieinhalb Liter frischem Wasser läßt man die Bohnen langsam kochen. Je ein halber Teelöffel Rosmarin, Bohnenkraut, Kerbel und Thymian werden in einem Mullsäckchen mitgekocht. Nach etwa zwei Stunden sind die Bohnen weich.

Nun werden eine größere Zwiebel und eine Knoblauchzehe grob gehackt, in der Pfanne im Öl glasig an-

gebraten und in die noch köchelnden Bohnen einge-
rührt.

Ein Kilo Tomaten geschält, werden jetzt geviertelt und in
40 Gramm Butter scharf angebraten. Nachdem das Kräu-
tersäckchen und die Speckschwarte entfernt sind, die Tomaten in die Suppe einrühren und mit schwarzem Pfeffer aus der Mühle und Salz abschmecken. Anstelle von
Tomaten können auch Möhren genommen werden.

Dieser Bohneneintopf läßt sich vielfältig verändern und
erweitern. Zum Beispiel durch Rosenpaprika statt Pfeffer – dann sollte man einen Teelöffel Zucker hinzufügen –; durch in Butter gebräunte Würstchenscheiben,
durch Schweinenacken und Majoran, durch mageres
Lammfleisch und etwas mehr Knoblauch.

Welche Variante man auch wählt, in jedem Falle ist ein
kräftiger Rotwein das richtige Getränk dazu. Diese Regel
gilt unumstößlich auch für alle die 69 Bohnenrezepte, die in
der neuesten Ausgabe des Handbuches für Köche verzeichnet sind.

Mit der Rückbesinnung auf die guten und einfachen Zutaten in der Küche sind auch die Zeiten endgültig vorbei, wo
man von einem Dichter erwartete, daß er sich, wenn überhaupt, nur mit den feinsten, zartesten Dingen ernähre. So
erlebte es vor knapp 100 Jahren noch der Mondscheindich-
ter FRIEDRICH MATTHIESON, damals ein Liebling der lesen-
den Damenwelt. Eine Zeitung berichtete, daß sein Lieb-
lingsessen weiße Bohnen mit Pökelfleisch sei. Eine Flut
von empörten Leserinnen-Briefen, die sich voller Abscheu
von Matthieson distanzierten, ging bei der Redaktion ein,
und ein Kritiker schrieb über ihn: »Mit der Echtheit seiner
Empfindungen kann es nicht allzu weit her sein, wenn er
gerne weiße Bohnen ißt.«

Rotkohl

Rotkohl, weithin auch Blaukraut genannt, ist ein heißer Tip für alle Wettfreunde. Ich lasse so drei bis vier Whiskys laufen und sage dann ganz nebenbei zu meinem Mittrinker: »Du bist schon ganz schön blau.«
Natürlich widerspricht er.
»So«, sage ich dann. »Du kannst ja nicht mal mehr sechs Worte schnell nachsprechen. Wollen wir wetten?«
Die Wette steht fast immer.
Dann sage ich langsam und genüßlich:

> *»Brautkleid bleibt Brautkleid;*
> *Blaukraut bleibt Blaukraut.«*

Was beim Versuch des raschen Nachsprechens herauskommt, ist unglaublich.
Die Gewinnquote liegt bei neun zu eins.

Für einen Feinschmecker ist es keine Frage, daß ein Rotkohlkopf eine Grundzutat für viele erlesene Speisen ist.
Vergessen muß man freilich, was uns in Deutschlands Gasthäusern unter dem Namen Rotkohl so oft als Beilage serviert wird. Dieses blasse, wäßrige, zerkochte Gemüse, das die Farbe der Lippen eines Ertrunkenen hat, ist schlicht ungenießbar. Von solcher Beschaffenheit muß wohl jener Rotkohl gewesen sein, der GEORGE HESEKIEL 1862 serviert wurde. Er schrieb damals:
»Erscheint das geschmacklose Rotkraut auf dem Teller, so kann man nur wünschen, daß es von Hasenbraten oder gebratenen Lerchen begleitet sein möge, daß man sich schadlos halte.«

Zugegeben: Die Bereitung von Rotkohl als Gemüse ist nicht einfach; doch was dann auf den Teller kommt, ist eine Delikatesse.

Es fängt – wie immer beim Kochen – mit dem richtigen Einkauf an. Der Kopf sei fest geschlossen, die Außenblätter knackig und von einem Hauch bestäubt wie auf einer beschlagenen Fensterscheibe.

Für sechs Personen brauchen Sie eineinhalb Kilo. Die äußeren Blätter werden so lange entfernt, bis die nächste Blattlage im violetten Purpur eines Kardinals glänzt. Wenn Sie mit den Fingerspitzen der Rundung folgen, teilt sich der Haut ein zärtliches Gefühl mit, das eigentlich nicht in die Küche gehört.

Wir sind hart gegen uns selbst, bleiben in der Küche und schneiden den Kohl in vier Teile. Mit spitzem Messer wird der weiße Strunk entfernt, und die Viertel werden quer zum Blatt kleingeschnitten.

Neben dem großen emaillierten Topf auf dem Herd stehen folgende Zutaten bereit:

1 Leinensäckchen oder eine Nähnadel mit weißem Faden, mit der mangels Säckchen die 2 Lorbeerblätter zusammengeheftet werden
1 geschälte ganze Zwiebel, in die 8 Nelken mit dem Daumen hineingedrückt werden
1 feingehackte Zwiebel mittlerer Größe
2 säuerliche Äpfel, geschält, entkernt und in Scheiben geschnitten
5 Eßlöffel Rotweinessig, verrührt in ¼ Liter anständigen Bordeaux
1 Tasse Cidre oder Apfelsaft zum späteren Nachgießen
5 Eßlöffel rotes Johannisbeergelee
3 Eßlöffel Gänse-, Enten- oder Schweineschmalz
¼ Stange Zimt

1 Eßlöffel Zucker

1 Pfeffermühle mit weißem Pfeffer

Salz

1 kleinere, geschälte rohe Kartoffel

Das Schmalz erhitzen, die Apfelscheiben und die kleingehackte Zwiebel hineingeben. Mit dem Holzlöffel etwa
drei Minuten rühren, bis der Topfinhalt glasig ist.

Jetzt den Rotkohl dazu, durchrühren und nach zwei Minuten das Rotwein-Essig-Gemisch dazugießen. Die nel-
kengespickte Zwiebel, Zimt, Johannisbeergelee, Zucker
und Lorbeerblätter folgen. Hitze auf klein reduzieren,
Deckel auf den Topf und alle zehn Minuten einmal
durchrühren.

Wenn Flüssigkeit fehlt, immer wieder mit dem Cidre
nachfüllen. Sind dreißig Minuten vergangen, die Hitze
auf allerkleinste Stufe stellen (eventuell Asbestplatte un-
terlegen) und so mit geschlossenem Deckel eine Stunde
weiterköcheln. Danach alles abschalten, das Rotkraut
langsam erkalten lassen.

Die Lorbeerblätter, die Nelkenzwiebel und den Zimt
herausnehmen und wegwerfen.

Dreißig Minuten vor der Mahlzeit den Topf mit Kraut
wieder aufs Feuer stellen, mit Rotwein und Cidre so weit
auffüllen, daß nichts anbrennt, durchrühren und noch
einmal 25 Minuten ohne Deckel sanft köcheln lassen.

Jetzt kommt der entscheidende Augenblick, das Abschmecken:

Erst die Pfeffermühle drehen, rühren, schmecken und
dann salzen. Nach Geschmack noch etwas Zucker oder
Johannisbeergelee zufügen.

Sagt die Zunge jetzt ohne Einschränkung ja, folgt noch
ein letzter Akt fürs Auge:

Den Topf vom Feuer nehmen und die Hälfte der Kartoffel durch ein Reibeisen auf dem Rotkohl verteilen und

unterrühren. So kehrt der Glanz der frischen Innenblätter in den Topf zurück. Als Beilage zu diesem Kunstwerk geben wir Schweinebraten, Ente, Reh oder ganz ordinäre Buletten. Kartoffeln verstehen sich von selbst.

Wem diese Rotkohlprozedur zu aufwendig ist, der findet in einem Rezept von HEINZ WINKLER, Küchenchef des Tantris, eine Rotkohlverarbeitung für vier Personen, die ihm das Kochen erspart. Sein Rezept heißt *Rotkrautsalat und Preiselbeeren mit gebratener Entenleber:* Das Kraut bleibt roh, es wird nicht blanchiert, sondern durch das Ziehen in der Marinade weich. Allerdings muß es in wirklich hauchdünne Streifen geschnitten sein:

ZUTATEN:
400 Gramm Rotkraut (ungeputzt gewogen)
50 Gramm Eichblattsalat, grün
50 Gramm Frisésalat oder Feldsalat
1 Teelöffel Sherry-Essig
2 Teelöffel Nußöl
Salz
160 Gramm Entenstopfleber
Muskatblüte
8 Teelöffel Preiselbeerkompott

MARINADE:
4 Eßlöffel Rotweinessig
3 Eßlöffel Olivenöl
Salz
Zucker

ZUBEREITUNG:
Die Rotkrautblätter, geputzt und ohne Strunk, in ganz feine Streifen schneiden. Mit den Marinadezutaten anmachen und etwa eine Stunde ziehen lassen.

Die Salate putzen und waschen. Mit Sherry-Essig, Nuß-öl und wenig Salz anmachen.

Die Entenstopfleber in Scheiben schneiden und die Adern entfernen. Mit Salz und Muskatblüte würzen.

Die beiden grünen Salate auf den Tellern kreisförmig anrichten, das Rotkraut und die Preiselbeeren darauf verteilen.

In der Pfanne ohne Fett die Leberscheiben braten und in der Mitte der Teller anrichten.

Nach diesem Gourmet-Seminar für gekochtes oder mariniertes Rotkraut wirkt das Stichwort »Rotkohl« im Großen Brockhaus wie eine kalte Dusche. Die lexikalische Definition lautet:

»Sorte des Kopfkohles, Brassica oleracea convar, capitata, deren violette Blätter Anthocyan enthalten.« Da hilft's dem Appetit auch nicht mehr auf die Beine, wenn noch der Zusatz folgt: »Geschätzte, weltweit kultivierte Gemüsepflanze; findet schon 1600 als Blawkohl bei Schwenkfeld Erwähnung.«

Lassen Sie uns lieber bei unserem eingangs beschriebenen Rotkohl verweilen und davon träumen, daß Kohlrouladen aus Rotkohlblättern mit einer Füllung von Wildragout fast so stark an Gnade sind wie ein richtig angemachtes Beef Tatar.

Das Ei

»Die Eier sind eines der herrlichsten Geschenke, welche die Vorsehung je dem menschlichen Appetit gemacht hat.« So steht es im »Almanach des Gourmands«, in dem GRIMOD LA REYNIÈRE um 1810, leidenschaftlicher als OVID die Freuden der Liebe, die Lust am Essen besungen hat.

Meine Großmutter war anderer Meinung. Sie sah, daß meine Mutter mir ein weichgekochtes Ei zum Frühstück hinstellte. »Das darf man einem Jungen nicht geben«, sagte sie. »Siehst du denn nicht, daß er sowieso schon Augenringe hat? Eier erhitzen!«

Wenig später hörte ich durch die halboffene Küchentür den Dialog zwischen der Großmutter und meiner Mutter zu diesem Thema. Die Worte Pubertät und Masturbation fielen. In Meyers Konversationslexikon fand ich die Erklärung für beide Begriffe. Damals war ich elf Jahre alt und fand es empörend, daß meine Großmutter so von mir sprach.

Die Diskussion darüber, ob man mit Eiern – roh, gekocht oder gebraten und mit Cayennepfeffer gepudert – das Liebesleben positiv beeinflussen kann, wird wahrscheinlich nie aufhören.

Die einen schwören ihr Leben lang auf Eier als dünnschalige Potenzsteigerer, die Wissenschaft dagegen erklärt das zum Aberglauben. Da ich zur Gruppe jener gehöre, die an die aphrodisische Wirkung glauben, frage ich mich, ob die Historiker uns nicht sehr wesentliche Passagen aus dem Leben berühmter Staatsmänner und Eieresser unterschlagen. KARL DER GROSSE zum Beispiel. Er soll hundert Eier pro Woche verzehrt haben. Und dann . . .?

Oder BISMARCK. Von ihm ist durch seinen Arzt SCHWENNIN-

GER verbürgt, daß er zum Frühstück nie weniger als neun, häufig sogar 16 Eier aß. Bei einem Jagdfrühstück nahm er über zwei Dutzend hartgekochte Eier zu sich.

Wie viele Arten der Eierzubereitung es gibt, weiß niemand. In einem Kochbuch des Jahres 1804 werden bereits 534 Arten der Eierverwendung aufgezählt. Und seitdem kommt fast täglich ein neues Rezept dazu. Zwar kannte man damals schon Eier nach Burgunder und Philippsburger Weise, à la Duchesse, à la grand-mère, nach Jesuitenmanier, nach Périgorder, Sizilianischer, Portugiesischer und nach Schweizer Art; mit Sauce Robert, mit Rosenwasser, mit Beifuß, mit Basilikum, mit Orangen, mit zerlassenem Käse ...

Von den drei verschiedenen Prärie-Oysters und den über 100 Flips, die man intensiv durchschütteln muß, damit das rohe Ei restlos und ohne Flöckchen in das seidige Alkohol-gemisch aufgeht, war damals noch keine Rede.

Inzwischen haben die Wissenschaftler das Ei von allen Seiten durchleuchtet. Dank der Ernährungsphysiologen wissen wir heute, daß ein Hühnerei von durchschnittlich 60 Gramm Gewicht 88 Kalorien = 369 Joule hat. 6,81 Gramm sind Protein, 5,91 Gramm Fett, 0,37 Gramm Kohlenhydrate. Die Vitamine A, B und B_2 sind ebenso vorhanden wie Calcium, Phosphor, Natrium und Eisen.

Die Physiker haben herausgefunden, daß das Ei eine ideale Stromlinie hat und dank seiner Form kolossale statische Belastungen verträgt. Eher bricht man sich die Finger, als daß es gelingt, ein aufrecht stehendes Ei durch gleichmäßigen Druck von Daumen und Zeigefinger zu zerquetschen. Aber Vorsicht bei der Probe! Hat die Schale auch nur einen Haarriß, sind Ei und Hose im Eimer.

Für uns kritische Esser sind die alten Hausfrauenregeln fast.wichtiger: Frische Eier sehen rauh und kalkig aus, in

einer Schüssel mit kaltem Salzwasser liegen sie auf dem Grund, alte stehen aufrecht oder steigen nach oben.
Güteklasse A heißt: frisch, weder gewaschen noch gereinigt. Beginnt die Nummer auf der Packung mit der Ziffer 2, kommen die Eier aus Deutschland.

Wer behauptet, daß Eier aus den schrecklichen Legebatterien genausogut schmecken wie die von frei auf dem Lande herumlaufenden Hühnern, der sollte sich wegen seiner Zunge in ärztliche Behandlung begeben. Chemie im Futter, Kunstlicht im Auge und zur Bewegungslosigkeit verurteilt, schaffen es die fast federlosen Geschöpfe zwar, die chemische Zusammensetzung des Eies zu produzieren; aber der Geschmack geht dabei zum Teufel. Als perverses Argument für die Legebatterien wird neuerdings sogar angeführt, daß deren Eier gesünder seien, weil die inhaftierten Tiere vom sauren Regen und anderen Schadstoffen ferngehalten sind.

Da wendet man sich leichten Herzens wieder dem guten Ei von freilaufenden Hühnern zu.
Aus dem 17. Jahrhundert stammt die Beobachtung, daß das

weichgekochte Ei von den Italienern an der unteren Rundung, von den Juden an der Spitze und von den Deutschen
seitlich im oberen Drittel geöffnet wird.

Eierschalen läßt man nicht unzerdrückt auf dem Teller,
weil man sonst Fieber bekommt, und wer jeden Morgen ein
hartes Ei ißt, ohne dazu etwas zu trinken, stirbt im Laufe
eines Jahres. 1273 muß das ein preiswerter Tod gewesen sein
– vierzehn Eier kosteten einen Pfennig. Nur gegen Ende
des 15. Jahrhunderts waren die Eier in Nürnberg so teuer,
daß man für ein Hühnerei einen vollen Eimer Wein bekam.
Der Grund: Ein Hexenfluch zwang alle Nürnberger Frau-
en, sich in jeden vollen Eierkorb zu setzen, den sie sahen.
E. T. A. HOFFMANN verbürgt sich für diese Nürnberger Eier-
geschichte, die er in der Ernzählung »Der Feind« aufge-
zeichnet hat.

Von allen Wetten, die man eingehen kann, gibt's nur eine,
die man gegen den gleichen Partner zweimal gewinnt. Man
wettet, daß es dem anderen nicht möglich ist, fünf hartgekochte Eier hintereinander in fünf Minuten ohne Flüssigkeit zu essen. Niemand kann das, denn unser Speichel
reicht nicht aus, um das trockene Eigelb herunterzuschluk-
ken. Nachdem man kassiert hat, bietet man die teurere
Gegenwette an: Man selbst könne zehn hartgekochte Eier
in fünf Minuten ohne Getränk essen. Man hackt dann die
hartgekochten Eier ganz klein und brät sie in heißer Butter
mit etwas Salz in der Pfanne. Das schmeckt nicht einmal
schlecht, schnurrt auf ein paar Löffel voll zusammen und
läßt sich mühelos schnell essen. Man kassiert zum zweiten
Mal.

Feinschmecker sollten wissen, daß Ei nicht gleich Ei ist.
Das Hühnerei, von dem bis jetzt die Rede war, steht nach
BRILLAT-SAVARIN erst an fünfter Stelle der feinen Küche.

Platz eins hält das Ei des Perlhuhns. Ihm folgt, dichtauf, ebenfalls von allerfeinstem Geschmack, das Wachtelei. Auf Platz drei liegt das Kibitzei, gefolgt vom Möwenei, und erst dann käme unser gutes Landei vom Huhn. Enten- und Gänseeier rangieren unter ferner liefen, sie sind ohnehin nur hartgekocht mit Vorsicht genießbar.

Schon diese Aufzählung mag auch den ornithologisch weniger Interessierten dazu anregen, sich eine Eiersammlung anzulegen. Aus ausgeblasenen Eiern, versteht sich. Der Vorteil einer solchen Sammlung ist vielfältig. Eine Freundin von mir fand einen Mann suspekt, weil er nach dem ersten Essen im Restaurant zu ihr sagte: »Gehen wir noch zu mir? Ich habe wunderschöne große Eier, die ich Ihnen gerne zeigen würde.« Er war Eiersammler.

Immerhin hat sie bei ihm das bemalte beschriftete Ei aus der Biedermeierzeit gesehen, das den Vers trägt:

»Ich wünsche, Liebchen, froh und frei,
Mich Dir, Dich mir zum Frühstücksei!«

Am richtigen Frühstücksei sind schon viele gerade keimende Beziehungen wieder verdorrt. Zu hart, halb ausgelaufen, zu weich, nicht abgeschreckt und was der scheußlichen Zumutungen mehr sind. Dabei gibt es zwei sichere Methoden zum Kochen wachsweicher Eier:

1. Kalt aufsetzen und zweieinhalb bis drei Minuten kochen lassen. Kalt abschrecken.
2. Eier mit einem Pieker am runden Ende anstechen. In kochendes Wasser legen. Fünf Minuten sprudeln lassen. Kalt abschrecken.

Wer Eier hart kochen will, darf sie nie länger als zwölf Minuten im kochenden Wasser lassen. Sie entwickeln sonst – auch wenn sie frisch sind – einen fauligen Geruch. Und das Abschrecken in kaltem Wasser niemals vergessen, sonst ist das Abpulen der Schale eine Quälerei.

Mein Ruf, ein guter Koch und ein angenehmer Frühstücksgenosse zu sein, gründet sich auf mein Rührei. Was einem statt dieser edlen Speise unter gleichem Namen oft angeboten und zugemutet wird, ist unglaublich. Mein Rezept verdanke ich dem verstorbenen Küchenmeister M. RICHTER, der 1912 sein Buch »Eierspeisen« mit 1004 Rezepten schrieb. Hier der Originaltext:

> »Von allen Eierspeisen sind die Rühreier die leichtest verdaulichsten, da bei ihnen Eiweiß und Eigelb in gleichem Maße gar geworden ist, ohne hart zu sein. Rühreier müssen in allen Fällen cremeartig weich bleiben. Das schönste Rührei erhält man, wenn es im Wasserbade angerührt wird. Auf keinen Fall soll man Rühreier über flotter Hitze in möglichster Eile herstellen.
> Grundrezept: Man schlägt pro Person drei frische Eier in eine Schüssel, gibt Salz und etwas feinen weißen Pfeffer dazu und schlägt oder quirlt das Ganze gut durch. Diese Masse durch ein Sieb gießen, um die Keimchen der Dotter zu entfernen, ist angebracht.
> Nun macht man in einer flachen, am besten recht dickwandigen Kasserolle etwas Butter warm (nicht heiß, und am allerwenigsten braun), gibt die Eier hinzu und rührt die Masse mit einem Holzlöffel ganz gleichmäßig, damit sich Flocken von gleicher Festigkeit bilden. Die Größe dieser Flocken ist Geschmackssache. Die einen verlangen ein großflockiges Rührei, während andere ein fast ganz klar gerührtes, cremeartiges Rührei ohne alle größeren Gebilde wünschen. Sobald das Rührei fest genug geworden ist, rührt man ein wenig frische Butter in kleinen Stückchen und für je drei Eier einen Eßlöffel flüssige Sahne darunter und richtet es nun sofort auf einer nur leicht angewärmten Schüssel an.«

Versuchen Sie es mal so zum Frühstück: Jeder Gast wird solche Eier unvergeßlich finden.

Schwein

Wer Schwein gehabt hat, hat »Schwein« bekommen: ein Stück vom guten, alten deutschen Landschwein – kernig, durchwachsen, von zartem Rot-Rosa mit feiner weißer Marmorierung und einem nicht zu knapp bemessenen Fettrand.

Die meisten Deutschen haben »kein Schwein«, ihnen liegt ein Stück vom supermageren, leicht wäßrigen EG-Norm-schwein in der Küche. Dieses Tier, dem man zwei Koteletts mehr angezüchtet hat, als der liebe Gott ursprünglich vorgesehen hatte, ist das europäische Extra-Monster. Halb so groß, wie man es in die Pfanne legte, kommt das Kotelett auf den Teller.

Eher einem Windhund ähnlich als einem sorgfältig gemä-steten Landschwein, ist das Nervenkostüm dieser Tiere empfindlicher als die Zündung eines 12-Zylinder-Maserati. Knallt der Wind die Stalltür zu, fällt oft ein Tier tot um: Herzinfarkt.

Ohne Stroh, auf Lattenrosten, von der computergesteuer-ten Fütterungsanlage dreimal täglich mit Schnellwachs-Suppe versorgt, von einer Klimaanlage mit Absaugevor-richtung umfächelt, steht das E-Schwein im Stall, wächst und langweilt sich. Anfälle von Aggressivität sind die Folge. Immer wieder fressen sich die Tiere bei lebendigem Leibe an – der Abdecker hat einen neuen Kunden –, der Bauer ein Minus auf dem Konto.

Schade um die Schweine, die doch so gutartige, hochintelli-gente Säugetiere sind. Als man diese Eigenschaften noch schätzte, entstand wohl auch die Redensart von jemandem, der unleserlich schreibt, zu sagen: »Er hat eine Klaue«, die

»kein Schwein lesen kann«. Im russischen Zirkus schätzt man die Intelligenz der Tiere noch immer – so wie bei uns die Pferdedressur, ist eine Schweinenummer dort unverzichtbarer Standard.

Allerdings sind auch die Darsteller Schweine vom alten Schrot und Korn.

Seit 8500 Jahren ist das Schwein als Haustier bekannt. Schon in der Jungsteinzeit züchteten es die Chinesen. Bis heute ist es dort das wichtigste Haustier geblieben. In der bildenden Kunst haben die Chinesen das Schwein allerdings vernachlässigt: Es wurde niemals abgebildet.

In Europa stammt die älteste Abbildung eines Hausschweins aus der Altamira-Höhle in Nordspanien. Fachleute schätzen das Alter dieses Porträts auf 6000 Jahre.

Die Menschheit hat seit damals einen langen Weg zurückgelegt, an dessen Ende moderne Ernährungs-Theoretiker versuchen, mir die Freude am Essen zu vermiesen. Ob es sich um die »Atkins-Kur« oder die »Makrobiotische Ernährung« handelt, immer findet sich ein Mann der Wissenschaft, der mir klarmacht, daß ich das Falsche esse, zu dick sei und als Folge davon bestimmt krank werden und früher sterben würde.

Erst in neuester Zeit schlägt die »Deutsche Gesellschaft für Ernährung« neue Töne an: Omas Küche ist wieder die beste! Und damit natürlich auch Omas Schweinefleisch.

Die Metzger wissen das seit Jahren, aber sie predigen vergeblich, daß gutes Schweinefleisch durchwachsen sein muß, weil es dann viel besser schmeckt. Die Käufer nehmen das einfach nicht zur Kenntnis. Am liebsten wäre ihnen »fetter Speck, aber bitte mager«.

Ein altmodisches Schlachtschwein ist aber von Natur aus fett. Es wird selten krank, braucht keine Medikamente und hat gute Nerven. Für die supermageren dagegen wird es demnächst vielleicht Kliniken geben, denn sie sind extrem streßanfällig.

Wer fettfrei essen will, kann das Fett nach dem Braten abschneiden. Was dann auf dem Teller bleibt, ist auch mager, hat aber mehr Geschmack. Was an natürlichem Fett fehlt, muß als Bratfett bei der Zubereitung von außen zugefügt werden. Und das kann ja wohl nicht der Sinn der Sache sein.

Den Landwirten können wir aus der Aufzucht der Magerschweine keinen Vorwurf machen. Sie müssen sich nach dem Markt richten. Brüssel hat ihnen das E-Modell des Schweins durch ein verlockendes Preisgefälle der sogenannten Handelsklassen schmackhaft gemacht. Der Preis orientiert sich an der Speckdicke, am Fleisch/Fettverhältnis. Den Landwirt möchte ich sehen, der auf ein schnelleres mageres Schlachtgewicht, verbunden mit einem höheren Preis, freiwillig verzichtet. Für den eigenen Bedarf sortiert der Bauer allerdings Jungtiere (Läufer) aus, die bis zum Schlachttag im Schweineparadies leben. Statt Lattenrosten liegt Stroh in den Boxen; Kleie, Kartoffeln, Fallobst und Runkelrüben im Futtertrog. Da gibt es weder Infarkt noch Kannibalismus, wohl aber eine Speckdicke zwischen 20 und 30 mm, ohne die man übrigens keine anständige Wurst herstellen kann. Auch geräuchert ist so ein Stück durchwachsener Speck zur Brotzeit nicht zu verachten.

Im Mittelalter wußte man über diesen Zusammenhang gut Bescheid, da vorzugsweise Schweinefleisch gegessen wurde. In Frankreich gab es damals große Gastmähler, bei denen nichts anderes als Schweinefleisch serviert wurde. Unter dem Namen *baconiques* sind sie in die kulinarische Geschichte eingegangen.

Hundert Jahre später entdeckte der Zisterzienser-Mönch SYLVIUS eine eigenartige Beziehung zwischen Schweinen und Krebsen. Er erzählt in seinem »Museo di Fisica e di esperience« (Venedig 1697), daß Krebse, die man damals in großen Mengen korbweise transportierte, sofort sterben, wenn ein Schwein unter den Wagen geriet. Aus diesem Grunde nahmen die Fuhrleute bei der Rast die Räder vom Wagen, damit kein Schwein unter dem Wagen durchlaufen konnte.

Im 18. Jahrhundert gab es dann die großen Schinkengelage, die wir von den Bildern holländischer Meister kennen. Sie endeten stets mit einem großen Besäufnis aller Teilnehmer. Damals konnten Feinschmecker am Geschmack des Schinkens noch Herkunft und Ernährung der Tiere unterscheiden. So wurden für den berühmten Montandes-Schinken nur spanische Schweine, mit Schnecken und süßen Eicheln gemästet, verarbeitet. Der Bayonner Schinken geriet nur mit Kastanienmast, die Qualität des Westfälischen beruhte auf reiner Eichelmast. Schinken aus Piemont roch leicht nach Trüffeln, und der im Katenrauch haltbar gemachte mußte ein Wacholder-Parfum haben.

Noch heute kennt die deutsche Sprache für unser Schwein 26 verschiedene Namen. Hacksche und Kämpe für Eber, Docke und Kosel für Sau, Larch und Borg für kastrierte männliche und Nonne für kastrierte weibliche Tiere sind nur einige von ihnen.

Wenn wir uns den vollen Genuß eines Schweinebratens gönnen wollen, müssen wir so einkaufen, wie die Berufsköche es tun. Sie achten darauf, daß das Fleisch im Anschnitt marmoriert ist, das heißt von feinen Fettäderchen durchzogen. Einige Erzeugerverbände liefern solches Fleisch – trotz EWG – wieder an die Schlachter.

Durchwachsenes Schweinefleisch hat beim Braten und Grillen einen besseren Geschmack als mageres. Das Stück zum Braten immer aus der Schulter oder Schaufel kaufen.

SCHULTER wird in zwei Arten angeboten:

1. Mit Knochen, natürlichem Fettbesatz und Schwarten, die man am besten gleich vom Metzger kreuzweise einschneiden läßt.

2. Knochenlos, entschwartet, mit wenig Fett. Das ist entsprechend teurer. Die Schulter ist ein Universalstück, das sich besonders gut als Schweinebraten eignet. Saftig und unproblematisch ist SCHWEINEHALS (Nacken oder Kamm). Er ist stark durchwachsen und bleibt immer saftig, auch wenn er einmal zu lange gebraten wird. Schweinehals wird in drei Formen angeboten:

1. Wie gewachsen, als kräftiger Braten.

2. Ausgelöst, ebenfalls zum Braten.

3. In Scheiben als Nackenkotelett. In jedem Fall ein besonders saftiges Stück Fleisch.

GULASCH am besten von der Schulter, aus Beinfleisch (Haxe kaufen und selbst schneiden!) oder vom Rohrknochen statt von der Schaufel schneiden lassen, weil das Fleisch dort durchwachsener ist. Große Stücke nehmen: Das Fleisch bleibt saftiger.

Beim SCHWEINEBAUCH, wie gewachsen und ohne Knochen, ist am Anschnitt erkennbar, ob es sich um einen mageren oder fetteren Bauch handelt. Der magere Bauch läßt sich in dünne Scheiben von 1 bis 1½ cm schneiden, die man wie Schnitzel oder Koteletts braten oder in Sauer einlegen kann.

EISBEIN, auch HAXE genannt, sitzt am Schinken und an der Schulter. Der Knochenanteil ist unterschiedlich, wenn das Eisbein nicht als Ganzes verkauft, sondern in Scheiben geschnitten wird. Ganz gleich, ob es sich um Vorder- oder Hinter-Eisbein handelt, sowohl zum Braten als auch zum Mitkochen geeignet.

Das Mittelstück vom Kotelettstrang liefert vor allem die STIELKOTELETTS und KASSELER, ausgelöst und ohne

Knochen auch ein gutes SCHNITZEL-Stück mit relativ kleiner Anschnittfläche.

LUMMERKOTELETTS sind Koteletts vom Filetstück. Sie sind teuer, aber wertvoll (ausgelöst und ohne Knochen ergeben sie auch den klassischen Schweinerollbraten).

Wie gut und trotzdem schlank und mager ein Eisbein sein kann, läßt sich mit einem Rezept vorführen, das man schon am Vorabend fast fertig machen kann. Wenn dann die Gäste ihren Begrüßungsschluck trinken, braucht das Gericht nur noch 25 Minuten im Ofen. Hier die Zubereitung für 4 Personen:

Für dieses supermagere Gericht müssen zunächst Sauerkraut mit 4 zerdrückten Wacholderbeeren und Kartoffelpüree zubereitet werden. Das fertige Kartoffelpüree mit

1 TL geriebenen Meerrettich und 1 TL scharfen Senf vermischen.

Ferner braucht man:

1 Eisbein, angepökelt
2 Lorbeerblätter
3 Zwiebeln
2 EL Schmalz
Salz

Wenn das Sauerkraut halb fertig ist, das Eisbein mit den
Lorbeerblättern mit kochendem Wasser bedeckt 1 Stunde
(je nach Größe auch länger) zugedeckt gar ziehen lassen. Aus dem Kochwasser nehmen. Abtropfen lassen.

Fleisch vom Knochen lösen und in mundgerechte Stücke
schneiden. Sämtliche Fetteile abschneiden. Dann in einer Auflaufform mit 5–8 cm hohem Rand ein Bett aus
dem fertigen Sauerkraut machen. Die Fleischstücke darauf verteilen. Ofen auf 180 Grad vorheizen.

Alles mit Kartoffelpüree gut bedecken, bis kein Fleisch
mehr zu sehen ist und ohne Deckel etwa 25 Minuten im
Ofen auf der Mittelschiene überbacken, bis das Püree
Bräunungsspuren zeigt.

Währenddessen die Zwiebeln in Ringe schneiden und
im heißen Schmalz in der Pfanne braun werden lassen.
Salzen. Wenn das Eisbein aus dem Ofen kommt,
Schmalz abgießen und die Zwiebelringe auf dem Püree
verteilen.

Für mehr als 4 Personen empfiehlt es sich, dieses Eisbein
in kleinen Auflaufformen portionsweise zuzubereiten.

Getränk: Selbstverständlich sind Bier und ein eiskalter
Aquavit geeignet oder – überraschend gut – kühler Gewürztraminer.

Lamm

Lämmer müssen die Welt wohl anders sehen als wir. Wie gerne wären sie Mutterschaf oder Bock geworden, statt unsere Gaumen zu erfreuen. Nachdem wir um Ostern die niedlichen Bocksprünge der Kleinen gerührt betrachtet haben, gönnen wir ihnen noch sechs, sieben Monate, und führen sie vor der Geschlechtsreife gnadenlos dem Schlachter zu. Wir, das sind Moslems, Juden und Christen, Sozialisten und Kapitalisten – die weltweite Union der Fleischfresser. Ihre Anhänger wissen, daß ein Lamm, das seinen Namen kulinarisch verdient, nicht älter als ein Jahr sein darf.

Kein Gewürz, keine Zutat, die zum Lamm nicht delikat ist: Ob Curry oder Kreuzkümmel, ob Minze oder Salbei, ob Kapern oder Senf, saurer Rahm oder Rotwein –, selbstverständlich auch Weißwein oder Cognac, Zimt oder Nüsse, Cayennepfeffer oder Honig, Thymian und Lorbeer, Liebstöckel, Rosmarin und Knoblauch, Piment und Wacholder, die Köche aller Nationen wetteifern mit ihren Lammkompositionen.

Nur die besten Freunde und Weidegenossen der Lämmer, die Vegetarier, stehen mit neubekehrtem Gesichtsausdruck um uns Barbaren herum und zerbeißen das Wort »Tierleiche« zwischen den Zähnen.

Natürlich behaupten alle Völker, ihre Lämmer seien die besten. Ich muß gestehen, daß ich da keine Ausnahme bin. Für mich ist ein Heidschnucken-Lamm – so um die 16 Kilo schwer – das Nonplusultra.

(Kunststück: Ich wohne in der Heide und halte meine eigenen Schnucken.)

Allerdings ein pré-salé-Lamm aus der Bretagne oder der Normandie – schon fange ich an zu zweifeln. (Pré-salé-Lämmer werden auf Wiesen geweidet, die am Meer liegen und zuweilen von Salzwasser überspült werden.)

Reden wir zunächst von der Zubereitung: Ob gekocht, gegrillt, am Spieß gebraten oder geschmort, ob im Feuerloch unter der Erde oder im Umluft-Herd, das sind alles rein theoretische Erörterungen, ein Hochgenuß wird's allemal. Und Fehler kann selbst ein Kochlaie kaum machen, wenn er sich beim Einkauf und der Vorbereitung des Fleisches an einige wenige Punkte hält:

Im Regelfall alles Fett abschneiden.

Ausnahme: Lammkoteletts – da wird das Fett erst auf dem Teller entfernt.

Lassen Sie sich kein zu junges Tier – meist Milchlamm genannt – andrehen. Die Fleischfaserung ist noch nicht entwickelt; der Geschmack daher ohne Charakter.

Wird Lamm gebraten, dann ist die Hauptsache die knusprige Haut, deswegen nicht zaghaft mit der Ofenhitze.

Achten Sie darauf, daß das Fleisch gut abgehangen ist. Für die Keule heißt das mindestens acht Tage, ob sie gekocht oder gebraten werden soll, ist einerlei.

Auch Lammschulter gibt einen guten Braten. Der Schlachter sollte die Knochen entfernen. Das Fleisch binden wir dann mit Küchengarn fest zusammen.

Der Rücken ist vielseitig: Braten, Kurzbraten, Grillen und Schmoren, alles ist möglich. Aus dem Rücken werden auch 2–3 cm dicke Steaks, die Lamm-Chops, geschnitten. Lammnüßchen sind 2 cm dicke Scheiben vom Filet. (Pro Person mindestens 3 Stück.)

Der Hals – ideal für Gulasch oder Stew-Gemüseeintopf.

Brust und Flanke: Geringer Fleischanteil. Gut für Eintöpfe und Suppen. Fett nicht vorher abschneiden, sondern erst nach dem Kochen abschöpfen und wegschneiden.

Seit dreißig Millionen Jahren ist das Schaf nachweisbar und seit elftausend Jahren domestiziert. Es ist das älteste Haustier. Schaf und Lamm sind die Sinnbilder des leidtragenden Opfertieres; von Furchtsamkeit, exzessiver Demut und Blödheit geprägt. Selbst BREHM, der Tierfreund, schrieb über das Schaf: »Einen Charakter hat es nicht.«
Vieles spricht tatsächlich dafür, daß das Schaf der Ostfriese der Tierwelt ist. Auch das Liebesleben der Schafe ist alles andere als lustig. Vom Bock – auch Widder genannt – berichtet der Naturforscher BUFFON in seiner 44bändigen Naturgeschichte 1804 in etwas säuerlichem Ton:
»Der Vermehrungstrieb ist der einzige, der den Widder zu einiger Lebhaftigkeit reizt, während das weibliche Tier auch zur Zeit seiner Hitze nicht lebhafter oder lustiger ist denn vorher. Sein Trieb reicht grade aus, um sich den Liebkosungen des Widders nicht zu versagen.
Nur den Reizen der Musik gegenüber zeigen sie Empfindlichkeit und werden dadurch begieriger, weshalb der Hirt sie mit Flöten und Schalmei zu ermuntern versucht.«
Der Widder wird dann geradezu chevaleresk, da er »seine Dienste (bei Musik!) mit Hintansetzung der jüngeren Schafe, vorzüglich den alten Tieren widmet.«
Welcher Mann könnte das von sich behaupten? Vielleicht spielen wir diesen rücksichtsvollen Liebhabern deswegen so oft übel mit, wenn wir ihn vom Widder zum Hammel machen. Oder sollte bei der Verwandlung zum blökenden Eunuchen nur unser Gaumen bestimmen, weil Hammelfleisch gut schmeckt und Widderfleisch fast ungenießbar ist?

Zurück zur Vorstufe des Widders, zum Lamm. Bei aller Sanftmut und Friedfertigkeit hat sein betörender Geschmack schon tief in die Geschichte eingegriffen.
NAPOLEON verlor die Völkerschlacht bei Leipzig wahr-

scheinlich deswegen, weil er sich am dritten Tage an Lammkeule mit Knoblauch so überfressen hatte, daß ihn eine schwere Übelkeit an jeder strategischen Aktivität hinderte.

So käme also einem Schaf das historische Verdienst an der deutschen Freiheit zu.

Wer sich fürs Lamm interessiert, findet in allen Eßzeitschriften und in sämtlichen Kochbüchern so viele Rezepte, daß ich hier keines mehr anfügen will. Mit einer Ausnahme:

Alfred Walterspiel hat uns ein Rezept überliefert, das ebenso kurz wie exklusiv ist. Es heißt: *Lammzüngchen (Langues D'Agneau).*

»Gepökelt, mit etwas Knoblauch und Koriander behandelt und dann geräuchert, können Lammzüngchen eine reizende Delikatesse sein. Am besten schmecken sie mit Linsen, natürlich als Mittagsgericht.«

Aber bitte fragen Sie mich nicht, wo sie die entsprechende Anzahl Lammzungen herkriegen. Ich weiß es auch nicht.

Nur einen Rat des alten Praktikers Walterspiel zum Thema Lamm und dem Essen im Restaurant kann ich nicht verschweigen. Er schrieb einmal:

»Kleine Lammkotelett würde ich mir im Restaurant nur bestellen, wenn ich wenig Appetit habe, und dann nur naturell oder in frischen Brotkrumen paniert. Als Beigabe würde ich einen schönen Salat, oder in der Saison junge Prinzeßböhnchen wünschen. Selbstverständlich aber variiert hier der Koch mit den Beigaben: Frische kleine Erbsen, Morcheln, Champignons oder Tomaten passen immer. Den Kollegen mit der ›Trüffelkrankheit‹ – das sind solche, die glauben, alles, wozu sie Trüffeln verwenden, müßte schon allein aus diesem Grunde gut sein – rate ich sehr, bei allen Arten von Lamm oder Hammel von ihrer Vorliebe abzugehen.«

Buletten

Die Formel: »Zwee Mollen, zwee Jubi und zweemal mit Knüppel« macht mir Heimweh nach einer Kneipe in Berlin.

Auf Hochdeutsch bedeutet diese Bestellung: »Zwei Bier, zwei Jubiläums-Aquavit, zwei Buletten mit Mostrich und einem Knüppel.« Erklärungsbedürftig bleibt der Knüppel: Er ist eine schmale längliche Form der Schrippe. Und Schrippe – ohnehin in der Bulette enthalten – steht für Brötchen, Rundstück, Wecke, oder was man sonst in deutschen Gauen dazu sagt.

Noch heute gibt es in Berlin über 2000 kleine Kneipen, und in keiner fehlen sie: die kalte Bulette, der Brathering, das Solei, die saure Gurke. Nur der in der Kneipe, meist im Stehen und aus der Hand gegessene, braun gebratene flache Fleischklops führt in Berlin den Kosenamen »Radfahrerpastete«.

Kauft man beim Schlachter das gleiche Ding, nennt es sich wieder Bulette.

Was dem Wiener sein »klans Gulasch«, ist dem Berliner diese kalte Zwischenmahlzeit, und wenn Sie ihn fragen, ob's denn schmeckt, wählt er den Superlativ allen Wohlgefühls und antwortet: »Bonforzionös!«

Da keine Kneipenwirtin ihr Originalrezept preisgibt, vor allem die Mischung aus Rind, Schwein, Schrippe geheimhält, sind wir beim Nachmachen auf die etwas feinere Rezeptur der *Bulette der Berliner Fleischer* angewiesen:

125 Gramm durchgedrehtes Rindfleisch, 125 Gramm Schweinehack, 125 Gramm durchgedrehtes Kalbfleisch,

125 Gramm feine Bratwurstmasse mit schwarzem Pfeffer und Salz würzen. Eine Zwiebel feinhacken, in Butter glasig dünsten, mit dem Fleisch vermengen. Zwei Schrippen vom Vortag in einer Tasse heißer Milch einweichen, gut ausdrücken und mit der Fleischmasse so lange verkneten, bis die nötige Bindung da ist. Kein Ei! Aber einen Reibestrich (nur einen) Muskatnuß darüberhauchen.

Gleichmäßige Buletten mit nassen Händen formen und in heißer Butter beidseitig hellbraun braten.

Auch am kalten Buffet außerhalb Berlins gehen die Gäste an diese Spezialität »ran, wie Hektor an die Buletten«. (Warum bei dieser Redensart »Hektor« auftritt – kein Nachschlagewerk verrät es.)

Für unsere Reise durch die deutschen Bulettenpfannen von Norden nach Süden etwas Wichtiges über das Hackfleisch: Wir haben eine deutsche Hackfleisch-Verordnung, die bestimmt, daß »Hackfleischerzeugnisse nur am Tag ihrer Herstellung in den Verkehr gebracht werden« und daß »sie nur in Räumen mit einer Höchsttemperatur von +4 Grad Celsius gelagert werden dürfen«. So beruhigend das ist, wer besondere Ansprüche an Buletten stellt, sollte sein Fleisch trotzdem selber durchdrehen. Dazu kauft man eine der folgenden Fleischsorten:

Vom Schwein
– für mageres Hackfleisch
  Nuß, Unterschale, Oberschale
– für saftigeres Hack
  Nacken, Halsgrat, Hüfte, Schulter
Vom Rind
– mager
  Hüfte, Blume, Nuß, Schwanzrolle, Mittelbug

– für Tatar
  Roastbeef, Lende, Filet, Oberschale
– besonders saftig
  Kamm, Hohe Rippe
Von Kalb und Lamm Schulter, Keule, Schlegel

Das Fleisch dann in Würfel schneiden und mit Gewürz und Zwiebeln – nur einmal, sonst wird es beim Braten zu fest – durchdrehen. Zum Schluß die ausgedrückten Brötchen durch den Wolf lassen und mit dem Hack vermischen.

Für das hochfeine *Hamburger Steak* entfallen Zwiebeln und Brötchen. Für vier Portionen brauchen wir 600 Gramm Tatar, 4 Eigelb, ½ TL Worchestersauce, schwarzen Pfeffer und Salz – sonst nichts. In Butter braten, bis beide Seiten kroß sind. Auf Toast servieren. Traditionell gehört Gurkensauce dazu.

Etwas ordinärer, aber auch nicht übel, ist die norddeutsche *Frikadelle*. Von der Berliner Bulette unterscheidet sie sich dadurch, daß auf 400 Gramm gemischtes Hack eine rohgeriebene Zwiebel und 1 Ei kommen. Außerdem werden die Frikadellen vor dem Braten in Mehl gewälzt.

In den Hochburgen des Schunkelns und all dessen, was man unter rheinischer Fröhlichkeit versteht, hat das *Frikadellche* seinen Stammplatz. Dazu nimmt man in Köln 200 Gramm Tatar, 200 Gramm Schweinehack, 2 alte Brötchen ohne Kruste, 3 Eier, 3 Zwiebeln, eine kalte Pellkartoffel, weißen Pfeffer, etwas Muskat, Salz und – ganz wichtig – Schmalz zum Braten. Die sehr fein gehackten Zwiebeln bleiben roh, die Brötchen werden in Wasser vorgeweicht, die Kartoffel wird zerdrückt und dann weiter nach Buletten-Art verfahren.

Die echten bayrischen *Fleischpflanzerl* bringen – wie kann es bei Bayern anders sein – eine partikularistische Note in unsere Buletten-Symphonie. Es gibt drei verschiedene davon: die einfachen Pflanzerl, die – je zur Hälfte – aus Schweine- und Rindfleisch bestehen, die feineren, die nur je 30% Rind und Schwein, aber 40% Kalbfleisch enthalten, und dann die aus der Holledau, die im Frühling mit Hopfensprossen gewürzt werden. Allen gemeinsam ist, daß auf 750 Gramm Fleisch 2 angetrocknete, abgeriebene und dann kleingeschnittene, in Wasser eingeweichte Semmeln kommen, denen außer einer feingehackten Zwiebel noch zwei Eier, 2 Eßlöffel gehackte, glatte Petersilie, eine Prise Majoran sowie Pfeffer und Salz zugefügt werden. Gebraten wird in Schweineschmalz. Dazu gibt es Kartoffel- und grünen Salat.

Deutschlands Buletten-Reichtum hat die Kochgroßmeister WITZIGMANN und BOCUSE nicht ruhen lassen. Zwar stehen diese – standesgemäß mit »ou« geschriebenen – »Bouletten im Frack« noch nicht auf deren Menükarten; aber vielleicht sind die Meisterköche von der geometrisch geordneten Gemüse-Farbskala auf ihren Tellern gelegentlich frustriert und haben selber Sehnsucht nach Einfachem und Herzhaftem. Freilich – was der Dreisterne-Chef der »Aubergine« in München oder der Erfinder der *Nouvelle Cuisine*, PAUL BOCUSE, unter »einfach« verstehen ...

WITZIGMANN versteht darunter für zwei Portionen dies:

400 Gramm Rinderfilet oder Lende
Ochsenmark-Masse
50 Gramm Ochsenmark roh in kleine Würfel schneiden
1 Schalotte feinhacken
2 Eßlöffel frische, gehackte Petersilie
2 Eßlöffel Weißbrotkrümel ohne Rinde

Salz, Muskat, Pfeffer.

Diese Masse mit drei Eßlöffeln trockenem Weißwein vermengen.

Sauce Beaujolaise

2 Eßlöffel Butter

1 Schalotte feingehackt

¹/₁₀ Liter Beaujolais, Bourgogne oder Côtes-du-Rhône

1 winziges Eck von einem Lorbeerblatt

1 Prise Thymian

¹/₁₀ Liter brauner, klarer Kalbsfond.

Die Schalotte mit einem Eßlöffel Butter anschwitzen, mit Beaujolais aufgießen, Thymian und Lorbeer beifügen und zu einem Drittel einkochen lassen. Mit dem Kalbsfond auffüllen und nochmals zur Hälfte einkochen. Mit Salz und Pfeffer vollenden und passieren. Warmhalten. Das entfettete Filet einmal durch den Fleischwolf drehen oder mit dem Messer ganz feinhacken. Nur mit frischem Pfeffer würzen und zu einem Steak formen. In heißem Olivenöl auf beiden Seiten rasch anbraten und mit der bereits vorgefertigten Ochsenmark-Masse bedecken. Im vorgewärmten, heißen Ofen mit Oberhitze oder im Grill leicht überbacken. Dann auf einen warmen Teller setzen und mit Sauce Beaujolaise überziehen. Man reicht dazu krustige, dünn geschnittene Pommes frites und frische Brunnenkresse.

Das *Hacksteak »Bocuse«* hat deutlich französische Züge:

100 Gramm Roquefort

2 cl Tawny-Portwein

Cayennepfeffer

1 Zwiebel

1 EL Distelöl

1 Knoblauchzehe

500 Gramm Tatar

Pfeffer/Salz
Thymian
Knoblauchöl zum Bepinseln.

Den Roquefort durch ein Sieb passieren, mit dem Portwein verkneten und mit einem Hauch Cayennepfeffer würzen. Glattrühren und kühlstellen.

Die Zwiebel schälen, feinhacken und im Öl langsam glasig werden lassen. Die Knoblauchzehe häuten und darüber zerdrücken. Von der Kochstelle nehmen und mit dem Hackfleisch vermischen. Das Hackfleisch mit Salz, frischgemahlenem Pfeffer und Thymian würzen. Vier flache Frikadellen formen, jeweils ein Viertel der Käsemischung daraufgeben, das Hackfleisch darüberklappen und gut zusammendrücken. Die Frikadellen mit dem Öl bepinseln und von jeder Seite etwa 7 Minuten grillen.

Wer jetzt noch Lust hat, sich aus der Plastik-Gastronomie einen Big Mac zuzumuten, dem ist mit keiner Bulette dieser Welt zu helfen.

Ich habe alle diese Fleischklopse, ob aus Berlin, München oder Lyon, ob kalt oder warm, mit größtem Appetit gegessen. Letzten Endes hat dann für meinen Geschmack doch die Berliner Kneipe gesiegt. Und sei es auch nur wegen dieses Satzes, der von ZILLE stammen soll:

»Laß doch det Kind die Buletten, et spielt ja bloß mit se.«

Ente

Enten sind schon deshalb zu empfehlen, weil ihre Garzeit höchstens 50 Minuten beträgt.

Lassen Sie sich nicht für dumm verkaufen, wenn man Ihnen eine Hausente als »Flugente« besonders empfehlen will. Fliegen können sie alle. Aber ob es eine Vierländer-, eine Barberie-, eine Nantaiser-, Rouener-, Peking- oder Aylesbury-Ente ist, sollte der Verkäufer wissen. Alle diese Rassen sind nämlich im Handel und schmecken verschieden. Und daß die Ente nicht älter als ein halbes Jahr ist, sollte er Ihnen garantieren. Alles andere können Sie mit jedem guten Kochbuch schaffen; ob Sie sich für die badische, die gefüllte, die Orangen- oder Hunan-Ente entscheiden.

Die berühmte französische ›canard pressé‹, die *Ente auf Rouener Art,* kann man leider nur im Restaurant essen. Viele Leute wollen sie aber auch dort nicht probieren, wenn sie hören, daß die Ente nicht geschlachtet, sondern erstickt werden mußte – damit das zur Sauce notwendige Blut im Körper des Tieres bleibt. Gourmets haben in den letzten 200 Jahren, so lange gibt es dies Rezept schon, an dieser Prozedur offenbar keinen Anstoß genommen. Denn immerhin hat das weltbekannte Pariser Restaurant »Tour d'Argent« seinen Ruf dieser Enten-Zubereitung zu verdanken:

Serviert werden von der rosa gebratenen Ente nur Brust und Schenkel. Alle anderen Teile kommen zusammen mit dem grob gehackten Knochengerüst mit Cognac übergossen unter die große Presse. Wenn der letzte Tropfen ausgequetscht ist, wird die rohe Leber durchpassiert und in den Saft gerührt. Das Ganze wird dann mit einem Drittel Sauce

Rouennaise aufgefüllt und darf nicht mehr kochen. Das Entenblut flockt sonst aus.

Dennoch sind nicht die Franzosen, sondern die Chinesen die absoluten Weltmeister im Entenbraten. Entenherden zählen in China häufig mehr als 25 000 Tiere, und mehr als 600 Entenrezepte gibt es in den chinesischen Provinzen. Außer den Federn, die sich beim besten Willen nicht essen lassen, wird alles – wirklich alles – von der Ente verarbeitet. Selbst für die Zubereitung der Füße und Schwimmhäute gibt es mehrere Rezepte.

In Europa bieten chinesische Restaurants solche Gerichte nicht an, weil sie, nach Meinung der Chinesen, zu »einfach« sind.

Die Zubereitung der berühmten *Peking-Ente*, bei der Haut und Fleisch getrennt serviert werden, dauert, wenn man es perfekt kann, 18 Stunden.

Wer einen besonderen Enten-Akzent setzen will, kann seine Freunde durch die verhältnismäßig unkomplizierte HUNAN LUT TZE MUN NGAP, die geschmorte Ente mit brauner Sauce aus der Provinz Hunan, überraschen. Diese Zubereitung hat den Vorteil, daß man, wenn der Vogel erst auf dem Herd köchelt, sich kaum noch darum zu kümmern braucht. Bis dahin hat man aber doch einiges zu erledigen: Einkauf einer Ente von zwei bis zweieinhalb Kilo Gewicht. Chinesische Trockenpilze und Sojasauce besorgen, frischen Ingwer, Frühlingszwiebeln, Stern-Anis, Zimtstangen und ein Mullsäckchen beschaffen.

Am besten ist es, alle Zutaten auf dem Küchentisch bereitzustellen:

6 bis 8 chinesische Trockenpilze
1 dreiviertel Tasse Sojasauce
1 Liter Pflanzenöl
1 Stück frischen Ingwer, drei Zentimeter dick, im Mörser zerdrückt
3 Stück Stern-Anis
3 Stangen Zimt
2 Frühlingszwiebeln (das Dunkelgrüne abgeschnitten)
3 Eßlöffel Weißwein
3 Eßlöffel Sherry
1 halber Eßlöffel brauner Zucker
1 Liter Hühnerbrühe (frisch oder Instant)
1 halber Teelöffel Salz
750 Gramm Blattspinat, gewaschen, Stiele abgezupft
1 Eßlöffel gehackte glatte Petersilie
Zubereitung:
Die Pilze in lauwarmem Wasser 20 bis 25 Minuten quellen lassen, die Stiele abzupfen. Die Ente innen und außen waschen und sehr gründlich abtrocknen. Anschließend in Sojasauce 45 Minuten herumdrehen und mari-

nieren lassen. Die Sauce aufheben. Die Ente an den Hinterbeinen zusammenbinden und eine Stunde oder länger freischwebend aufhängen. Das Trocknen eventuell mit einem Ventilator unterstützen. Die Ente darf auf keinen Fall mehr tropfen.

Das Öl (ein Liter) in einem schweren Bräter erhitzen, bis es zu rauchen anfängt. Dann vorsichtig die Ente hineingeben – dabei Küchenhandschuhe anziehen – und zehn Minuten ausbacken. Alle zwei Minuten wenden. Herausnehmen und abtropfen lassen. Öl wegstellen. Die Ente in einen größeren Topf legen, Ingwer, Frühlingszwiebeln, Stern-Anis und Zimt ins Mullsäckchen einbinden, dazugeben, Wein, Sherry, Pilze, Sojasauce, Hühnerbrühe und Salz mit dazu, so daß die Ente von der Flüssigkeit knapp bedeckt wird. Gegebenenfalls mit Wasser ergänzen.

Aufkochen lassen, die Hitze reduzieren und zwei bis zweieinhalb Stunden mit Deckel bei niedriger Temperatur langsam sieden lassen. Mit einer Gabel prüfen, ob sich das Fleisch leicht vom Knochen löst. Dann die Ente herausnehmen und im vorgeheizten Backofen warmstellen.

Jetzt den Spinat in die Sauce geben und etwa fünf Minuten offen kochen. Den fertigen Spinat rund um die Ente legen. Die Sauce noch fünf Minuten köcheln lassen, (das Mullsäckchen entfernen) und über die Ente gießen. Mit Petersilie bestreuen. Heiß servieren. Reis als Beilage und einen guten roten Burgunder.

Ching to chia tsang, was auf deutsch heißt: Bitte, essen Sie, soviel Sie können. Bei uns sagt man einfach: Guten Appetit.

Wilde Enten sind im Gegensatz zu zahmen eine komplizierte Angelegenheit. Es kann sich sowohl um eine Stockente, eine Knäkente, eine Krickente oder um noch andere Entenvögel handeln, deren Namen zum Teil nur lokal gebraucht werden. Sie alle haben die dumme Eigenschaft, daß ihre Haut leicht tranig schmecken kann. Deswegen zieht man, wenn sie dreiviertel gar sind, die Haut ab. Ansonsten werden Wildenten immer blutig gebraten, nur die Keulen sollten durch sein. Andererseits sind sie für den Anfänger in der Küche kein Problem – fetter Speck, etwas Butter, Salz und Pfeffer ist alles, was man braucht, und die Bratzeit ist kurz: 20 Minuten reichen.

Am besten tastet man sich über ein Salmi an den köstlichen Geschmack dieser Vögel heran (Salmi heißen alle Ragouts von braunem Federwild, also von Fasan, Rebhuhn, Schnepfe und Wildente).

Mein *Salmi* wird so hergestellt:

Die Wildente im vorgeheizten Ofen dreiviertel gar braten (200 Grad ca. 15 Minuten), so daß ihr Fleisch innen noch leicht blutig ist. Die Ente herausnehme, in 8 bis 10 Stücke schneiden und in einem gebutterten Bräter bei kleinster Hitze im Ofen warmstellen.

Rücken, Flügel und Hals abschneiden und mit den Knochen feinhacken. Zusammen mit 6 feingehackten Schalotten und gewürfelten Möhren in einem Eisen- oder Kupfergeschirr auf dem Herd kräftig braun anrösten und mit ½ Flasche gutem Bordeaux (rot) ablöschen. Mit ½ Teelöffel Thymian, Salz, schwarzem Pfeffer aus der Mühle gut würzen und 45 Minuten halb zugedeckt auf dem Herd bei kleiner Hitze köcheln lassen. Gelegentlich mit dem Holzlöffel rühren und eventuell noch etwas Wein nachgießen.

Den Topfinhalt dann durch ein Küchensieb kräftig ausdrücken und die Sauce über die Entenstücke im Ofen gießen. Alles noch einmal kurz aufkochen lassen. Fertig

ist eine sensationelle Gaumenfreude. Dazu passen Wald-
pilze und in Butter geröstete Weißbrot-Dreiecke.
Zu diesem Gericht den Rotwein trinken, den man zur
Herstellung der Sauce verwendete.

Über Wildenten erzählt man sich in Jägerkneipen die Geschichte von einem Berliner Fabrikanten, der am Nieder-
rhein zur Entenjagd eingeladen wurde. Er war ein guter
Schütze, hatte aber noch nie vorher an einer Jagd teilge-
nommen. Der Jagdherr bat ihn und die anderen Gäste, in
der westlichen Bucht des Sees besonders aufmerksam und
vorsichtig zu sein, weil dort ein streitsüchtiger Nachbar zahme Enten züchtete. Kaum war die Jagdgesellschaft dort
angekommen, schoß der Berliner Gast aus einer Kette, die
schräg gegen den Himmel stieg, eine Doublette herunter.
Die Hunde stürzten sich ins Wasser. Leider handelte es sich
um zwei zahme Enten, und deswegen schimpfte der Jagdherr wütend: »Das wird mir viel Ärger machen. Können Sie
denn die kleinen wilden nicht von den größeren zahmen
Enten unterscheiden?«
»Nee«, antwortete der Berliner. »Vor mir wan se selten und
kleen jenuch.«

Hähnchen

Wer genau wissen will, was *savoir vivre* und Luxus sind, der sollte den Palast der königlichen Familie in Marrakesch besuchen. Dort gibt es einen riesigen Raum, der ausschließlich zum Braten von Hähnchen bestimmt ist. Über ein Dutzend Spieße sind über glühenden Kohlehaufen aufgehängt, und jeder Spieß wird von zwei Männern bedient. Einer dreht den Spieß, der andere bestreicht die Hähnchen mit gewürzter Butter. Nach 50 Minuten ist der Vogel verzehrfähig.

Wenn Sie speisen wollen wie der König von Marokko, können Sie es am eigenen Grill bewerkstelligen – der Pfiff liegt in der *Hähnchen-Butter*.

So stellt man sie her:

das Weiße von drei Frühlingszwiebeln feinhacken
eine Knoblauchzehe hacken
ein Teelöffel Koriandersamen
zwei Eßlöffel glatte Petersilie, gehackt
ein Teelöffel Salz
zwei Teelöffel Paprika, edelsüß
ein Teelöffel Kreuzkümmelpulver
ein viertel Teelöffel Cayennepfeffer.
Alles im Mörser zu einer Paste verreiben und mit 50 Gramm weicher Butter zerkneten. Das ganze oder halbierte Hähnchen damit einreiben und von innen leicht salzen. Eine Stunde stehen lassen. Die Hähnchenstücke beim Holzkohlengrill mit der Haut nach oben, unter dem Elektrogrill umgekehrt, anbraten. Alle fünf Minu-

ten wenden. Immer wieder mit Paste bestreichen und mit eigenem Saft begießen. Bratzeit 25–30 Minuten. Steckt das unzerteilte Hähnchen auf dem Bratspieß, erhöht sich die Garzeit bis auf 50 Minuten.

Für den Genießer ist ein junges Hähnchen mit seinem eben wachsenden Kamm, das noch im Kükenflaum und ohne Männerstimme im Hühnerhof seiner Bestimmung entgegenkratzt, ein großartiger Anblick. Bei mir sind schon beim Betrachten dieses Bildes Gaumen, Zunge und Nase beteiligt. Mich begeistert das mehr als die »Sixtinische Madonna« von Raffael.

Als absolute Spitze aller Eßgenüsse dieser Welt galt seit Beginn des kulinarisch so reichen 19. Jahrhunderts nicht etwa Caviar, Hummer, Wildlachs oder Trüffel, sondern ein junges, in Butter gebratenes Hähnchen. In dieser Frage waren sich alle Gourmets und Köche von Brillat-Savarin bis Carême und Escoffier einig.

Kaiser Barbarossa muß das schon sehr viel früher gewußt haben, denn er bot im Heiligen Land auf einem Kreuzzug für einen Hahn acht Ochsen zum Tausch an.

Am Hofe von Ludwig XIV. mußten die Höflinge aufstehen und sich vor dem gebratenen Vogel verneigen, wenn er dem König serviert wurde. Napoleon, der ein großer Fresser war, liebte Brathähnchen so sehr, daß sein Koch immer 24 am Spieß haben mußte, damit eines davon gerade im richtigen Zustand war, wenn der Kaiser zu irgendeiner Stunde zum Essen zu erscheinen geruhte.

In die Reihe dieser Geflügel-Anbeter gehört auch jene unbekannte Wiener Witwe, die wochenlang um ihren Mann weinte und plötzlich mit glücklichem Gesichtsausdruck ein Backhendl verspeiste.

»Aber«, fragte man sie, »wo bleibt Ihr Schmerz?«

»Nach 'm Hendl«, sagte sie, »heul i wieda.«

Aus Gründen, die man nicht leicht erklären kann, begann plötzlich nach dem letzten Krieg die Talfahrt des Brathähnchens vom Genußgipfel in die tiefsten Niederungen menschlicher Ernährung. »Kentucky Fried Chicken« hieß die erste Talsohle, auf der in den USA Millionen Hähnchenteile, deren Spender niemals die Sonne gesehen hatten, bis zur völligen Denaturierung in elektronisch gesteuerten Bratanlagen garten. Überall entstanden riesige Hähnchenbratereien, deren Besitzer den Preis beim Züchter immer weiter nach unten drückten. Dies war die Geburtsstunde der Hühner-KZs, in denen produziert wurde, »was der Markt verlangte«. Was nicht sofort absetzbar war, wartete als tiefgekühlte Leiche oft monatelang auf Absatzchancen. Dann schwappte das Wunder des eßbaren Gummiadlers auf Deutschland über. Mit wienerischer Gemütlichkeit dekoriert setzte in der Bundesrepublik eine Brathähnchen-Massenpsychose ein: Dem geteilten Volk wurde westlich unter dem Pseudonym Hendl, östlich unter dem Namen Broiler beigebracht, daß Brathähnchen nach feuchtem Packpapier zu schmecken hatten.

In diesen Jahren zwischen 1950 und 1978 waren Frankreich und die Schweiz das letzte Hähnchenparadies für Feinschmecker. Für unser Hähnchen-Verständnis galt dagegen ein Vers, dessen erste Zeile lautete: »Am Sonntag bleibt die Küche kalt...« Gott sei Dank gehört dieses Schreckensbild heute der Vergangenheit an. Jedenfalls für den, der mit geschärftem Blick einkauft. Deutsche Hähnchen der Handelsklasse A tragen ein grünes Gütezeichen (Markenqualität aus deutschen Landen), das – ständig neutral kontrolliert – vom Futter, über Hygiene bis zur Warenpflege Qualität verbürgt. Der Herd kann wieder angeworfen werden.

Das ganz leicht mit Butter eingeriebene, innen und außen gesalzene, vorsichtig gepfefferte Hähnchen (viel-

leicht noch mit einem kleinen Zweig frischen Rosmarin
gefüllt) zeigt uns nach 35 Minuten Bratzeit bei 240 Grad
Ofenhitze wieder eine Sonnenseite des menschlichen
Lebens.

Bevor wir uns zum Essen setzen, sollten wir uns merken,
wie man das Alter eines frischgeschlachteten Hähnchens
erkennt: Läßt sich die Spitze des Brustknochens leicht bie-
gen und fühlt sich knorplig an, ist es ein junges Tier. Bei
älteren Tieren ist diese Stelle hart.
Leider werden bei uns die Köpfe der Hähne schon beim
Schlachten weggeworfen. Deswegen gibt es keine Hahnenkämme zu kaufen. Dabei ist ein Ragout aus Hahnenkämmen sehr delikat.
Sollten Sie durch glückliche Umstände an 200 Gramm
Hahnenkämme kommen, kochen Sie zum Wochenende für
sich und Ihre Begleiterin dieses Ragout:

200 Gramm Hahnenkämme, wenn sie frisch sind, eine
Stunde im kalten Wasser wässern (es gibt sie auch in
Gläsern konserviert – dann entfällt das Wässern). Die
Hahnenkämme in leicht gesalzenem Wasser nur so weit
erwärmen, daß die dünne Haut abgestreift werden kann.
Die blutfreien Kämme in kräftiger Hühnerbrühe, so daß
sie gerade bedeckt sind, mit einem Eßlöffel Zitronensaft
zugedeckt sehr langsam weichkochen (mindestens 40
Minuten) und mit dem Sud in kleiner Terrine servieren.
Erst am Tisch pfeffern und nach Geschmack salzen. Dazu dünn gebutterten Toast und pro Person ein Sträuß-
chen fritierter, krauser Petersilie (dazu wird jedes Petersiliensträußchen kurz in 180 Grad heißes Fritieröl ge-
taucht).
Ein trockener weißer Wein aus dem Friaul ist als Getränk dazu sehr zu empfehlen.

Sogar mit der Französischen Revolution hatte das Hähnchen zu tun. Der Adel hatte durch eine phantastisch aufwendige Lebensweise Arbeiter und Bürger in Not und Wut gebracht. Beispielhaft für seine perverse Dekadenz war die teuflische Erfindung einer »Bouillon rafraîchissent«, bei deren Zubereitung ein Hahn lebendig gerupft und abgezogen und in Mohnsamen gemeinsam mit einem männlichen Krebs gesotten wurde.

LAWRENCE STERNE, der Verfasser des »*Tristram Shandy*«, schrieb über diese traurige Brühe:

»Meine Ärzte haben mich mit dieser Bouillon beinahe umgebracht.«

Mit dem Ende der absoluten Monarchie setzte sich von Frankreich aus in ganz Europa auch in der Küche ein bürgerlich-demokratisches Bewußtsein durch. Sichtbarer Ausdruck und Höhepunkt dieser Entwicklung war ein Essen im Jahre 1905 auf dem Marsfeld in Paris, das die Zeitung »Le Matin« für 40 000 Bürger veranstaltete.

Nach dem Horsd'œuvre wurden Schinken und Würste, dann Forellen und als Höhepunkt Hähnchen mit verschiedenen Gemüsen serviert. Zum Dessert gab es drei verschiedene Käse, Gebäck, Obst, Kaffee und Liqueurs. Als Getränk wurde weißer Burgunder, Bordeaux und Champagner angeboten. Für dieses Menü hatte jeder Teilnehmer drei Franken fünfzig zu zahlen – was heute etwa 1,15 DM sind. Mehr als hundert Teilnehmer schickten »Hähnchen-Hymnen« an die Redaktion. Frei übersetzt lautete eine davon:

»Wenn ich die Wahl hab:
Grete, Anne, Lenchen
Entscheide ich:
Bringt mir ein junges Hähnchen.«

Im deutschen Sprichwort und im Volksmund hat der Hahn sich auf ganz verschiedene Weise eingenistet.

»Hahn im Korbe« – wer wäre nicht gern der einzige Mann zwischen mehreren Frauen – ist die erfreuliche Variante; »den roten Hahn aufs Dach« kann man sich wohl nur wünschen, wenn die Feuer- und Hausratversicherung stimmt; ziemlich finster sieht es allerdings für alle die Projekte aus, »nach denen kein Hahn mehr kräht«.

Gans

Die Unsterblichkeit geht seltsame Wege. Der Berliner Schriftsteller ADOLF GLASBRENNER, der in der ersten Hälfte des 19. Jahrhunderts in Berlin ganze Serien von Possen, Theaterstücken und Gedichten schrieb, hätte es sich bestimmt nicht träumen lassen, daß von seinem Lebenswerk 150 Jahre später im Volksmund nur noch dieser eine Satz zitiert wird: »Eene jut jebratene Jans is ne jute Jabe Jottes.« In der Geschichte der Menschen spielt der weiße Vogel eine außerordentliche Rolle. Die der Juno geweihten Gänse haben die vollständige Zerstörung Roms durch die Gallier mit ihrer Wachsamkeit verhindert. Sie retteten das Kapitol vor den Feinden. Im alten Ägypten waren Gänse als Speise- und Opfertiere gleichermaßen geschätzt. Einbalsamierter Gänsebraten wurde den Toten mitgegeben. Die Gans war den Ägyptern als Leckerbissen so wichtig, daß sie Apparate erfanden, in denen Gänseeier künstlich ausgebrütet wurden.

In der *Odyssee* HOMERS erscheinen Gänse erstmals in der griechischen Geschichte, und auf alten Grabsteinen grüßen die gefiederten Freunde als Symbol der Liebe, der Wachsamkeit und der Gattentreue.

Die Römer begriffen sehr schnell, welch besonderer Gaumenkitzel Gänseleber ist und richteten überall in Italien große Gänsezüchtereien ein, wo die Vögel mit Feigen gemästet wurden. Das Fleisch der weißen Gans aus Germanien wurde bei römischen Gastmählern am meisten geschätzt.

Die Geschichtsschreibung selbst ist mit der Gans eng verbunden. Seit der Zeit des Ostgotenkönigs THEODERICH sind

Gänsekiel und Streusandbüchse als Schreibwerkzeug bekannt. Bis ins 19. Jahrhundert blieb die Gänsefeder jedem Gebildeten unentbehrlich. GOETHES »*Faust*«, BEETHOVENS *Symphonien*, KANTS »*Kritik der reinen Vernunft*« verdanken ihr die Originalfassung.

Die klassische Medizin der Schule von Salerno schätzte Gänsefett als Mittel gegen Hautjucken, Wunden, Bisse giftiger Spinnen, Koliken und Blasenleiden.

Und so, wie seit der Antike bis heute aus dem Brustbein der Gans Wohl und Wehe des Menschen geweissagt wird, glaubte man auch, daß viele Zwerge und Hausgeister Gänsefüße hätten.

Bei unseren deutschen Vorfahren war der Martinsvogel – die Italiener hatten den heiligen MARTIN zum Schutzpatron der Gänse ernannt – von jeher geschätzt. KARL DER GROSSE ließ ganze Scharen auf seinen Meierhöfen züchten, und um sie recht fett zu machen, wurden die armen Tiere erst geblendet, dann gemästet. Daß man sie während des Mittelalters lebend rupfte und briet, um den Geschmack zu verbessern, betrachtete man nicht als Quälerei, sondern als ein »höchst lustigliches« Schauspiel. Bei dieser Art des nicht ausgenommenen Gänsebratens blieben freilich nur die Haut und Teile des äußeren Fleisches genießbar.

In Frankreich schätzt man auch heute noch das Fleisch der Gans nicht allzu hoch ein. Nur die Leber gehört zu den Feinheiten, die in der französischen Küche in allen erdenklichen Variationen zubereitet wird. Im 18. Jahrhundert und früher wurde auch in Frankreich die Gans gern gegessen. Ja, die Franzosen hatten ihr sogar einen eigenen Schutzpatron, den heiligen FERÉOL, zugeordnet. RABELAIS erzählt von FERÉOL, daß er sein ganzes Leben lang nichts so sehr geliebt habe wie feiste Gänse und junge Mädchen. Er berichtet auch von einer geistreichen Gans, die durch das »Nudeln« eine so große Leber bekommen hatte, daß sie sich eines Morgens ernsthaft fragte: Bin ich denn die Gans oder die Leber?

In einem deutschen »Speiseführer« von 1850 fand ich zum Thema Gans folgende Anmerkung:

»Nach Weihnachten sollte man keine Gänse mehr essen. Gekocht sind Gänse abscheulich, geräuchert besser als gebraten. Sauer eingekochte Gänse sind zwar nicht ohne Verdienst, doch gibt es nur ein Gericht, das ein Gourmand immer wieder essen mag. Dieses treffliche Gericht ist ein Frikassee von Gänsezungen, das die Pommerschen Edelleute, welche Gänse in Massen aufziehen und räuchern lassen, hoch schätzen. Selten lassen sie sich diese leckere Schüssel entgehen.«

Wenn man heute jemand eine »dumme Gans« nennt, mag das für die Person zutreffen, für die Gans ist es eine Beleidigung. Durch ihren hohen Intelligenzgrad sind Gänse be-

sonders lernfähig. Im russischen Zirkus gehört die Gänse-
nummer zum festen Bestandteil. Höhepunkt der Dressur:
Ein Gänserich fährt einen Fuchs im Kinderwagen spazie-
ren.

Auch in alten Naturgeschichten wird die Gans als umsich-
tig gerühmt. Sie ist ein so vorsichtiges Tier, daß sie sich stets
bückt, wenn sie unter eine Brücke schwimmt, mag die
Brücke auch noch so hoch sein. Scaliger, der vor dreihundert Jahren den Vorläufer von »Brehms Tierleben« schrieb,
berichtet, daß Gänse, die über den Taurus flogen, Steine in
den Schnabel nahmen, um sich selbst am Schnattern zu
hindern. Das Geschnatter könnte die vielen Adler wecken,
die dort horsten. Und verbürgt ist auch, daß der Chemiker
Memery zu der Zeit, als man die Bratspieße noch von Hand
drehen mußte, eine Gans bewundern durfte, die zum
Spießdrehen abgerichtet war. Sie briet Truthühner. Welche
Gefühle mochte sie wohl dabei gehabt haben?

Alfred Walterspiel hatte von Gänsen eine hohe Meinung: »Die Gans ist wohl der nützlichste Vogel Mitteleuro-
pas. Sie liefert uns Daunen und Federn, das prachtvolle
Gänseschmalz, einen überall beliebten Braten und vor allem ihre unvergleichlich wohlschmeckende Leber.

Für die raffinierte Küche kommt nur die nicht über fünf
Monate alte sogenannte Stubengans in Frage. Eine sauber
gehaltene und geschickt gefütterte Stubengans wird von
vielen Feinschmeckern sogar einer jungen Ente vorgezo-
gen. Sie wiegt ja auch nicht viel mehr als eine vollwertige
Mastente, höchstenfalls fünf Pfund. Da ihre Haut für den
Kenner fast wichtiger ist als das darunterliegende Fleisch,
muß die Gans knusprig gebraten werden.«

Unsere Gänse wiegen heute zwischen vier und fünf Kilo.
Damit sie knusprig werden, muß ein frisch geschlachtetes
Tier etwa zwei Stunden bei 220 Grad und weitere zwanzig
Minuten bei 260 Grad gebraten werden.

In der deutschen Küche ißt man die Gans aber nicht nur der Haut, sondern auch der Füllung wegen.

Das Füllungsalphabet beginnt mit dem Buchstaben B wie BORDELAISE. Dafür hackt man die Leber der Gans, außerdem noch Oliven, Sardellen, Steinpilze und vermengt dies alles mit Weißbrotkrumen.

Die DÄNEN mögen es schlichter: Äpfel und Rosinen und damit basta.

Das ELSASS will die Gans als Kalorienbombe schmecken: Bratwurstfleisch, in Gänseschmalz vorgedünstetes Sauerkraut und Dreiecke von magerem Speck stopft man dort hinein.

Der HAMBURGER denkt bei Gänsefüllung an in Butter gedünstete Apfelspalten, mit eingeweichten entsteinten Backpflaumen vermischt.

MECKLENBURG verlangt Weißbrot mit Gänseschmalz gemischt, die gewürfelte angebratene Leber, Rosinen und in Weißwein gedünstete Äpfel.

Die NORDISCHE Art: Gestoßener Kümmel und Zwiebelscheiben, dazu Apfelschnitze, mit Majoran bestreut.

RUSSISCH ist die Gans, wenn ihr Inneres aus Buchweizengrütze mit vielen angebräunten Zwiebelscheiben besteht.

Hans Peter Wodarz, der Meisterkoch des Restaurants »Die Ente vom Lehel« in Wiesbaden, ist mit Füllungen streng. Gänsefüllung darf sich eine Masse nach Wodarz erst nennen, wenn sie aus folgendem besteht:

150 g Weißbrot ohne Rinde
⅛ Liter Sahne
20 g getrocknete Steinpilze
1/10 Liter trockener Rotwein
50 g durchwachsener geräucherter Speck

20 g Butter
50 g frische Champignons
1 säuerlicher Apfel
40 g Schalotten
1 Knoblauchzehe
¼ Lorbeerblatt
1 Wacholderbeere
1 cl Calvados
1 cl Weinbrand
300 g Kalbfleisch
1 Bund glatte Petersilie
50 g gekochte Rinderzunge
150 g Gänselebermus
3 Eier
schwarzer Pfeffer aus der Mühle
etwas Thymian, Rosmarin, Muskatnuß
geriebene Schale von einer viertel Zitrone
Salz

Was sich sonst noch über Gänsebraten sagen läßt, ist kürzer als das Rezept von Wodarz:

Beim Einkauf ist bei frisch geschlachteten Gänsen wichtig, ob es sich um eine Mast- oder freilaufende Gans handelt. Mastgänse wiegen bis zu sieben Kilo (besonders schmack- haft: Hafermastgänse). Freilaufende dürfen nicht älter als acht Monate sein und sollten nicht mehr als vier Kilo wie- gen.

Gänsefleisch ist nur im ersten Jahr wirklich schmackhaft. Für den Braten sollte man auf tiefgefrorene Vögel aus der Kaufhaustruhe verzichten! Gefriergänse eignen sich eher zum Kochen und Schmoren.

Jeder Delikatessenhändler schwört, daß die beste Gänsele- ber aus dem Elsaß kommt. Wahr ist, daß das Elsaß und der Südwesten Frankreichs, die Gegend um Toulouse, sehr gute konservierte Leber herstellen. Ebenso gute aber kommt aus Ungarn. Man kann sie leicht unterscheiden: Die französischen Gänselebern sind rosig bis weiß und fest, während die ungarischen blaßgelb und besonders kernig sind. Wer sich etwas ganz Besonderes gönnen will, der schneide aus getrüffelter Gänseleber Scheiben, lasse sie eiskalt werden, lege sie auf warme Croutons und trinke in möglichst kleiner Runde eine Flasche 1965er Château d'Yquem dazu. Sollte der 65er nicht zu haben sein, tun es auch andere Jahrgänge, wenn sie älter als fünfzehn Jahre sind. Erschrecken Sie aber nicht, wenn der Preis für diesen göttlichen Sauternes genannt wird. Gegen ihn ist auch Jahrgangschampagner ein billiger Durstlöscher.

An den langen Herbst- und Winterabenden koche ich mir gelegentlich meine spezielle *Gänseleber in Portwein.* So wird sie präpariert:

Bevor Sie die 500 Gramm Gänsestopfleber kaufen und in hauchdünne Speckscheiben wickeln, sollten Sie sich vergewissern, daß auf dem Etikett des halbtrockenen Portweins das Wort »Velho« steht. Es garantiert, daß der Port älter als zehn Jahre ist. Von diesem Portwein gießen Sie so viel in eine Kasserolle, daß die Leber gut bedeckt ist, und lassen sie bei kleinster Hitze zugedeckt langsam gar ziehen. Das dauert etwa zwanzig Minuten. Dann die Leber herausnehmen und warmstellen.
Den Portweinfond entfetten und mit zwei Tassen kräftiger Kalbsbouillon vermischen. Die Flüssigkeit durch langsames Kochen ohne Deckel auf etwa die Hälfte reduzieren. Als Gewürz kommt nur Salz und weißer Pfeffer aus der Mühle in Betracht. Die fertige Sauce über die warmgestellte Leber gießen. Dazu gibt es Maronenpüree und Butternudeln.

Getränk: ein kräftiger Bordeaux.

Laden Sie zu diesem Essen nur Leute ein, die Sie gerne sehen. Denn wer es probiert hat, kommt unweigerlich wieder, um dieses Gericht bei Ihnen noch einmal zu essen.

Mit dem Berliner Schriftsteller GLASBRENNER begann die Betrachtung der Gans, mit einem anderen Berliner Original soll sie enden: dem Puppenspieler LINDE aus der Hasenheide. Er hat sein Leben lang die große dramatische deutsche Literatur ins Berlinerische übertragen und sich eines Tages auch an SCHILLERS *»Jungfrau von Orleans«* versucht. Bei ihm wurde Johanna der Einfachheit halber zur Gänsehirtin, und ihre tragischen Abschiedsworte auf dem Wege zum Scheiterhaufen lauten in der Fassung von LINDE so:

»So leb denn wohl, jeliebte Jänseherde,
Du Federvieh, adschees, adschees!
Ob ick euch wiedasehen werde,
Wer weeß? Wer weeß?«

Puter

Weihnachten habe ich mir einmal so gründlich versaut, daß ich immer daran denken werde. Statt an den konservativen deutschen Festtagsgewohnheiten festzuhalten – für die Feiertage Gans oder Ente und zu Silvester den Karpfen – kaufte ich mir in Hamburg einen Puter. Dieser Truthahn war der teuerste Vogel meines Lebens. Insgesamt kostete er mich 4728 Mark.

Der Puter hing mit vier gerupften Artgenossen im Fenster einer Wild- und Geflügelhandlung. Groß, saftig, hellhäutig wie ein Mädchenakt von RENOIR, am Hals kokett noch die Andeutung eines Federkragens, baumelte er vor meinen hungrigen Augen. »Warum eigentlich nicht mal einen Puter?« fragte ich mich.

Was an diesen mächtigen Vögeln Besonderes sei, hatte ich schon oft gehört. Siebenerlei Fleisch hätten sie und kalorienarm seien sie auch. Vorweg: Beides ist falsch. Die Wahrheit ist, daß der Puter dreierlei Fleisch in seinem Körper vereint; dunkles, das dem Federwild ähnelt, helles wie ein Kapaun und rosazartes, dem Milchkalb verwandt. Und von Kalorien sollte man besser nicht reden, wenn man dem Puter beim Braten das gibt, was er so reichlich braucht: Fett von innen und außen.

Aber noch stand ich ja vor dem Schaufenster und dachte an die klassischen Puterbeilagen, die ich aus amerikanisch-englischen Kochbüchern kannte – glasierte Kastanien oder Zuckermais. Das Wasser lief mir im Munde zusammen, schon stand ich in dem Geschäft.

»Soll ich ihn teilen, oder wollen Sie ihn im ganzen braten?« fragte mich der Mann mit der blutigen Schürze.

»Lassen Sie ihn so«, antwortete ich.

Das war mein entscheidender Fehler. Ich zahlte 48 Mark und trug das 16pfündige Tier nach Hause, legte das Paket ab und fuhr sofort wieder in die Stadt, um frische Eßkastanien zu kaufen. Es war wie verhext: offenbar machte jeder dieses Jahr Puter zu Weihnachten. Es dauerte lange, bis ich meine zwei Kilo Maronen gefunden hatte.

Im weiteren Verlauf dieses 24. Dezember-Vormittags beschäftigte ich mich mit dem mühsamen Schälen der vorgerösteten Kastanien, schnitt durchwachsenen Speck in dünne Scheiben, befestigte sie mit kleinen Holzspeilen auf Brust und Keulen, rieb den Puter von innen mit einer Mischung aus Salz, Oregano, weißem Pfeffer und Kümmelpulver aus und las zwischendurch noch drei verschiedene Rezepte:

Puter à la portugaise, den mit Risotto und gewürfelten Tomaten gefüllten Vogel;

Puter à la russe, bei dessen Füllung Steinpilzscheibchen, Fenchel und Anis sich mit Brotfarce vermählen und der am Ende noch mit gefüllten Steinpilzköpfen garniert wird;

und schließlich *Truthahn auf Yorker Art*, zu dessen Vorbereitung man am besten einen befreundeten Chirurgen ins Haus bittet. Man muß nämlich dem Tier, ohne es zu verletzen, den Brustknochen entfernen. Erst dann ist der Truthahn darauf vorbereitet, eine Füllung in sich zu verstecken, die aus so schlichten Zutaten wie schaumig gerührter Butter, Eigelben, süßem Rahm, Weißbrot, gewürfeltem Yorker Schinken, vorgekochten Wurzelgemüsen und zarten Erbsen besteht.

Nach dieser Lektion legte ich meinen Puter in den Bräter, das heißt, ich wollte. Der Puter war um mindestens 20 Zentimeter zu lang.

Schon saß ich wieder im Auto, stand in einem Fachgeschäft für Großkücheneinrichtungen und verlangte einen Bräter, groß genug, um einen 16pfündigen Puter darin zu braten. 180 Mark bezahlte ich für das »Beste, was wir dahaben«.

Der Puter hatte es in diesem Bratbehälter bequem. Links und rechts, vorne und hinten, Platz genug zum Saftschöpfen fürs Begießen. Ein ideales Gerät für meinen Weihnachtsbraten. In den Kühlschrank paßte er allerdings weder mit noch ohne die neue Pfanne. Ich beschloß daher, ihn für den Nachmittag in den kalten Backofen zu stellen.

Und dann . . . ja, dann ging die Tür nicht mehr zu. Zwei Handbreit stand sie auf, den Stietz und die zum Himmel gereckten Schenkelknochen des Puters konnte ich von oben sehen. »Er muß zerlegt werden«, sagte ich mir folgerichtig.

Zeichnungen über das Tranchieren von Geflügel brachten mir zwei kräftig blutende Schnitte, einen soliden Ehekrach und eine wütende Auseinandersetzung mit meiner inzwischen zur Bescherung erschienenen Schwiegermutter ein. »Laß ihn doch machen, was er will«, hörte ich meine Frau zu ihrer Mutter sagen, als die beiden aus der Küche verschwanden.

Gegen 23 Uhr war die Katastrophe komplett. Das Braten bei offener Tür hatte folgendes Ergebnis: Der Hals und der vordere Teil der Brust waren bis in eine Tiefe von zwei Zentimeter verkohlt. Die Keulen – innen roh und mit Sehnen wie Drahtseile durchsetzt.

Schweigend aßen wir gegen Mitternacht zu einer Tasse Schildkrötensuppe Wurst- und Käsebrote und gingen am ersten Feiertag zum Gänseessen ins Restaurant.

Dort wurde der Entschluß geboren, »diesen lächerlichen piffigen Mini-Haushaltsherd« durch einen anständigen Hotelherd zu ersetzen. Das sechs Zentner schwere Kunstwerk aus Stahl, signiert Senking, hat in zwei Backöfen Platz für beliebig große Truthähne. Mitte Januar wurde der Herd geliefert. Er kostete damals 4.500 Mark und wird heute noch von allen meinen Freunden bewundert.

Reh und Hirsch

Wild und Jagd haben ein seltsames Flair. Bei der Hirschjagd brüllen die Treiber, um die Tiere aufzuscheuchen, seit jeher: »Ja, ha, ha, jaha!« Diesen Schrei habe ich schon durch die Wände eines Hotelzimmers gehört, obwohl dort eigentlich selten Treibjagden auf Hirsche stattfinden.

An der urigen Mischung aus Wald, Blut und Brunft muß es wohl liegen, daß der passionierte Jäger in einer Welt lebt, in der unsere Maßstäbe nicht gelten. Ein geradezu klassisches Beispiel dafür ist LUDWIG XVI., der am 14. Juli 1789 viele Stunden lang einen Hirsch verfolgte, ohne ihn jedoch erlegen zu können. So schrieb er unter diesem Datum in sein Tagebuch: »Rien« – nichts.

Es war der gleiche Tag, an dem in Paris die Bastille erstürmt wurde, es war die Geburtsstunde der Französischen Revolution. Als Folge dieses Tages wurde der König dreieinhalb Jahre später öffentlich hingerichtet.

Selbst die Sprache der Nimrode gleicht einem Geheimcode. Was wir anderen Menschen Füße, Augen, Ohren und Schwanz nennen, heißt bei ihnen Läufe, Seher, Löffel und Blume. Da sind sie unerbittlich. Nur bei den Diplomatenjagden, die in West und Ost mit gleichem Eifer jedes Jahr unter der Schirmherrschaft der Staatsoberhäupter stattfinden, sind passionierte Jäger bereit, Abweichendes zu ertragen, und auch da nur während der obligaten Ansprachen. So hörten sie aus dem Munde von WALTER ULBRICHT: »Als Staatsratsvorsitzender unserer Deutschen Demokratischen Republik stelle ich fest, daß Sie, die Herren Botschafter der uns befreundeten Nationen, hier in der Magdeburger Börde 805 Kreaturen – oder wie sagt man bei dieser Di-

plomatenjagd? – erlegt haben. Ich kann nur sagen: Waid-
mannsheil!«

Und HEINRICH LÜBKE verstieg sich gar zu dem unwaidmän-
nischen Satz: »Da haben sie diese armen Tiere über den
Haufen geschossen.«

Beim offiziellen Jagdessen aus gleichem Anlaß antwortete
THEODOR HEUSS auf die Frage, was seine Frau sage, wenn
er von der Diplomatenjagd heimkomme: »Theodor«, sagt
sie, »ich bin dankbar für jeden Tag, an dem du an der
frischen Luft bist.« Nicht nur die Sprache des Jägers ist
anders als unsere, seine Psyche muß es wohl auch sein. Der
Nobelpreisträger KONRAD LORENZ hat in seinem Buch »*Das
sogenannte Böse*« den Versuch unternommen, die Psyche
des Jägers zu entschlüsseln. Da ihm das nicht gelang,
konnte er nur resignierend feststellen: »Kein Mensch würde zur Jagd gehen, müßte er das Wild mit Zähnen und
Fingernägeln töten. Im gewissen Sinne sind wir alle Psy-
chopathen.«

Für die Diagnose von LORENZ spricht die Geschichte des
PRINZREGENTEN LUITPOLD VON BAYERN, dem sein Leibjäger
bei einer Jagd den Tod seines Freundes, des Großherzogs
von Baden, beibringen sollte. In dem Augenblick, in dem
der Prinzregent einen Rehbock mit einem Blattschuß nie-
derstreckte, brach der Leibjäger in den Ruf aus: »Schön
hat's den g'rissen, Königliche Hoheit! Grad wie heute nacht
den Großherzog von Baden!«

Offenbar ticken auch die Köche bei Wild anders; denn
reden sie sonst vom Spicken und Bardieren, werden sie
beim Wildgeflügel ganz poetisch und sprechen von einem
»Speckhemdchen, das man nach dem Braten auszieht«.

Bei der Zubereitung von Wild hat sich in den letzten Jahren, nicht zuletzt durch die Verbreitung der *Nouvelle Cuisine*, eine Menge geändert.

Zwar soll das Fleisch vom Wild genauso lange abhängen wie das Rind; aber das Stadium der Überreife, den Hautgout, den man auch Hochgeschmack nannte und der sich durch einen leicht fauligen Geruch bemerkbar machte, den mag man heute nicht mehr schmecken.

Der spezifische Geschmack von Wild läßt sich auch auf andere Weise intensivieren: indem man das Fleisch vor dem Braten oder Schmoren kurz mariniert. Je nach Alter des Wildes – ob Hirsch, Reh oder Hase – genügen dafür schon dreißig Minuten; mehr als drei Stunden sollten es auf keinen Fall sein.

Die beste Marinade für diesen Zweck ist und bleibt die gekochte: In einem Topf wird Öl erhitzt, in dem Möhren-, Zwiebel- und Bleichselleriescheiben, zerdrückte

Schalotten, etwas Knoblauch, eine mit Nelken besteckte Zwiebel, Petersilie und Wacholderbeeren bei mittlerer Hitze etwa zehn Minuten unter Rühren gegart werden, bis die Zutaten leicht Farbe angenommen haben.

Dann gießt man so viel Weißwein (keinen roten!) in den Topf, daß das Gemüse knapp bedeckt ist, und legt ein Leinensäckchen, mit Pfefferkörnern, Thymian, Rosmarin und einem Lorbeerblatt gefüllt, in die Flüssigkeit. Die Marinade wird zum Kochen gebracht. Bei heruntergeschalteter Temperatur etwa dreißig Minuten vor sich hin köcheln, anschließend kalt werden lassen. Das Fleisch in einen passenden Gefrierbeutel legen. Die Zwiebel und das Leinensäckchen werden entfernt und die vollständig abgekühlte Marinade über das Fleisch gegossen. Den Gefrierbeutel gut verschließen und bei Zimmertemperatur – wie schon gesagt – höchstens drei Stunden unter gelegentlichem Wenden ziehen lassen. Nachdem man das Fleisch dann abgetrocknet hat, kann man es je nach Wunsch braten oder schmoren.

Für den Gourmet hat der hohe technische Stand des Tiefkühlens auch Erfreuliches mit sich gebracht: Er ist von den verschiedenen Schonzeiten des Wildes nicht mehr so abhängig wie früher.

Als Beilage zu allen Wildgerichten muß es nicht immer der Rotkohl sein. Glasierte Teltower Rübchen, Rosenkohl, lauwarme, leicht gepfefferte Sauerkirschen, Linsen, ein Püree aus Eßkastanien und selbst der etwas ruppige Grünkohl sind mögliche Beilagen zu Wild. Und kleine Kartoffelpuffer (Reibekuchen) zu Rehrücken muß man wohl probiert haben, um zu verstehen, wie köstlich diese Ergänzung ist.

Lassen Sie sich auch nicht einreden, daß man Wild unter keinen Umständen spicken darf. Natürlich darf man, aber nur mit einer Spicknadel. Es ist zwar richtig, daß von dem

Fleischsaft beim Braten dann etwas austritt, aber das kommt der Sauce nur zugute. Im übrigen gilt, will man größeren Saftverlust vermeiden, heute die Faustregel: mit hoher Temperatur anbraten, dann auf halbe Hitze schalten und pro 500 Gramm junges Tier einschließlich der Anbratzeit nicht mehr als zehn Minuten im Ofen lassen. Einzige Ausnahme: die Filets – die sind schon gleich nach dem Anbraten fertig.

Bei den Weinen, die man zu Wild trinkt, kann man die altväterliche Gleichung »Rot zu rotem Fleisch, Weiß zu weißem« vergessen. Zu gebratenem Hirschfilet kann ein elsässischer Gewürztraminer oder ein gehaltvoller Rheingauer – ein bißchen hängt das von den Beilagen ab – besser als ein Rotwein sein. Ein alter, recht trockener Sauternes etwa macht eine erstaunlich gute Figur zu Wildgeflügel.

Bei den Rotweinen sind gut gekühlte, leichte, junge Jahrgänge wie Côtes du Rhône, ein Beaujolais Primeur oder ein italienischer Pinot nero nicht zu verachten. Von den großen, gereiften Rotweinen sind natürlich Bordeaux und Burgunder, Côte Rôtie und Hermitage zu empfehlen. Bei Weinen von der Côte de Nuits sollte man vorher probieren, ob ihr intensives Bukett für bestimmte Wildgerichte nicht zu kräftig ist.

Hase, Rebhuhn, Fasan und Wildente

Vom 16. Januar an gibt es den einzigen vernünftigen Grund, keinen frischen Hasen zu verspeisen: Es gibt keine – es ist Schonzeit bis zum 30. September. Hasensilvester nennen denn auch die Niedersachsen die Mitternacht vom 15. auf den 16. Januar – und die Hasen scheinen das genau zu wissen. War auf Wiesen, Feldwegen und verschneiter Wintersaat wochenlang kein Langohr zu sehen, ab 16. Januar sitzen sie gelassen überall in der Landschaft herum und zwinkern den Vorbeifahrenden zu.

Wer sich während der Schonzeit nicht beherrschen kann und bei dem Gedanken an Rotkohl mit geschmorten Äpfeln ohne Hasenrücken nicht auszukommen glaubt, der müßte auf tiefgefrorene Mümmelmänner zurückgreifen. Zwischen dem frischgeschossenen und abgehangenen Feldhasen und seinem frostigen Kadaver besteht der gleiche Unterschied wie zwischen einem deutschen Beefsteak à la Bismarck und einem Hamburger à la McDonald's.

Die Kenntnis von der Güte frischen Wildes ist immerhin 2030 Jahre alt. Lepuria (Hasengarten) nannte der Römer Lucull die eingezäunten großen Wald- und Feldflächen, die nur den einen Sinn hatten – die oberen Zehntausend Roms allzeit mit frischgefangenem Wild, vorzüglich Hasen, zu versorgen. Dabei sollen die Römer Hasen sogar gemästet haben. Zu dieser Tatsache nimmt ein Wildkochbuch aus dem Jahre 1862 so Stellung: »Die alten Römer, von deren Geschmack ich überhaupt nur eine geringe Meinung habe, begingen die Barbarei, Hasen zu mästen. Zu ihrer

Ehre muß man annehmen, daß sie den Hasen gar nicht des Wohlgeschmacks wegen aßen, sondern als – Medizin. Sie glaubten nämlich, daß man von Hasenfleisch schön und brünstig werde. Diesen Aberglauben widerlegt der tapfere Major von B., der seit 40 Jahren, sooft es geht, Hasenbraten ißt, aber durchaus nicht schön noch erfolgreich beim schwachen Geschlecht geworden ist.«

Je mehr man sich mit den Hasen beschäftigt, um so rätselhafter und dunkler wird der Sinn einiger Begriffe: Skihase mag ja noch hingehen – aber Betthase? Dem amerikanischen Verhaltensforscher A. WALLACE verdanken wir genaue Kenntnisse des gräßlichen Liebeslebens der Hasen. In seinem Buch »How They Do It« beschreibt er es genau: »Da hoppelt die heiße Häsin vor sich hin und entdeckt einen Kavalier, der ihr zur Sicherung des Artbestandes verhelfen könnte. Da sie eine überzeugte Einzelgängerin ist, würde sie das am liebsten auch in der Paarungszeit bleiben, wenn die Natur es zuließe. Sie muß sich sichtlich überwinden, um mit dem Partner Kontakt aufzunehmen. Aber auch dem Hasenkavalier geht es ähnlich. Fernverkehr wäre ihm eigentlich am angenehmsten. Deshalb veranstalten beide, bevor sie sich gegenseitig auf den Pelz zu rücken wagen, erst einmal lange Dauerläufe. Nebeneinander joggen Mümmelmann und Mümmelfrau übers Feld, um den ausgeprägten Abscheu vor der körperlichen Nähe eines Fremdhasen allmählich abzubauen.

Nach vielen Runden werden die Kreise enger, bis die beiden Langohren schließlich so erschöpft sind, um den anderen einmal ganz kurz aus nächster Nähe ertragen zu können. Dann, nachdem sie während ihres Paarlaufes über eine Stunde lang die Kür gezeigt haben, wird die Pflicht ruckzuck erledigt. Eiligst geht das Liebespaar sofort danach wieder für ein Jahr getrennt seiner Wege.«

Zurück zur Küche: Mindestens zwei Flaschen guten Burgunder, einige Wacholderbeeren, Scheiben von durchwachsenem, geräuchertem Speck, etwas Johannisbeergelee und einen Schluck Calvados sollte man schon deswegen immer im Haus haben, weil man jederzeit einem ausgenommenen, gut abgehangenen Hasen begegnen kann. Die eine Flasche des Burgunders braucht man zum Einlegen des Rückens und der Keulen, was gerne einen Tag dauern darf.

Die im Mörser zerstoßenen Wacholderbeeren gehören in den Wein, genauso wie ein Lorbeerblatt, eine geschnittene Möhre, eine geviertelte Zwiebel, ein Streifen Schwarzbrotrinde, zehn weiße Pfefferkörner, zwei zerdrückte Knoblauchzehen und eine Spur Rosmarin. Die Speckscheiben sind unerläßlich, wenn der Braten aus der Beize genommen wird, zum Spicken oder Belegen des Rückens und der Keulen. Ein paar Eßlöffel Butter mit Öl vermischt braucht man zum heißen Anbraten. Salz empfängt Meister Lampe erst nach dem sanften Bräunen.

Abgelöscht wird der Bratensatz löffelweise mit der Beize. Mit saurer Sahne wird der Rücken dreimal während des Bratens (etwa 45 Minuten bei mittlerer Hitze) begossen. Jetzt Rücken und Keulen warmhalten, die Sauce, durchpassiert, mit Calvados und einem Teelöffel Johannisbeergelee abschmecken und kurz vor dem Servieren die zweite Flasche Burgunder öffnen.

In der Reihenfolge Hase, Kartoffelbrei, Sauce, Rotkraut die Gabel beschichten, zum Munde führen und nach jedem Bissen einen langen sanften Schluck nehmen. Natürlich gibt es noch viele andere Arten des Genießens: das Einlegen des Bratens in Buttermilch oder verdünnten Essig; die kalte thymiangewürzte Hasenpastete, die man ohne drei gehackte schwarze Trüffeln nicht anständig zubereiten kann; das gebratene Hasenfilet in Hagebuttensauce; den englischen Hasenbraten am Spieß, der nicht länger als 15 Minuten butterübergossen rotieren darf, um innen rosa zu bleiben.

Höhepunkt aller Hasengerichte ist für mich *Hasenpfeffer*. Die dafür notwendigen Hasenteile kann man in jedem Fachgeschäft bestellen, da die meisten Käufer nur den Rücken und die Keulen wollen.

Für dieses Gericht brauchen wir sechs im Gelenk zerschnittene Vorderläufe, drei Hasenlebern, sechs Lungen, sechsmal die Niere und – soweit erreichbar – eine halbe Tasse Hasenblut. Dazu zwei Dutzend kleine, geschälte Zwiebeln, 250 Gramm mageren, milden Speck in ein

Zentimeter dicke Streifen geschnitten und vier zerdrückte Knoblauchzehen.

Die Speckstreifen fünf Minuten in Wasser kochen und abtropfen lassen. Die Vorderläufe salzen und pfeffern, in Mehl drehen und mit dem Speck, den Zwiebeln und dem Knoblauch in Butter Farbe nehmen lassen. Jetzt eine halbe Flasche Burgunder und einen viertel Liter kräftige Kalbsbrühe dazugießen. Je einen Zweig Rosmarin und Thymian, ein halbes Lorbeerblatt, zwei Nelken, einen Eßlöffel Weinessig, einen Eßlöffel Johannisbeergelee, einen Teelöffel gehackte Schalotten zufügen.

Bei gelinder Hitze etwa eineinhalb Stunden langsam kochen. Die Lebern, Nierchen und Lungen kurz anbraten, durch ein Sieb passieren und gegen Ende in den Topf einrühren (falls vorhanden, auch das Hasenblut). Mit einem Gläschen Kirschwasser abschmecken.

Mit Nudeln oder frischen Spätzle ergibt die prachtvolle Sauce einen seltenen Genuß.

Croûtons, dreieckig aus Weißbrotscheiben geschnitten und in Butter oder Olivenöl braun geröstet, gehören unbedingt dazu.

Der Mann, dem wir dieses königliche Rezept verdanken, heißt ALFRED WALTERSPIEL.

Von der Feinschmeckerqualität seiner Gäste war er wohl nicht immer überzeugt. Er notierte nämlich an den Rand des Hasenpfeffer-Rezeptes: »Falls im Restaurant nicht verlangt, für mich und das Personal verwenden.«

Nicht nur WALTERSPIEL war ein großer Verehrer des Hasen, auch BRILLAT-SAVARIN gehörte zu ihnen. Sein Leben lang fahndete er nach Speisen, »die uns zum Genuß der höchsten irdischen Lust befähigen und zugleich vor Entkräftung bewahren«.

Über den Hasen schreibt er in seiner »Physiologie des Geschmackes«: »Wie alle leicht erregenden Nahrungsmittel bewirkt der Hase Träume von angenehmer Art, die unser Dasein in den Schlaf hinein verlängern.«

HERMANN LÖNS, dessen Buchauflagen die 10-Millionen-Grenze überschreiten, hat mit seiner Geschichte *Mümmelmann* den gemeinen Feldhasen in Deutschland unsterblich gemacht. Er erzählt mehr schlicht als ergreifend, wie der alte Mümmelmann viele seiner Sippe vor den Treibern rettet und es schließlich schafft, daß ein Jäger statt eines Hasen einen Baurat abschießt.

LÖNS, über dessen Leben an deutschen Universitäten insgesamt vier Dissertationen geschrieben wurden, hat von sich selbst gesagt: »Ich bin stolz darauf, daß man bei meinen Büchern nicht zu denken braucht.«

Von des Gedankens Blässe war er wohl selbst nicht angekränkelt, denn noch heute erzählt man sich in der Lüneburger Heide, daß er nur in den Pausen zwischen seinen amourösen Abenteuern schrieb.

Der »Spiegel« nannte LÖNS einen »Casanova im Loden«, dem »überall so weich das grüne Moos war«.

Hasenbraten war übrigens HERMANN LÖNS' Lieblingsspeise.

In jedem Lokal mit guter Küche – es muß durchaus keine Sterne im Michelin haben – sollte man zur rechten Zeit, sooft es geht, Wild essen. Zum Hasen trinkt man Bordeaux- und Burgunderweine, zur Wildente auch Chablis, zu Fasan und Rebhuhn ist ein weißer Burgunder wie Montrachet ein vollendeter Genuß.

Geht man selbst Wild einkaufen oder hat einen Jäger zum Freund, sollte man, was die Qualität und Frische anlangt, auf den Rat des Fachmanns hören. In einem handgeschriebenen Kochbuch des vorigen Jahrhunderts fand ich für Rebhühner und Fasane diesen hilfreichen Einkaufstip:

Ist gelb des Vogels Bein gleich Zitrone,
Ist er von diesem Jahre zweifelsohne.
Beim Rebhuhn rechne zwei auf einen Kopf,
Die werden Dir gar sehr gering im Topf.
Bei hellen grauen Beinen laß Dir raten:
Ein halbes Stündchen länger es zu braten.
Blaugraue Beine, Schnabel beinah weiß,
Rings um die Augen ein hellroter Kreis:
Laß ab, umsonst sind Speck und Butter,
Derart'ge Vögel schenk der Schwiegermutter!

Alkoholgegner haben eine besonders ausgeprägte Abnei-
gung gegen Wild. Die Antialkoholiker vermuten ganz richtig, daß Wild ohne Wein wie Essen ohne Salz ist. Ihnen hat
CARL ZUCKMAYER diesen Vers ins Stammbuch geschrieben:

Laßt mich hier schweigen vom Besoffensein,
Vom tiefsten, tödlichsten Hinübergleiten,
Vom hellsten, wachsten In-die-Winde-Reiten,
Die Welt ist groß und unser Wort ist klein.

Am besten schmecken ...

REBHUHN
... von September bis Dezember
Beilage:
Sauerkraut oder Wirsing

FASAN
... im November und Dezember
Beilage:
Champagnerkraut oder Linsen

WILDENTE
...von Oktober bis Dezember
Beilage:
Rotkraut oder Bratäpfel, Mischpilze

HASE
...von Oktober bis Januar
Beilage:
Grünkohl, Kastanienpüree oder Rosenkohl

Die Wurst

Wenn's um die Wurst geht, stehen wir Deutschen auf Platz 1. Aber wer macht sich schon klar, daß wir im Wurstparadies leben? Daß wir Weltmeister in der Vielfalt, in der Qualität und in der Raffinesse des Wurstmachens sind? Über 1500 Sorten gibt's in Deutschland. Im Laufe der Jahrhunderte hat jede Landschaft ihre eigenen Wurstspezialitäten entwickelt. Dem Feinschmecker ist die deutsche Wurstlandschaft längst ein Begriff: Von den Landjägern und Weißwürsten, dem Bierschinken, den Regensburgern, oder dem Fleisch- und Leberkäse des Südens zu den Cervelat- und Fleischwürsten des Westens, von Katen-, Jagd- und Mettwürsten des Nordens bis hin zu den Leberwürsten und Salamis, den Rügenwalder Teewürsten östlicher Provenienz weht ein Duft von Geräuchertem über unser Land. Wacholder, Buchenholz und Aalrauch sind die luftigen Wolken, die auf der Zunge des Essers den Urschrei nach Bier und Korn auslösen.

Es schaukeln die Ketten der groben und feinen Bratwürste, der Frankfurter (die, schwach gebrüht, nur aus dem Frankfurter Raum kommen dürfen!), der Krakauer, der Brühwürste – Wiener und Bockwürste gehören zu ihnen –, der frischen Blut- und Leberwürste, begleitet von den Ringen der Brägenwürste, des Bremer Pinkels und der Plockwürste.

Über vier Jahre hätte ein Vorschmecker zu tun, wollte er täglich eine Wurstsorte kosten, die es bei uns zu kaufen gibt. Dabei laufen viele mit mehr oder weniger geschlossenem Mund an dieser Wurst-Orgie vorbei, statt sich hineinzustürzen ins Vergnügen.

Wie anders die New Yorker. Wer auf sich und seine Küche etwas hält und zum kalten Imbiß einlädt, der geht in die East 86 th. Straße, die »Sauerkraut-Avenue«, um bei deutschen Metzgern und Bäckern die Zutaten zu kaufen, die ihn als Gourmet ausweisen.

Engländer und Franzosen, Schweizer und Schweden tragen Würste als eßbares Souvenir im Gepäck, wenn sie aus der Bundesrepublik kommen. Nur die Italiener und die Ungarn sind unbelehrbar. Mit ihren zweifelsohne vorzüglichen Mortadellas und gekalkten Salamis fristen sie das Dasein eines Wurst-Muffels und leben bis zum Tode auf dieser Einbahnstraße fleischlichen Aufschnitts.

Wenn uns unser Mehlküchen-Gewissen schlägt und wir demütig in die französischen Eßtempel schleichen, um der Segnung der Nouvelle Cuisine teilhaftig zu werden, sollten wir uns erinnern an das, was der größte Meister der »Grande Cuisine Française«, GEORGES AUGUSTE ESCOFFIER (1846–1935), über die Deutschen sagte.

Ein Freund klagte ihm sein Leid, er müsse nach Deutschland, in diese schreckliche kulinarische Wüste, reisen. Was solle er, ein Feinschmecker, dort wohl essen? ESCOFFIER antwortete: »Die Deutschen haben die Wurst.«

Wurst, das veredelte Fleisch, ist bis heute der höchste Trumpf in der Palette deutscher Feinkost. Und bei diesem Nahrungsmittel läßt auch unser Lebensmittelrecht nicht mit sich spaßen. Beim Thema Wurst hört jede Konzessionsbereitschaft des Gesetzgebers auf. Bis ins Detail ist vorgeschrieben, welche Mengen an Muskelfleisch und Speck, an Innereien, Fett und Wasser in Form von Eisschnee verwendet werden dürfen. Wer sich mit den »Fertiggerichten aus der Pelle« in kulinarisches Neuland begibt, kommt um eine Lektion in Warenkunde nicht herum.

Die 1500 verschiedenen deutschen Wurstsorten teilen sich in drei Hauptgruppen. Je nach Herstellungsverfahren unterscheidet man Roh-, Brüh- und Kochwürste.

Zu den Rohwürsten zählen 560 verschiedene Sorten. Sie werden ausschließlich aus rohem Fleisch und Speck hergestellt. Durch Säuern, Salzen, Trocknen und Räuchern werden sie konserviert. Auch wenn die Wurst fertig ist, sind Fleisch und Speck – wie beim Rohschinken – noch in rohem Zustand. Dennoch zeichnen sie sich durch gute Haltbarkeit aus. Man unterscheidet schnittfeste Rohwürste wie Cervelatwurst, Salami oder Plockwurst, und streichfähige Rohwürste wie Teewurst oder Mettwurst. Rohwürste müssen ausreichend trocknen und reifen, denn nur so wird die nötige Schnittfestigkeit erreicht.

Während dieser Reifezeit entfaltet sich das herrliche Aroma, und der Fleischsaft verdunstet allmählich. Das Ergebnis ist der typische Sortengeschmack und die besonders lange Haltbarkeit.

Die meisten Wurstsorten, etwa 780, gehören in die Gruppe der Brühwürste. Auch sie werden aus rohem Fleisch und Speck hergestellt und in Zerkleinerungs- und Mengmaschinen mit Salz und Gewürzen zu einer Masse, dem »Brät«, verarbeitet. Bei Bierschinken und Jagdwurst werden noch grob zerkleinerte Speck- und Fleischstücke sowie Eisschnee dazugemengt. Diese Masse wird dann in Wursthüllen gefüllt, wie zum Beispiel bei Fleischwurst, Lyoner und den meisten Würstchenarten. Anschließend werden die Würste gebrüht. Durch das Erhitzen wird die Wurst schnittfest. Bei vielen Würstchenarten, wie bei den »Wienern«, wird das Brühen mit einer Heißräucherung verbunden.

365 Wurstsorten, eine für jeden Tag des Jahres, gehören zu den Kochwürsten. Gemeinsam ist allen, daß sie aus vorgekochtem Material, Fleisch, Innereien und Gewürzen hergestellt und dann ein zweites Mal gekocht werden. Man unterteilt sie in Leber-, Blut- und Sülzwürste. Bezeichnungen wie Delikateß, Feinkost, Gold, Prima, Extra, Spezial, 1a oder ff weisen darauf hin, daß es sich um Spitzenqualitäten handelt. Wenn eine Wurst nicht so bezeichnet wird,

handelt es sich immer um Qualität der Mittelklasse. Ein-fach-Qualität muß mit dem Wort »einfach« gekennzeich-net werden. Mit diesem Zusatz dürfen jedoch in Deutsch-land nur sechs Rohwurst- und elf Brühwurstsorten in den Handel kommen. »Grob« oder »fein« sind keine Qualitäts-angaben, sondern Hinweise auf den Grad der Rohstoffzer-kleinerung.

Und wie steht's mit dem Fett? Es gibt ganz erstaunlich magere Wurst. So enthält Bierschinken nur 15 Prozent Fett, deutsches Corned Beef sogar nur 6 Prozent. 100 Gramm bedeuten noch nicht einmal 155 Kalorien. Fett gehört aber trotzdem unabdingbar zur Wurst. Ohne Fett wären Würste nicht streichfähig. Viele Gewürze entfalten ihr volles Aroma erst in Fett. Besonders wichtig: Ohne Fett kämen wir auch nicht an die Vitamine in der Wurst heran. Dazu muß man wissen, daß einige Vitamine, darunter auch das wichtige Haut- und Augenvitamin A, nur in Fett löslich sind, und wir sie nur mit Hilfe des Fettes für uns nutzbar machen können.

Wer 100 Gramm Kalbsleberwurst ißt, deckt damit seinen Tagesbedarf an Vitamin A und außerdem etwa 50 Prozent seines Bedarfs an Eisen. Ein weiteres wesentliches Vitamin ist noch in der Wurst enthalten: das Nervenvitamin B_1, Thiamin genannt.

Nichts eignet sich besser als ein Stück Wurst, um den Er-kenntnissen der Ernährungswissenschaftler zu folgen. Sie haben schon lange herausgefunden, daß ein und dieselbe Nahrungsmenge auf fünf Mahlzeiten verteilt viel weniger »zu Bauche schlägt«, als wenn man sie in nur drei Mahlzei-ten vertilgt. Wohlgemerkt: Es geht nicht um höhere Nah-rungsmenge, sondern nur um die Häufigkeit. Von Wurst machen schon kleine Mengen satt. Der Magen wird weni-ger belastet, man bleibt den Tag über leistungsfähig.

Unsere Frühstücksgewohnheiten gehen den Ernährungs-wissenschaftlern gegen den Strich, denn mehr als ein Drittel der täglichen Kalorienmenge sollte man vormittags essen, um Nährstoffangebot und Leistungskurve in Übereinstimmung zu bringen. Auf der deutschen Frühstückstafel steht jedoch Wurst erst auf Platz fünf nach Marmelade, Käse, Eiern und Honig.

Erfreulich ist, was nicht in der Wurst ist: Mehl, Stärke, Farben und Konservierungsstoffe. Sie sind strikt verboten.

Die Marktforschung sagt, daß alleinstehende Frauen mehr Wurst kaufen und essen als Männer. Nach Freud könnte das an der phallischen Form der Würste liegen.

GERD KÄFER, Münchner Spezialist für Prominenten-Partys und Erfinder der mit Speck umwickelten gebratenen Kurpflaume, äußert sich so: »Wer je gesehen hat, mit welcher Lust Damen bei großen offiziellen Empfängen heimlich aus der Hand ein Würstchen oder eine Scheibe Wurst essen, der weiß, daß es oft die einfachen Dinge des Lebens sind, die besonderen Genuß auslösen.«

AALRAUCHWURST: alle Dauerwürste, die neben Aalen im Rauch hingen.

AUGSBURGER KNACKWURST: Sieger eines 1937 veranstalteten Wettbewerbs. Ein 50-Gramm-Würstchen aus Schweinefleisch mit Muskat und Zitronenöl gewürzt.

BIERSCHINKEN: Schweine- und Rindfleisch mit Wacholder, Knoblauch, Muskatblüte, Kardamom.

BIERWURST: Schweinefleisch mit Speck. In Bayern mit Knoblauch.

BLAUZIPFEL: die fränkische Rostbratwurst. Schweinefleisch mit Majoran und anderen Gewürzen. Im Saitling abgefüllt.

BRAUNSCHWEIGER: eine Streichmettwurst, die nur aus Schweinefleisch besteht.

CERVELATWURST: mageres Rind- und Schweinefleisch mit Zucker, Pfeffer, Senfkörnern, Rum.

DAUERMETTWURST: drei Viertel Rind, ein Viertel Schwein, geräuchert und luftgetrocknet.

FLEISCHWURST: (kalt oder warm). Schweinefleisch, Rindfleisch, Speck, Eisschnee und Gewürze.

GELBWURST: Jungrindfleisch und Kalbfleisch gemischt.

GRÜTZWURST: Hafergrütze, Wurstbrühe, Speckwürfel, Schweinefleisch und Blut.

JAGDWURST: Rind- und Schweinefleisch, Speck, Eisschnee und Gewürze.

KATENRAUCHWURST: Rind- und Schweinefleisch, Speck, über Buchenholz kalt geräuchert.

LANDJÄGER: Schweine- und Rindfleisch, flachgepreßt, kalt geräuchert, luftgetrocknet.

LEBERKÄSE: Rind- und Schweinefleisch, 50 Prozent Leber. Nur in Bayern ohne Leber.

LEBERWURST: eine Riesenfamilie, bestehend aus: Kalbsleber-, Gänseleber-, Trüffelleber-, Sardellenleber-, Tomatenleber-, Zwiebelleber-, pfälzischer Leber-, grober Leber-, Landleber-, Zungenleber-, Majoranleber- und unzähligen anderen Spezialleberwürsten.

LYONER: mit Safran gefärbte Kalbswurst.

METTWURST: Es gibt grobe und feine, Hochburgen der Mettwürste sind Braunschweig und Göttingen. Gekochte Sorten sind unter verschiedenen Namen bekannt: hannoversche Schorwurst, gekochte Hamburger, Bremer und gekochte westfälische.

PLOCKWURST: eine grobe, geräucherte und getrocknete Dauerwurst aus magerem Rind- und Schweinefleisch, kernigem Speck und Gewürzen.

PRESSKOPF: Kalbfleisch mit Stücken von Schweineschnauze und Gurken.

ROTWURST: auch Thüringer genannt. 60 Prozent mageres

Schweinefleisch sowie Speck, Schwarten, Schweineleber und Blut. Mit Majoran, Nelken und Piment gewürzt. Frisch oder geräuchert.

SCHINKENWURST: eine haltbare württembergische Brühwurst-Spezialität. Erst heiß und nach dem Abkühlen noch einmal kalt geräuchert.

WOLLWURST: Weil sie ohne Haut gemacht wird, nennt man sie auch »Nackte«. Kalbsbrät abgeschmeckt mit Pfeffer, Muskat, Kardamom und Zitrone.

ZUNGENWURST: eine Blutwurstmasse mit gekochten Schweinezungen.

Aus vielen dieser Wurstsorten läßt sich für eine improvisierte Party ein originelles Wurstfondue machen. Es ist preiswerter als Fleischfondue, aber im Geschmack interessanter. Es lassen sich verwenden: Fleischwurst, Lyoner, Mortadella, Bierwurst, Jagdwurst, Weißwürste, Bierschinken, Leberkäse oder Würstchen jeder Art.

Die Haut abziehen und grobe Würfel schneiden. In kleinen Schalen anrichten. Mixed Pickles, Gurken und Zwiebeln, auch frischer Salat passen dazu. Wursthappen im Fondue-Topf (Öl) knusprig braten. Dazu reichlich frisches Brot, weißen Landwein oder Bier und Korn.

In die deutsche Umgangssprache und in viele Sprichwörter hat der Volksmund die Wurst liebevoll eingebettet. Wer sich die Wurst nicht vom Brot nehmen läßt, dem ist nicht alles Wurst. Wurst wider Wurst leitet sich von der bäuerlichen Sitte ab, dem Nachbarn eine Schlachtprobe anzubieten. Der macht's umgekehrt genauso. Und wenn es um die Wurst geht, gilt die alte Regel noch heute: Wer stets Brot, Wurst und Schinken hat, der wird noch alle Tage satt.

Käse

Eigentlich müßte man im Deutschen für Käse ein neues Wort erfinden. Wann immer wir in der Umgangssprache von Käse reden, ist etwas Negatives gemeint: »Quatsch doch keinen Käse«, sagt man, wenn jemand unsinniges Zeug redet. »Das ist alles Käse«, heißt, das ist unbrauchbar, und ein »Käseblatt« ist eine schlecht gemachte Zeitung. Auch als Materie hat es der Käse mit sich selbst nicht leicht. Ist er schön, ist er nicht gut; wenn er gut ist, sieht er nicht schön aus. Dabei setzt kein anderes Genußmittel eine so komplizierte Dreifaltigkeit voraus – erst die genau abgewogene Übereinstimmung von Duft, Konsistenz und Geschmack macht Käse zu einem orgiastischen Gaumenerlebnis.

Den Franzosen geht der Ruf voraus, daß sie die besten Käse der Welt herstellen. Der oft zitierte Satz von Brillat-Savarin: »Ein Essen ohne Käse ist wie eine schöne Frau mit nur einem Auge«, sagt denn auch eine Menge über französische Eßkultur aus. Und tatsächlich – mit mehr als 200 Käsesorten, darunter vielen, die unansehnlich sind, bieten die französischen Bauern den Feinschmeckern der ganzen Welt ein Käse-Dorado.

Wir Deutschen haben auch beim Essen Grundsätze. Einer davon heißt: »Käse schließt den Magen.« Diese kategorische Feststellung ist es wohl auch, die den eigentlich edlen Camembert auf so vielen Speisekarten mit der lakonischen Mitteilung anbietet: »1 Port. Camembert . . . 5,–.« Bestellt man dieses Gericht eingedenk der magenschließenden Eigenschaft, so kann einem leicht die Neigung, Käse zu essen, für immer verschlossen werden. In der Mitte eines

Tellers thront auf einem welken Salatblatt ein unreifes oder durch lange Kühlung halbtrockenes Käse-Dreieck. Geviertelte Tomaten, Radieschen- und Gurkenscheiben, Petersilie und Salzstangen versuchen mit einem Häufchen Paprika Fröhlichkeit zu erzeugen. Eine Scheibe Butter, Knäckebrot, Roggenbrot und Pumpernickel ergänzen dieses Konglomerat, unter dem der Käse fast verschwindet.

Was ein guter, reifer CAMEMBERT braucht, ist ein Stück frisches Meterbrot, fertig. Weder Butter – fett genug ist er selber – noch Gemüse oder Kräuter haben hier etwas zu suchen.

Die einzige mit Butter verarbeitete Form von Camembert, die ich gelten lasse, ist der »Bayrische Obatzte«.

Zutaten pro Person:
½ Camembert, der nicht zu frisch sein darf (für einen etwas kräftigeren Geschmack gibt man etwas Limburger oder Romadur hinzu, für milderen Geschmack Doppelrahmfrischkäse oder Quark)
1 kleingehackte Zwiebel
1 EL Butter
Zutaten mit der Gabel gründlich vermischen.
Dazu je nach Geschmack:
Geschroteter Pfeffer
Paprikapulver, edelsüß
Kümmel
1 Eigelb
Kleingehackte grüne oder rote frische Paprikaschoten mit der Käsemasse vermischen. Mit frischen Roggenbrötchen servieren.
Man trinkt dazu Bier.

Tatsächlich wird heute in Deutschland in verschiedenen Regionen, besonders im Allgäu, Käse von hohem Qualitätsstandard hergestellt. Daß das, was wir kaufen können oder was uns serviert wird, diesem Qualitätsstandard nicht mehr entspricht, hat offenbar seit 120 Jahren die gleiche Ursache: »Deutsche Käse sind meist besser als ihr Ruf, sie leiden fast alle unter der schlechten Behandlung, die man ihnen zuteil werden läßt«, hieß es schon in einem Kochbuch aus dem Jahre 1862.

Wer Käse mag und ihn in seiner vollen Entfaltung genießen möchte, muß sich an folgende Spielregeln halten: Käse ist ein empfindliches Produkt. Er muß dementsprechend aufbewahrt werden, am besten in einem kühlen, zugfreien Keller. Dort sollte der Käse auf einem Lattenrost liegen und in ein mit Wein befeuchtetes Tuch eingeschlagen werden. Wichtig ist, daß der Käse atmen kann, auch beim Einschlagen in Haushaltsfolie. Wer keinen Keller und keine Speisekammer hat, der sollte beachten:

● Nicht mehr Käse kaufen, als man in drei Tagen essen kann.

● Käse unter einer Käseglocke aufbewahren. Sie ist noch immer am besten. Oder man nimmt einen Steinguttopf und legt ein rundes Küchenbrett darauf. Der Käse darf nicht luftdicht abgedeckt sein.

● Weiße Käse können in geschlossener Packung im Gemüsefach des Kühlschrankes aufbewahrt werden (Speisequark, Rahmfrischkäse und alle Sauermilchkäse wie Harzer, Mainzer Handkäse usw.).

● Jeden Käse vor dem Verzehr so rechtzeitig aus dem Kühlschrank nehmen, daß er bei Genuß Zimmertemperatur hat.

● Zum Tieffrieren eignen sich nur frisch geriebene Käse: Emmentaler, Edamer oder Parmesan.

Lagerzeit: nicht länger als drei Monate.

Allen deutschen Gastronomen und Feinkosthändlern, die den Umgang mit Käse noch immer nicht gelernt haben, aber auch allen Käsefreunden kann ich nur raten, »Androuet« in der Rue Amsterdam 41 in Paris zu besuchen. In diesem größten Käsehaus der Welt kann man studieren und probieren, wie etwa dreihundert verschiedene Käsesorten richtig gelagert, behandelt und auf dem Höhepunkt ihrer Schmackhaftigkeit angeboten werden.

Längst hat der deutsche Käse internationale Anerkennung gefunden. Die Bundesrepublik exportiert mehr Käse als die Schweiz und Italien zusammen. Zum Käsekenner und -liebhaber wird man nicht ohne einige warenkundliche Kenntnisse und ohne das richtige Getränk zu jeder einzelnen Käsesorte zu kennen.
Nehmen wir den BRIE, jenen tortenförmigen, flachen Käse, überzogen mit weißem Edelschimmel. Das Innere muß weiß bis rahmgelb sein, der Geschmack: mild aromatisch, säuerlich bis pikant. Dazu trinkt man am besten einen lieblichen Weißwein (mit Restzuckergehalt).

Der EDAMER, oft als Kugel hergestellt, ist mit seinem geringen Fettgehalt ideal für den kalorienbewußten Esser. Der rote Wachsüberzug verlängert die Haltbarkeit und muß vor Verzehr oder Verarbeitung entfernt werden. Da Edamer gut schmilzt, eignet er sich auch zum Überbacken und als Reibekäse. Man trinkt zum Edamer einen trockenen Frankenwein.

Eine internationale Familie bilden die EDELPILZ- ODER SCHIMMELKÄSE. Zu ihnen gehören der französische ROQUEFORT, der italienische GORGONZOLA, der englische STILTON BLUE und die deutschen oder dänischen BLAUSCHIMMELKÄSE. Jeder hat seinen spezifischen Geschmack und ist mehr oder weniger stark von dunkelgrünen oder blauen Schimmeladern durchzogen. Der Teig soll weiß, leicht krümelig und doch geschmeidig sein. Zu diesen Käsen eignen sich als Begleitung sowohl deutsche Spätlesen als auch Burgunder oder Bier.

Für den Feinschmecker sind die Edelpilzkäse die Endstation jeder gut sortierten Käseplatte:

1. Akt: Auftritt des leichten, hellen Ziegen- oder Schafskäses.

2. Akt: Duftende reife Weichkäse wie Camembert oder Brie bieten sich an.

3. Akt: Ein alter Holländer, ein Munster, auch ein Limburger oder Romadur kommen auf die Bühne.

Finale: Ein Klassiker aus der Schimmelpilzfamilie singt die Schlußarie.

Dazu frisches Meterbrot. Kein Gewürz. Und während der ganzen Käse-Oper einen leichten Bordeaux.

Eine besondere Delikatesse stellt der ALLGÄUER EMMENTALER dar, der strengen Produktionsvorschriften zu folgen hat. Anfang des vorigen Jahrhunderts führten Schweizer Einwanderer die Käserei nach Emmentaler Art im Allgäu ein. Dort fanden sie die gleichen biologischen und klimatischen Bedingungen wie im Kanton Bern vor. Alpen-Emmentaler darf nur aus Milch von Kühen hergestellt werden, die ausschließlich Weidegras oder Heu fressen. Die Löcher im Käse bilden sich im Gärkeller durch frei werdendes Kohlendioxyd, das durch die fester werdende Rinde nicht nach außen entweichen kann. Die Reifezeit beträgt drei bis sechs Monate. Für einen Emmentaler Käse in der üblichen Größe von etwa achtzig Kilogramm braucht man 1000 Liter Milch (Nebenprodukt: etwa zehn Kilogramm Butter). Emmentaler, der nußkernartig und in jungem Zustand fast ein wenig süß schmeckt, wird mit zunehmendem Alter kräftiger.

Man trinkt zum Emmentaler einen leichten Rotwein.

ALFRED WALTERSPIEL, der in seinem Kochbuch »Meine Kunst« dem Käse ein besonderes Kapitel widmete, war ein besonderer Liebhaber dieses Schnittkäses. Er schreibt über den Emmentaler: »Wenn er richtig gepflegt ist, bringt er in seinen Löchern immer eine kleine Träne mit. Er wird so dünn wie möglich geschnitten, so daß man durch ihn gewissermaßen die Zeitung lesen kann. Wünscht aber der Gast ein dickes Stück, gut, dann soll er es haben. Zum Emmentaler reiche ich sehr gern das echte schwedische Knäckebrot, das einen bescheidenen Anisgeschmack mitbringt. Feinste Süßrahmbutter daraufgestrichen, der Käse in ganz dünnen Scheiben darübergelegt und ein Hauch Pfeffermühle darübergegeben: So ist es eine Delikatesse.«

Ein Käse, der einen ganz besonderen Genuß verspricht, ist der CHESTER. Dieser würzig-aromatische Hartkäse von dunkelgelber, gelegentlich auch rotgelber Farbe bedarf zu seiner Reife einer Lagerzeit von zwei Jahren. In kleine Bröckchen geschnitten, paßt er auch zu Austern. Wenn man ihn pur ißt, schmeckt er am besten mit altem roten Portwein.

Der ROMADUR, ursprünglich aus Belgien stammend, gehört als kräftiger Käse zu den beliebtesten deutschen Sorten. Im Geschmack ist er dem Limburger ähnlich. Er wird in Stangenform und in mehreren Fettstufen hergestellt. Unter der rötlichen Haut muß der Teig glatt sein. Einen weißen, härteren Kern zeigt er nur, wenn er noch nicht ganz durchgereift ist. Zum Romadur trinkt man Bier.

Der LIMBURGER ist nicht einfach zu produzieren. Nach dem Einlegen in ein Salzbad beträgt die Reifezeit nur drei bis vier Wochen. Die Oberfläche muß gelbbraun und rindenlos sein, der Teig weiß-gelblich und im Inneren sehr weich. Je niedriger der Fettgehalt, desto schärfer nach der vierwöchigen Reifeperiode Geschmack und Geruch.

Er schmeckt besonders gut mit leicht gesalzenem Schweineschmalz auf Graubrot. Pfälzer Wein oder Bier passen gut dazu.

Der MUNSTER, auch Münster genannt, ist der älteste Rotschmiere-Käse. Elsässische Rezepte erwähnen ihn schon im 9. Jahrhundert. Heute wird er im Elsaß und im Allgäu nach dem gleichen Rezept aus pasteurisierter Milch gemacht. Am würzigsten schmeckt er jedoch als Rohmilchkäse, der aber auf jede falschen Aufbewahrung empfindlich reagiert. Mit einem trockenen Rotwein dazu ist man immer gut beraten.

Zu der großen Familie der SAUERMILCHKÄSE gehören: Harzer, Mainzer Handkäse, Korbkäse, Bauernkäse, Olmützer Quargel, Stangen- oder Schimmelkäse. In Hessen, Niedersachsen und Mitteldeutschland gibt es heute noch viele Sauermilch-Käsereien. Sie verarbeiten Sauermilchquark, zu dessen Herstellung man nur eine Bakterienkultur, aber kein Lab verwendet. Die Käselaibchen, je nach Sorte klein oder größer, reifen dann in wenigen Tagen, zuerst in einem Schwitzraum, dann in kühleren Kellern. Wenn sie halb durch sind, also noch einen ziemlich großen weißen Kern haben, werden sie in Zellglas verpackt und verschickt, damit die Käsefreunde sie nach Belieben entweder mit Kern oder ganz bernsteinfarben durchgereift verzehren können. Der bekannteste aus dieser Familie dürfte der HARZER KÄSE sein. Ihn gibt es nur in der Magerstufe, das heißt, mit weniger als zehn Prozent Fett in der Trockenmasse. Der Harzer schmeckt leicht pikant, bei fortgeschrittener Reife scharf. Wie jeder Magermilchkäse ist er reich an Protein, aber nur begrenzt haltbar und sollte bald nach dem Einkauf verbraucht werden. Harzer kann, im Gegensatz zu anderem Käse, im Kühlschrank aufbewahrt werden.

Eine besondere Delikatesse: Harzer mit gepfeffertem Gänseschmalz auf Schwarzbrot oder Pumpernickel. Dazu ein kühles Bier.

Wer einen angenehm milden und dennoch mit typischem Geschmack ausgestatteten Käse sucht, wird vom TRAPPI-STENKÄSE nicht enttäuscht werden. Ursprünglich wurde er von Mönchen im Kloster Notre-Dame-de-Port-du-Salut in Frankreich hergestellt. Die Trappistenmönche verbreiteten das Käserezept neben ihrer Missionstätigkeit in ganz Europa. Heute wird er – außer in Deutschland – in vielen Ländern und in verschiedenen Formen hergestellt. Er ist schnittfest mit reichlicher runder bis schlitzförmiger Lochung.

Man trinkt dazu, wenn er mild ist, deutsche Spätlesen (Rhein, Rheinhessen), bei schärferen Sorten einen trockenen Rotwein.

WEINKÄSE sind kleine, runde Portionskäse mit blaßgelblicher bis rötlicher Oberfläche und einem rahmigen, milden Teig, der auch mit Pfeffer oder Kümmel gewürzt wird. Zum Weinkäse paßt ein herber Weiß- oder Rotwein und auch Bier.

Ursprünglich eine bayerische Spezialität, hat sich der WEISSLACKER in ganz Europa Freunde gemacht. Vor hundert Jahren wurde er von den Brüdern Josef und Anton

Kramer in Wertach im Allgäu erfunden. Sie hatten versucht, Allgäuer Limburger haltbarer zu machen. Das Ergebnis ihrer Bemühungen war der »Weißlacker«, so genannt, weil den rindenlosen Käse eine glänzende, feuchte und farblose »Schmiere« umgibt. Geschmack und Konsistenz: Der würfelförmige Käse (15 Zentimeter oder abgepackt in fünf Zentimeter großen Miniwürfeln) hat einen leicht bröckeligen, weißen Teig mit wenigen, unregelmäßigen Löchern. Jung ist er scharf, mit zunehmendem Alter – bis zu neun Monaten – wird er gelblicher und milder. Man trinkt dazu am besten Bier.

TILSITER ist wahrscheinlich die bekannteste deutsche Käsemarke. Um 1840 wurde dieser Käse schon in ganz Deutschland bekannt. Eine Frau Westphal, Besitzerin der

Molkerei »Milchbude« in der Nähe von Tilsit, stellte den Tilsiter besonders fein und in gleichmäßiger Qualität her. Bald mußte sie ihren Käse bis ins Elsaß und nach Bayern liefern. Zu jener Zeit brauchte der Tilsiter noch fünf Monate, um »erwachsen« zu werden.

Heute wird Tilsiter Käse in kürzerer Zeit in Folie gereift und hat deswegen oft nicht mehr die rotbraune, etwas feucht wirkende Rinde. Er wird in Schleswig-Holstein und im Allgäu produziert. Der Tilsiter verträgt kräftige Beilagen: Bauernbrot, Rettich, Zwiebeln und Senf. Und sonst: nur Bier und klaren Schnaps.

Den wenigen Käsesorten, die ich hier vorgestellt habe, ist ein gemeinsames Kriterium eigen: mein subjektiver Geschmack. Hätte ich alle Käsesorten aufgeführt, die man kaufen kann, wäre es mir wie Kurt Schiele in Felsberg/Schweiz gegangen: Dieser Käsefreund hat die größte Käseplatte der Welt in Tag- und Nachtarbeit hergestellt. Sie ist einen Meter breit und zehn Meter lang.

Portwein

England ohne Port – eine furchtbarere Nachricht ist kaum denkbar.

Mag der Verteidigungsminister ein Verhältnis mit CHRISTINE KEELER haben, das ist immer noch menschlich und durch Demission auszugleichen, ist aber der Port betroffen, so ist das absolut shocking und letzten Endes unverzeihlich. SOMERSET MAUGHAM hat 1907 in der Kurzgeschichte *»Ein Mann von Bedeutung«* das skandalöse Verhalten einer Pfarrersfrau beschrieben: »Der Frau des Pfarrers konnte er es nicht vergessen, daß sie es beim Abendessen einmal gewagt hatte, zum Portwein eine Orange zu essen; und obwohl er den Affront mit beispielloser Höflichkeit überging, war die Dame nie mehr in sein Haus eingeladen worden.«

Selbst einem Mann von so außerordentlichen vaterländischen Verdiensten wie LORD NELSON wird noch immer nicht verziehen, daß er die Pläne für seine Seeschlachten mit altem Portwein auf die Tischplatte zeichnete. Seine erotischen Abenteuer mit LADY HAMILTON sind, verglichen damit, eine Lappalie.

Die Geschichte des Portweins beginnt im Jahre 1703 mit dem Methwen-Vertrag, der Portugal in politische und wirtschaftliche Abhängigkeit zu England brachte. Für den Weinhandel, den sich im wesentlichen die Engländer sicherten, wurden für die Einfuhr nach Großbritannien Präferenz-Zölle eingeräumt. Bis heute werden die verschiedenen Portwein-Arten in englischer Sprache klassifiziert, obwohl England nicht mehr der bedeutendste Portwein-Importeur ist. Frankreich steht inzwischen für Einfuhr und Verzehr an der Spitze der Weltrangliste.

Ab Mitte des 18. Jahrhunderts erschütterten große Wirtschaftskrisen das Portwein-Gebiet. 1756 griff der MARQUÊS DE POMBAL ein. Er gründete die Companhia Geral da Agricultura dos Vinhos do Alto Douro und begrenzte damit jenes Weinbaugebiet des Douro-Tales, aus dem allein echter Port kommt. So wurde das Douro-Gebiet zum ältesten gesetzlich abgegrenzten Weinbaugebiet der Welt. Der Boden dieses Flußtales, das durch hohe Gebirgszüge vor den atlantischen Stürmen geschützt ist, besteht vor allem aus Schiefer. Überall auf der Erde brechen Schieferplatten in horizontaler Richtung, nur im Douro-Bezirk in Nordportugal spalten sie sich in einem Winkel von 60 bis 90 Grad zum Erdinnern. Durch diese Eigenart läßt der Schiefer dort am Tage die sengende Sonne nicht zu tief ins Erdreich eindringen und erhält die Bodenfeuchtigkeit. In der Nacht wird er zum Wärmekissen der Reben und gibt den Trauben viele zusätzliche Stunden der Reife.

Sowohl aus den roten als auch aus den weißen Trauben der Rebsorten des Douro-Tales entsteht trockener oder süßer Port. Die roten Portweine, die man temperiert nach dem Dinner trinkt, haben eine unvergleichliche Farb- und Geschmackspalette. Sie beginnt mit »red«, dem dunkelsten Rot (mindestens 2 Jahre Lagerzeit), gefolgt von »ruby«, Rubinrot (3 bis 4 Jahre Lagerzeit), setzt sich fort mit (tawny), ziegel- bis lohfarben (8 Jahre Lagerung) und dessen hellerer Variante »light tawny« (10- bis 20jährige oder noch längere Lagerung).

Der weiße, eher trockene Port, den man gut gekühlt als Aperitif genießt, entwickelt seine Farbtönung umgekehrt zum roten. Je älter der Weiße wird, um so dunkler seine Tönung, die von »white«, weißweinähnlich, bis zu »golden white« (6 bis 12 Jahre Lagerung) mit einem tiefen Goldton reicht.

Das Geheimnis des Portweins besteht in der Avinierung – einem Zusatz von 76%igem Weingeist,– der die Gärung des Mostes unterbricht. Während der jahre- oder jahrzehntelangen Lagerung in Eichenfässern in den Kellern der Stadt Porto findet im Faß ein langsamer Oxidationsprozeß statt, bei dem sich Weingeist und Traubenmost durchdringen und schließlich bei einem Alkoholgehalt von etwa 20 Prozent in die Flasche kommen.

Eine der ganz großen kulinarischen Sensationen dieser Welt kann der Feinschmecker in Porto erleben: Die ohnehin schon köstlichen portugiesischen Walnüsse werden dort zu einem unerhörten Genuß gesteigert, indem man sie in kleine Stückchen bricht und in eine aufgeschlitzte getrocknete Feige stopft. Dazu ein Glas des erlesenen gelb-braunen Portweins aus den Kellern dieser Stadt – unvergeßlich!

Jedes Faß, jede Abfüllung wird vom Nationalen Portwein-Institut streng geprüft und erhält erst dann eine numerierte Banderole, die weltweit als Qualitätsgarantie gilt.

Die absolute Spitzenklasse sind die Vintage-Ports, die Jahrgangsweine, die schon nach zwei Jahren abgefüllt werden und in den Flaschen noch langsamer altern als im Faß. Erst nach dreißig Jahren oder mehr erreicht ein Jahrgangs-Port seinen Höhepunkt. Nur sechsmal durfte bis jetzt in unserem Jahrhundert ein Vintage-Port aufgelegt werden: 1908, 1927, 1935, 1945, 1963 und 1977.

In der englischen Wein-Bibel, dem »Great Vintage Wine Book«, stehen Anmerkungen zu diesen Portweinen, die einen vor Ehrfurcht erschauern lassen. So beim 1935er: »Jetzt (1980) beginnt er, perfekt zu werden. Bis 1990 sollte man ihn ausgetrunken haben«, oder beim 45er: »Zuletzt März 1979 probiert. Sein Höhepunkt wird zwischen den Jahren 1990 und 2020 liegen«. Da tröstet einen der 63er, der zwischen jetzt und 1995 seine besten Seiten zeigen wird.

Nicht nur Vintage, sondern jeden Portwein trinkt man aus kelchförmigen sich nach oben verjüngenden, mittelgroßen Gläsern, die den Duft zusammenhalten. Dickwandige oder farbige Gläser sind ungeeignet.

Ich habe als Weintrinker rund 25 Jahre warten müssen, bis ich zum ersten Mal in Bremen an einer Portwein-Probe teilnahm, die ein Kenner und Portwein-Sammler veranstaltete. Abgesehen davon, daß ich mich hinterher ärgerte, nicht schon längst ein Port-Trinker geworden zu sein, habe ich dabei fünf Dinge gelernt:

1. Weißer Port wird kalt, roter dagegen bei etwa 15 Grad getrunken.

2. Schon das Öffnen alter Flaschen ist eine Kunst, bei der ein Korkenzieher versagt. Nach jahrzehntelanger Lagerung verkrustet der Korken oft im Flaschenhals. Selbstverständlich wurde das praktische Gerät für solche Fälle in England erfunden: eine Spezialzange wird bis zur Rotglut erhitzt und am Flaschenhals angesetzt. Der Hals springt splitterfrei ab.

3. Je älter der Port, um so größer das Depot (der Bodensatz) in der Flasche. Deswegen müssen solche Weine mit größter Sorgfalt und Vorsicht in eine Karaffe dekantiert werden, nachdem sie vorher einige Stunden aufrecht gestanden haben. Und wenn es bei einem großen alten Jahrgang zum Flaschenpreis von 400 Mark und mehr auch noch so schmerzt – ein dreifingerhoher Rest muß ungetrunken in der Flasche bleiben.

4. Eine Bienenschaukel nennt man ein sehr dünnes, auf dem Wein schwimmendes Häutchen, das bei alten Portweinen vorkommt.

5. Alter Port läßt sich – einmal entkorkt – in einer ganz bis obenhin gefüllten, verschlossenen Karaffe ohne Geschmacksverlust höchstens 24 Stunden aufheben. Danach baut er ab.

Nun ist eine Flasche Port für einen Mann allein an einem Abend schon eine stramme Leistung, die nicht jeder ohne Übung bringt. GOETHE war in dieser Beziehung offenbar schon als 26jähriger gut trainiert. VARNHAGEN VON ENSE berichtet über ein Portwein-Trinkgelage des jungen GOETHE in Weimar. Teilnehmer waren der HERZOG AUGUST VON WEIMAR, PRINZ LOUIS FERDINAND VON PREUSSEN und der junge Dichter. »Der Herzog zog sich früh zurück, die anderen beiden jedoch tranken die ganze Nacht hindurch ungeheuer viel um die Wette und GOETHE blieb nichts schuldig, er konnte fürchterlich trinken.« Am Tag danach teilte GOETHE in einem Brief mit: »Der gestrige Wein hat wieder seine wohltätigen Wirkungen gezeigt, ich habe gut geschlafen und befinde mich wohl.« Als sein Freund JOHANN HEINRICH MEYER wieder einmal erkrankte, schrieb GOETHE am 5. Juli 1802 an SCHILLER:

»Hätte er sich, statt Pyrmonter Wasser hier teuer in der Apotheke zu bezahlen, ein Kistchen Portwein zur rechten Zeit aus Bremen verschrieben, so sollte es wohl anders mit ihm aussehen; aber es steht geschrieben, daß der freieste Mensch gerade an dem, was seinen Leib betrifft, den Vorurteilen unterliegen muß.«

Trotz GOETHES Vorbild habe ich kürzlich schon nach einer halben Flasche eine Pause einlegen müssen und mir aus Neugier die einschlägige Kochliteratur vorgenommen, um sie auf Portwein abzuklopfen. Bei HAEBERLINS *»Meisterküche im Elsaß«* wurde ich fündig. Sein Rezept *»Fasan in Portwein«* machte mich schon beim Lesen heißhungrig. Das Besondere an diesem Rezept aus der Auberge de l'Ill ist nicht nur der viertel Liter Portwein bei den Zutaten, sondern HAEBERLINS Anmerkung dazu. Sie lautet: »Guter Portwein ist auf der ganzen Welt gesucht und deshalb teuer. Zum Kochen sollte man sich aber unbedingt erste Qualität besorgen... Wichtiger als alles andere ist beim Port der Körper, die ›Wucht‹ des Weines, die sich so hervorragend mit Trüffeln, Gänseleber, aber auch mit Aprikosen verbindet. – Probieren Sie Ihren persönlichen Port-Kochwein aus! Und sparen Sie nicht – was man nicht in die Sauce hineintut, kommt auch nicht heraus.«

Bei den Worten »Aprikose« und »Sauce« hielt ich es nicht mehr aus. Ich ging sofort in die Küche. Nach zwei Stunden hatte ich sie: Eine neue, raffinierte und obendrein fettfreie Sauce, die heiß zur gebratenen Ente, lauwarm zu warmem Schinken, kalt zu Bratenaufschnitt von Schwein oder Kalb vorzüglich paßt.

So wird sie zubereitet:

2 getrocknete Aprikosen, gut waschen, in Streifen schneiden

2 ungespritzte Apfelsinen, auspressen, von einer die

Schale dünn abschälen (ohne Weißes) und in feine Streifen schneiden

¼ l Portwein, rot

¼ l klare entfettete Kraftbrühe oder Instant-Brühe mit Fleischextrakt verstärken

2 TL Speisestärke mit etwas Rotwein glattrühren

1 TL Zucker

2 EL Grand Marnier oder Curaçao weiß

Salz

Weißer Pfeffer aus der Mühle

Apfelsinenstreifen aus der Schale kurz in kochendes Wasser legen (1 Minute).

Wasser abgießen.

Aprikosenstreifen und geschnittene Apfelsinenschale mit Portwein in einer Kasserolle mit Deckel 15 Minuten bei Mittelhitze kochen.

Abseihen, Siebinhalt wegwerfen.

Im zweiten Topf gleichzeitig Fleischbrühe ohne Deckel bei kleiner Hitze 15 Minuten durch Köcheln reduzieren.

Beide Töpfe zusammengießen. Topfinhalt noch 15 Minuten ohne Deckel köcheln lassen. Kleine Hitze.

Apfelsinensaft, Likör, Zucker und Speisestärke einrühren. Noch 5 Minuten köcheln.

Mit Salz und Pfeffer abschmecken.

(Die Sauce hält sich im Kühlschrank 4–5 Tage.)

Die Frage, ob Portwein etwas mit der Leber von HUMPHREY BOGART zu tun hat, läßt sich – erstaunlicherweise bei diesem Profitrinker – auf zweierlei Weise beantworten: Medizinisch – wahrscheinlich nein. Kulinarisch – eindeutig ja. Als 1942 in Hollywood der Film »Casablanca« gedreht wurde, entstand wegen einer Szene – die BERGMANN und BOGART essen zusammen in Rickys Bar – ein neues Gericht.

Casablanca-Leber à la Bogart
(Zutaten für 4 Personen)
4 Scheiben (500 g) Kalbs- oder Jungrindleber, in finger-
dicke, 3 cm lange Streifen geschnitten
1 grob gestoßene Peperoni (getrocknet)
2 EL Kreuzkümmel, fein gemahlen
1 EL Sojasauce
6 Schalotten, fein gehackt
3 EL süße Sahne
1 Stengel frische Minze oder Zitronenmelisse
2 EL Cilantro, getrocknet, ersatzweise glatte Petersilie,
feingehackt
¼ l Portwein, weiß
2 TL Mehl
Salz
4 EL Olivenöl
In einer beschichteten Pfanne oder einem schweren Topf
das Öl erhitzen und die feingehackten Schalotten glasig
dünsten. Dann die Leberstreifen dazugeben und unter
Rühren leicht anbraten.
Das Mehl darüberstäuben, anziehen lassen, mit dem
weißen Port und der süßen Sahne ablöschen.
Bei kleiner Hitze, ohne Deckel, weiterkochen. Alle anderen Zutaten dazugeben und unter Rühren 10 Minuten
weiterköcheln. Eventuell noch etwas heißes Wasser dazugießen, die Sauce soll sämig sein. Mit Salz abschmek-
ken.

Der Verleger Alfred Richard Meyer hat unter dem Pseudonym Munkepunke in den 20er Jahren ein Cocktail- und
Bowlenbuch geschrieben, dessen erstes Erscheinen er so
begründete:

»Immer Kalte Ente! Ewig Pfirsichbowle!
Andres sinnt sich Munkepunke seinem Wohle.«

Es muß wohl immer noch viele Leute geben, die weder Kalte Ente noch Pfirsichbowle mögen; denn trotz vieler Auflagen dieses Buches erschien die letzte bibliophile Ausgabe von MEYERS »trinksamen Übungen« erst 1978 (Harenberg Kommunikation, Dortmund). Zwar hat MUNKE-PUNKE sein Rezept-Gedicht »*Silvester-Punsch* (für 6 Personen etwa)« für das Jahresende gedacht, ich kann jedoch auf Ehre und Gewissen versichern, daß man davon zu viert auch in einer kühlen Sommernacht auf angenehme Art besoffen wird, ohne am Morgen nach Alka-Selzer zu suchen. Hier ist MUNKEPUNKES Originalrezept:

»Roten Portweins der Flaschen drei.
Eine Zitrone geviertelt, Zimt eine halbe Stange.
Mische beim Kochen 12 Gewürznelken, 10 Stück Zucker bei
In ein irdnes Gefäß 6 Scheiben Orange.
Jede krieg' von geriebener Muskatnuß einen Hut.
Darüber gieße des Portweins Glut
Und laß eine Flasche Schaumwein darin verzischen.
So kann dir das alte Jahr schnurz entwischen!«

Likör

Eine Hausbar ohne Liköre ist ein Roulett ohne Zero, ein Mahl ohne Käse, ein Mädchen ohne Busen.

Als BRILLAT-SAVARIN am 2. Februar 1826, 70 Jahre alt, starb, hinterließ er nicht nur sein berühmtes Werk *Physiologie des Geschmacks*, sondern auch zwanzig Aphorismen über den Tafelgenuß, an deren Formulierung er sein Leben lang feilte. Der vorletzte dieser Gedankensplitter, der die Nummer XIX trägt, heißt: »Die Hausfrau muß sich stets vergewissern, daß der Kaffee tadellos ist, und der Hausherr, daß die Liköre erstklassig sind.«

Das, was BRILLAT-SAVARIN als »die Liköre« bezeichnet, war den europäischen Genießern zu dieser Zeit gerade etwas länger als 100 Jahre bekannt. Denn erst dem alternden LUDWIG XIV. und seinem Mundschenk sind die meisten heute noch gebräuchlichen Likör-Rezepturen zu verdanken. Der Sonnenkönig mußte nämlich feststellen, daß es ihm mit zunehmendem Alter immer schwerer fiel, seine Körperkräfte auf der Höhe seines Liebesdurstes zu halten. So war er auf die Idee gekommen, Zucker mit Weingeist und Kräuterauszügen oder Fruchtessenzen zu mischen und sich diesen Trank servieren zu lassen, wenn die Schöne schon bei ihm lag. Er erklärte die Wirkung des Likörs auf seine Liebeskraft so: »Durch den Gaumen nehme ich die ihm innewohnende Kraft, mein Geruchssinn wird durch das ihm entströmende Aroma bezaubert; zusammen mit dem Duft eines Mädchens ist er in diesem Augenblick das Nonplusultra der Geschmacksempfindungen. Liqueur ist der Monarch der Getränke.«

Auch in der Literatur spielt Likör als Anreger und Inspira-

tor eine wichtige Rolle. So sagte GOETHE einmal zu ECKER-
MANN: »SCHILLER hat nie viel getrunken, er war mäßig, aber
im Augenblick körperlicher Schwäche suchte er seine Kräf-
te durch etwas Likör zu steigern.« Und von LICHTENBERG
wissen wir aus dem Brief eines Zeitgenossen, der mit ihm
im gleichen Haus in Göttingen wohnte: »Des Morgens
stand LICHTENBERG spät auf. Gleich darauf trank er Kaffee,
Spanischbitter und Wein. Am Nachmittag wieder Wein und
Likör, um sich munter zum Schreiben zu erhalten.«

Ganz anders als der muntere Schreiber, nämlich im Sinne
eines feierlichen Rituals, sieht KARL HUYSMANS in seinem
Buch »Gegen den Strich«, das als die Bibel aller Symboli-
sten gilt, die obligatorische Likör-Bar, wie sie sich Herr des
Esseintes in der schweigenden Ruhe seines Hauses zu Fon-
tenay einrichtete. »Er ging ins Eßzimmer, da befand sich in
einem der Verschläge ein Schrank, der, auf winzigen San-
delholzgestellen, eine Reihe kleiner, Seite an Seite gelager-
ter, unten von silbernen Hähnen durchbohrter Fäßchen
enthielt. Er nannte diese Sammlung kleiner Likörtonnen
seine Mundorgel.

Ein Gestänge konnte alle Hähne untereinander verbinden,
sie einer einzigen Bewegung unterwerfen, so daß, wenn
man diese Vorrichtung gebrauchte, man nur auf einen im
Holzwerk verborgenen Knopf zu drücken brauchte, und alle zu gleicher Zeit herumgedrehten Hähne gossen Likör in
unsichtbar unter sie aufgestellte Becher. Die Orgel war gerade offen. Die Register mit den Namen ›Flöte‹, ›Horn‹
und ›Celesta‹ waren gezogen und gebrauchsfertig. Des
Esseintes nippte hier und da, spielte sich innere Symphonien vor und verschaffte sich im Gaumen Genüsse ähnlich
denen, welche die Musik den Ohren bietet.

Übrigens entsprach, seiner Ansicht nach, jeder Likör als
Geschmack dem Ton eines Instrumentes. Der herbe Curaçao zum Beispiel der Klarinette, deren Klang säuerlich

spritzig und milde ist; der Kümmel der Oboe, deren wohl-
klingender Ton näselt; der Pfefferminz und Anis der Flöte,
die zugleich zuckersüß und gepfeffert, quarrend und weich
ist, während, um das Orchester zu vervollständigen, der
Kirsch wütend Trompete bläst. Nach den Rakis von Chios
und den Mastixen rollen die Donnerschläge der Zimbeln
und der großen Trommel in der Mundhaut... Die Ähnlichkeit ging noch weiter, in der Musik der Liköre gab es
Zusammenhänge zwischen den Tönen; so stellt, um nur
eine Note herauszugreifen, der Benediktiner den Unterton
von jenem Oberton der geistigen Getränke dar, welche die
Partituren der Kaufleute unter dem Namen ›Grüne Chartreuse‹ führen.

Dank seiner gebildeten Erfahrung hatte er es allmählich
dahin gebracht, sich auf der Zunge leise Melodien, stumme

Trauermärsche in großer Besetzung, vorzuspielen, in seinem Munde Pfefferminz-Solo und Bitter- und Rum-Duette zu hören. Ja, er brachte es sogar fertig, wirkliche Musikstücke in seinen Kiefer zu übertragen, indem er dem Komponisten Schritt für Schritt folgte und seine Gedanken, seine Wirkungen und Nuancen durch Verbindung oder Gegenüberstellung von Likören wiedergab.

Bisweilen komponierte er selbst Melodien, verfaßte Hirtenlieder mit der milden Johannisbeere, die in seiner Kehle perlengleich Nachtigallenschläge rollen ließ; mit dem zarten Kakao-Chouva, der zuckersüße Schäferlieder von Anno dazumal trillerte ...«

Nun kann man der Ansicht sein, die etwas umständliche Art des Herrn des Esseintes, ein Likörchen zu genießen, sei blanker Snobismus und seine Parallelen zur Musik vielleicht doch ein wenig konstruiert. Da wäre man freilich falsch beraten, denn der Besitzer eines großen Konzertcafés im Paris der Jahrhundertwende hat jahrelang eine ausführliche Statistik darüber geführt, welchen Einfluß die gespielten Musikstücke auf den Alkoholkonsum seiner Kunden ausüben.

Nach seinen Beobachtungen steht RICHARD WAGNER absolut an der Spitze aller Komponisten, die ein Gastronom häufig spielen lassen sollte. Seine Musik ist am einträglichsten. Wurde damals der Hochzeitsmarsch aus Lohengrin, der Einzugschor der Pilger, die Musik aus dem Venusberg oder der Feuerzauber gespielt, stiegen schlagartig die Bestellungen von Dessertweinen und Likören.

Dagegen schlägt die Musik von RICHARD STRAUSS den Durst und die Phantasie so nieder, daß die Gäste nur noch nach hellem Bier und Limonaden verlangen. Am schlechtesten wirkt sich SCHUMANN auf den alkoholischen Appetit aus. Wenn seine Melodien ertönen, schreit alles nach Tee oder sogar nach Mineralwasser.

Vor 80 Jahren stand noch fest, daß nur verruchte weibliche Wesen in der Öffentlichkeit Zigarillos rauchen und Likör trinken.

Einer der wütendsten Gegner dieser Laster bei Damen war der hochdekorierte französische GENERAL DÉGRELLE, der bei einem offiziellen Empfang im Jahre 1895 in Paris im Nebenzimmer eine hübsche junge Dame sah, die in der einen Hand ein Zigarillo, in der anderen Hand ein Glas mit Likör hielt. Sodom und Gomorrha gleichzeitig. Der General überwand sein Entsetzen über diesen Anblick, ging auf die Schöne zu, fixierte sie und sagte dann zu ihr: »Es scheint Ihnen hier zu gefallen. Demoiselle, kommen Sie, gehen wir zusammen pissen!«

Wie sich die Zeiten ändern: Heute glauben manche Leute, es sei unmännlich, Likör zu trinken, der Mann trinke Schnaps! Dabei ist schon die Frage »Likör oder Schnaps« falsch gestellt. Die Antwort heißt nämlich »und«, Likör und Schnaps. Genauso ist es mit der Frage: Was ist der Unterschied zwischen Sexualität und Erotik? Auch auf diese Frage gibt es viele Antworten, die alle von subjektiven Definitionen beider Begriffe ausgehen. Was dabei objektiv rauskommt, gleicht dem Hornberger Schießen, bleibt ohne jeden Effekt – man ist hinterher so schlau wie zuvor.

Dabei bietet jede gut assortierte Bar eine ganz einfache und anschauliche Parabel, die diese Frage ein für allemal klärt. Schnaps trinken ist Sexualität – Likör trinken ist Erotik. Und so wie sich im Cocktail Schnaps und Brandy mit Likör und Sekt, wie sich Starkes mit Zartem, Klares mit Aromatischem, Süßem zu einem neuen Kitzel mischt, so gibt es auch keine befriedigende Sinnlichkeit ohne das wohlproportionierte Verhältnis von Sexualität und Erotik.

Ungefähr 630 verschiedene Liköre gibt es auf der Welt, eine Vielzahl, die weder vom Whisky noch von den Klaren erreicht wird.

Schon bei der Schreibweise des Wortes »Likör« trennen sich seine Freunde in zwei Gruppen. Wer die deutsche Schreibweise Likör vorzieht, sieht in ihm Vorstufe und Zutat zu aromatischen Kompositionen, zu Cocktails und Drinks. Schreibt aber einer Liqueur, so ist er mit Sicherheit ein Pur-Schlürfer, ein Trinker, der weiß, daß in Creme de Cacao die Vanille das Aroma der Kakaobohne ergänzt, daß Orangen- und Zitronendestillate das Bukett des Mandarinenliqueurs abrunden und daß Auszüge schwarzer Johannisbeeren und Himbeeren das Aroma der Brombeere im Blackberry-Liqueur steigern. Solche »Esprits composés« genannten Zusammenstellungen sind das wohlgehütete Geheimnis der Hersteller edler Liqueure. Dabei sind diese Beispiele noch einfache Rezepturen, weiß man doch, daß zur Komposition eines Bénédictine die folgenden Zutaten, getrocknete Kräuter und Pflanzen, gehören: Melisse – Arnika – Ysop – Frauenhaar – Farn – Vanille – Zimt – Myrrhe – Koriander – Muskatnuß – Kardamom – Estragon – Kienapfel – Engelwurz – Aloe – Muskatblüte – Safran – Getreidekörner.

Und schier endlos ist das Rezept des 55 %igen »Chartreuse Grün«, der eine Komposition aus 130 verschiedenen Kräutern darstellt. Seit 1605 ist die Rezeptur stets nur fünf Karthäuser-Mönchen bekannt, die in Voiron (Frankreich) und im spanischen Tarragona die Destillation betreiben.

Likörkenner sind sehr viel seltenere Zeitgenossen als Weinkenner oder Bier-Experten. Wer als Likörfachmann gelten will, muß selbstverständlich wissen, daß Grand Marnier, der auf Cognacbasis komponiert wird, ein Curaçao ist, daß Cointreau als der tpyische Curaçao gilt und daß Curaçao wiederum der Begriff für hochwertigen Orangenlikör ist, der aus den getrockneten Schalen grüner Orangen von der westindischen Insel Curaçao destilliert wird. Ihm müßte aber auch geläufig sein, daß »Coconar« ein persischer

Likör aus Mohnblättern ist, daß Maraschino, der so zart nach bitteren Mandeln schmeckt, aus der kleinen Marasca-Kirsche bereitet wird, daß die Italiener Rosenlikör schon seit 1330 kennen und daß »Uisgebaugh« ein irischer Likör ist, der neben Brandy Muskat, Nelken, Rhabarber, Zimt und Anis noch weitere Gewürze enthält.

Die Nostalgie trägt auch den Likör wieder an seinen angestammten Platz, den er freilich in einer wirklich guten Hausbar nie verlassen hat. Denn wer aus der großen Gilde der Trinker würde ohne Cocktails weiterleben wollen. Und der Cocktail – sagte schon MONSIEUR FRANK, der vor Jahrzehnten die Ritz-Bar in Paris dirigierte und als der beste Keeper der Welt galt – »der Cocktail muß einen Körper und eine Seele haben. Der Körper, das sind die hochprozentigen, aus Wein, Korn oder Zuckerrohr gebrannten Wässer, die Seele aber gibt der Liqueur.«
Auch und gerade zu Hause sollte man weder auf die Before-Dinner-Cocktails verzichten noch den geeisten Likör zum Espresso hinterher vergessen. Wenn es um den Cocktail geht, scheiden sich die Geister:
To shake or not to shake – heißt die Gretchenfrage. Die Konservativen greifen zum Shaker, um welchen Drink es sich auch handeln mag. Die Progressiven greifen zum Barglas und mixen den Drink durch gefühlvolles, sanftes Rühren mit dem Glasstab.
»Ekelhaft«, stöhnt die Shaker-Gruppe, »erst durch das Schütteln kriegt der Drink sein Temperament.«
»Trübe Brühe«, erklären die Magier vom Glasstab, »fließt durch das Schütteln aus dem Shaker.«
Wie dem auch sei, wir greifen zum Shaker und machen HIGH LIFE. So heißt einer der vielen Cocktails auf Whisky-Basis:

3 Eiswürfel in den Shaker, 1 Eiweiß, 2 Schuß Curaçao Orange, 1 Teelöffel Grenadine-Sirup, ⅔ kanadischer Whisky, kräftig schütteln, abseihen – Cheerio!

Und gleich einen GOLDRAUSCH hinterher: Frisches Eis, ⅓ Bourbon, ⅓ Strega, ⅙ Apricot Brandy, ⅙ Curaçao weiß, und durchs Barsieb ins Cocktailglas.

Für diese, überhaupt für jede Cocktail-Komposition das Wichtigste: Bitte genau an die Mengenangaben halten!

Schon marschieren die 52 Cocktails auf Gin-Basis heran, die jeder Barmann aus dem Handgelenk mixt: HAVANNA, MONTE CARLO und der ROYAL sind nur drei von ihnen.

HAVANNA
⅓ Rum, ⅓ Gin, ⅓ Creme de Cacao und den Saft von Orange direkt ins Glas; einmal umrühren – Prost!
MONTE CARLO
Shaker mit zwei Eiswürfeln, ⅓ Grand Marnier, ⅓ Gin, ⅙ Zitronensaft, ⅙ Grenadine, schütteln, servieren.
ROYAL COCKTAIL
Shaker, 2 Eiswürfel, ⅓ Gin, ⅓ Vermouth dry, ⅓ Cherry Brandy, mit Kirsche garnieren.

Auf Weinbrand- oder Brandy-Basis probieren wir

B + B
Mischglas, 2 Eiswürfel, ½ Bénédictine, ½ Brandy, umrühren, ins Cocktailglas.
SUZANNE
Mischglas wie vorher, ⅓ Cointreau, ⅓ Anisette, ⅓ Curaçao Triple Sec.

Aus der Rum-Linie stammt

DARLING
Shaker mit Eis, ⅔ Rum, ⅙ Chartreuse gelb, ⅙ Zitronensaft, zum Garnieren eine Kompottkirsche.

Ein Cocktail, der Pfefferminzliebhaber immer erfrischen
wird, ist der Longdrink

GREENHORN
Mit Eis geshakert, ½ Creme de Menthe, ½ Gin, abseihen, mit Soda aufspritzen.

Wer Likör liebt, schätzt auch die Pousse-Cafés. Von Hause
aus sind sie keine echten Cocktails, vielmehr kleine Kunst-
werke, entstanden in Pariser Straßencafés der Jahrhundertwende, eine Augenweide und ein Genuß zugleich.
Der klassische Pousse-Café besteht aus 3 bis 4 flüssigen
Zutaten, die aufeinandergeschichtet in schmalen Kelchglä-
sern mit hohem Stiel serviert werden. Ein Strohhalm gehört dazu. Wichtig für das Gelingen ist es, daß der Likör
mit dem größten spezifischen Gewicht zuerst ins Glas
kommt. Die folgenden werden dann sanft über die Wöl-
bung des umgedrehten Barlöffels gegossen. Schwer im Gewicht sind Chartreuse, Eierlikör u. a., leicht ist beispiels-
weise Weinbrand. Versuchen wir den

POUSSE-CAFÉ NANETTE
Er wird in dieser Reihenfolge eingegossen:
¼ Creme de Menthe (grün), ⅛ Maraschino und ⅛ Curaçao (blau), ¼ Cognac.

Wenn man die ersten Gieß-Erfahrungen gesammelt hat,
wird man bald seinen ganz persönlichen Pousse-Café ent-

decken. Pousse-Cafés beschließen ein großes Dinner oder sind als Solo das Getränk des späten Nachmittags, der l'heure bleu.
Dann mag der Abend kommen.

Rum und Punsch

Von allen alkoholischen Destillaten hat Rum die größte Reichweite: Bei großer Hitze verschaffen alle Rum-Drinks – und davon gibt es mehr, als der Seeigel Stacheln hat – auf angenehmste Weise Abkühlung, ohne daß man in Schweiß ausbricht; in kalten Zonen hilft Rum als Punsch oder Grog besser als alle Tabletten, den Winter ohne Erkältung zu überstehen. Sicher, Rum hat auch Nebenwirkungen. Schon sein Name verrät es. Der hat sich vor langer Zeit aus dem alten Devonshire-Wort »rumbowlins« gebildet, was soviel wie Krawall oder Aufruhr bedeutet.

Die Leute auf Jamaika und in der übrigen Karibik, wo vom wasserhellen weißen Rum bis zur dunkelbraunen schweren Rumsorte der beste Rum in der ganzen Welt gebraut wird, sagen deshalb, daß nach einem Rumpunsch-Nachmittag keiner so nach Hause geht, wie er gekommen ist. Liegt man erst am Boden, ist es schwer zu unterscheiden, wer einen k. o. geschlagen hat: ein Mitzecher oder der flüssige Freund.

So ein Rumpunsch-Nachmittag auf Martinique ist eine der angenehmsten Weisen, sich zu besaufen. Jeder ist sein eigener Mixer, wenn eines der milchkaffeebraunen Mädchen mit den überlangen Beinen die Zutaten hingestellt hat: ein paar Scheiben Limone, eine kleinere Flasche mit Zuckersirup, eine größere mit Rum und einen Topf mit Wasser und Eisstücken. Selbst das Rezept ist eine Faustregel:

Einmal sauer, zweimal süß, dreimal stark und viermal schwach. Die Limone ist das Saure, das Süße der Sirup, der Rum das Starke und das Eiswasser das Schwache. Wer nicht mehr bis drei zählen kann, läßt das vierte weg.

Noch immer ist Rum in der Karibik das Volksgetränk und gehört wie Steelband und Limbo zur Gemeinsamkeit aller Inseln: Morgens nimmt der Fischer auf nüchternen Magen den ersten Schluck Rum als Décollage, um sich in Schwung zu bringen, und auf dem Lande netzt man den Neugeborenen wie den Toten die Lippen mit Rum, weil er den Teufel killt. Deswegen heißt er unter den Passatwinden auch Devilkiller.

Wie viele Teufel der Admiral Boscaven gekillt hat, als er 1760 in Amerika alle Offiziere seiner Flotte zu einer Punschbowle einlud, läßt sich kaum in Zahlen ausdrücken. Als Gefäß wählte er ein marmornes Bassin, in das 600 Flaschen Rum, 600 Flaschen Cognac, 1200 Flaschen Malaga und 400 Liter Wasser gekippt wurden, in dem man 600 Pfund Zukker aufgelöst hatte.

Zum Würzen wurden 600 Muskatnüsse gerieben und 2600 Zitronen ausgepreßt. Auf diesem Punsch-See fuhr in einem zierlichen Kahn aus Acajouholz ein hübsches Mädchen im Kostüm einer griechischen Hebe herum und schöpfte den Gästen das köstliche Naß heraus.

Dieser Riesenpunsch hat damals 15.000 Golddollar gekostet, was nach der heutigen Kaufkraft ungefähr einer viertel Million Mark entspricht.

Wer heute von Rum-Drinks für heiße Tage spricht, denkt in erster Linie an Daiquiri. Dieser klassische Rum-Cocktail wurde 1896 von einem amerikanischen Ingenieur namens Jennings Cox erfunden, der in Daiquiri auf Kuba lebte. Seinen Gästen gefiel dieses Getränk so gut, daß sie das Rezept mit nach Amerika nahmen, wo der Daiquiri vom Army- and Navy-Club in Washington aus die Bars der Welt eroberte.

Einer der größten Daiquiri-Trinker war Ernest Hemingway. An einem Nachmittag soll er in Harry's Bar in Venedig

46 Daiquiris getrunken haben und dann in einer Gondel zum nahegelegenen Hotel Danieli gefahren sein, um dort als Nightcap in der Bar 15 Daiquiris zu trinken.
Das klassische Rezept für diesen Drink, der in allen seinen Variationen immer mit weißem Rum gemixt wird, ist dies:

Saft einer halben Limone
1 TL Puderzucker
1 dreifacher Bacardi
auf Eis in einem Shaker geschüttelt und in einem gekühlten Cocktailglas serviert, dessen Rand, mit Zitronensaft befeuchtet, in grobem Zucker gedreht wird.

Ein Rum-Rezept, das den harmlosen Namen »*Poor man's liqueur*« führt, hat der Nachwelt der James-Bond-Autor Ian Fleming hinterlassen. Seine Warnung, daß es einen Mann vernichten kann, versteht man erst, wenn man die Rezeptur gelesen hat:

1 Flasche Rum
1 Tl Zucker
Schale von einer Apfelsine
Schale von einer Limone
Etwas von dem Rum in einen Kupfertopf gießen und den Zucker einrühren. Apfelsinen- und Limonenschale dazugeben und mit einem Löffel so kräftig drücken, daß das ätherische Öl herauskommt. Den restlichen Rum dazugießen und anzünden. Mit einer Gabel rühren, bis die Flamme von Blau zu Gelb wechselt. Durch Aufsetzen des Deckels sofort zum Verlöschen bringen. Mit einem Schöpflöffel in die Gläser füllen.

Wie so oft wird dem Rum-Neuling das Einkaufen nicht eben einfach gemacht. Man muß folgendes wissen:

ORIGINAL-RUM ist der einzige, der bei uns ohne jede Veränderung und ohne Zusätze verkauft werden darf.

ECHTER RUM ist dagegen – meist in Flensburg – auf Trinkstärke herabgesetzt, was immer unter Trinkstärke zu verstehen ist.

RUM-VERSCHNITT wird mit Wasser und neutralem Sprit so weit verschnitten, daß nur noch mindestens fünf Prozent Original-Rum enthalten sind. Dennoch darf die Herkunftsangabe dieses kümmerlichen Restes auf dem Etikett erscheinen.

Nicht auszurotten ist die Vorliebe deutscher Touristen für sogenannten österreichischen Rum. Er hat 70 oder mehr Alkoholprozente, ist verhältnismäßig billig, dafür aber so gut wie ungenießbar. Sein Aroma erinnert an die Auspuffgase von Zweitaktern, und gegen diese Flüssigkeit ist der billigste deutsche Rum-Verschnitt noch ein hochedler Tropfen.

Der Original-Rum wird aus der Melasse, die bei der Zukkergewinnung aus Zuckerrohr entsteht, durch Vergärung unter Zusatz von Hefe und Bakterienkulturen, die den Zucker in Alkohol und Kohlensäure spalten, gewonnen.

Während dieses drei bis zwölf Tage dauernden Prozesses entweicht die Kohlensäure; erst danach beginnt die Destillation.

Ursprünglich ist der Rum wasserhell. Erst durch Lagerung in Holzfässern gewinnt er, je nach Lagerzeit, seine Farbe, die bis zum fast schwarzen Braun reichen kann.

Manche Rumsorten werden karamelisiert oder durch Zusätze parfümiert. Ananasmaische setzt man auf Jamaika zu, Dörrpflaumen auf Barbados, Kleeblätter, Akazienrinde und duftende Kräuter auf vielen anderen westindischen Inseln.

Beim weißen Rum hat sich inzwischen ein Markenname zum Gattungsbegriff erhoben: Bacardi.

In den Herstellerländern ist eine Rum-Probe keine Promillefrage. Ein kleiner Schuß wird in die Handfläche gegossen, verrieben und dann durch Mund und Nase eingeatmet – das ist alles. Mit klarem Wasser werden die Hände neutralisiert, und dann geht's weiter. Von Sorte zu Sorte, von Jahrgang zu Jahrgang – das Angebot reicht bis zum 25jährigen, tiefbraunen, hocharomatischen Edelschluck.

Raffinierte Feinschmecker essen tropische Früchte, nachdem sie sich die Handflächen mit Rum parfümiert haben. Bei jedem Bissen steigt eine Duftwolke in die Nase. Die zarte Süße, die einem so entgegenfächelt, ergibt zusammen mit dem Fruchtgeschmack einen großartigen Genuß.

Von unserem sommerlichen Obstangebot eignen sich vollreife Erdbeeren ganz vorzüglich für diese Eßweise.

Rum-Hersteller träumen heute noch vom Jahre 1810. Da ergab eine Umfrage in Massachusetts den höchsten Rum-Konsum aller Zeiten: 40 Liter im Jahr pro Kopf der ansässigen Bevölkerung. Dieser Weltrekord an hochprozentigem Verzehr ist bis heute ungebrochen und kann nur dadurch erklärt werden, daß der Rum seinerzeit so billig war. Für seinen kümmerlichen Tagesverdienst von 50 Cent konnte sich ein schwarzer Plantagensklave immerhin 16 Liter Rum leisten. Dennoch wurde am Rum-Handel reichlich verdient: Die Sklavenhändler kauften von den afrikanischen Häuptlingen ganze Dorfbevölkerungen für ein paar hundert Liter Rum ein.

Den Gewinn legte man in Amerika in Waffen an. Auf diese Weise besteht zwischen der Unabhängigkeit der USA von England und Rum eine so enge Verbindung, daß der Diplomat Charles Francis Adams 1868 feststellen mußte: »Rum ist ein wesentlicher Bestandteil der amerikanischen Sezessionskriege.«

Als Drink läßt sich Rum gerade im Sommer hervorragend mit allen Fruchtsäften kombinieren. Aber auch ein Rum-Martini oder ein Rum-Manhattan ist als Before-Dinner-Cocktail nicht zu verachten, und wer ein Saucen-Fan ist, sollte zum Puter oder Rinderschmorbraten die Sauce mit einem Eßlöffel Rum abrunden.

Im Repertoire der deutschen Kalauer hält der Rum seit Jahrzehnten zwei Plätze im ersten Rang besetzt.

Ein Kunde im Schokoladengschäft:
»Ich möchte Rumkugeln.«
Sagt der Verkäufer:
»Wollen Sie das nicht lieber zu Hause machen?«

Ein Sachse kommt in eine Berliner Kneipe und fragt den Wirt: »Griecht man hier Rum?«
»Nee, hier setzt man sich.«

In ganz normaler Haltung lassen sich auch vier Grundrezepte für klassische, moderne, sanfte und starke Rum-Drinks zubereiten.

Der Klassiker: *Planter's Punch*
Für 1 Longdrink-Glas:
3 cl Jamaica-Rum
Saft von 1 Limone
Saft von 2 Apfelsinen
2 EL Grenadine-Sirup
1 Spritzer Angostura Bitter
Alles durchrühren, Glas mit reichlich zerstoßenen Eiswürfeln halb füllen (Eiswürfel aus abgekochtem Wasser herstellen, sie sind glasklar).
Garnitur: eine dünne Apfelsinenscheibe und ein Zweiglein frische grüne Minze.

Der Moderne: *Caribbean Ladykiller*
Für 1 Longdrink-Glas:
4 cl braunen Martinique-Rum mit ½ Tasse Guajavensaft (gibt's in kleinen Dosen zu kaufen) und
2 EL Grenadine-Sirup durchrühren
1 Scheibe frische Ananas würfeln
1 Schnitz Mangofrucht
1 Prise Muskat
2 Eiswürfel
Vor dem Eingießen Glasrand befeuchten und in Kristallzucker eintauchen.

Der Sanfte: *Tonic Green*
Für 1 Longdrink-Glas:
⅙ des Glases mit weißem Rum füllen und mit 4 cl Curaçao Blau mischen
1 als Spirale geschnittene Limonenschale (3 cm lang)

1 hauchdünne Limonenscheibe
4 Eiswürfel
Mit Tonic-Wasser auffüllen.

Der Starke: *Papa Hemingway*
Für 1 Cobbler-Glas:
4 cl 73prozentigen Jamaica-Rum mit 2 cl Cointreau verrühren
1 Stück Würfelzucker mit Angostura Bitter tränken
2 Eiswürfel
Mit Ginger Ale auffüllen, mit einer Maraschinokirsche
und einem Schnitz Zitrone garnieren.

Gott sei Dank brauchen wir zum Trinken alkoholischer
Heißgetränke, edler Pünsche und Grogs keine Vorwände
zu suchen: Irgendwo ist immer eine Grippe-Epidemie, eine
Erkältungswelle im Anzug, oder es fröstelt einen ganz einfach. Das Gegenteil soll erst mal einer beweisen; denn die
Temperaturempfindlichkeit jedes Menschen ist eine höchst
individuelle, subjektive Angelegenheit. Ein kontrollieren-
der Blick auf das Außenthermometer sagt da noch gar
nichts. Es handelt sich schlicht und einfach um eine medi-
zinische Indikation.
Als Medizin bezeichnet man daher in Kanada den *Hot
Toddy*. (In Wahrheit ist das ein Grog für feine Leute.)
So wird der Toddy gebraut:

1 Streifen Zitronenschale
1 Nelke
1 Prise gestoßener Zimt
1 Prise Zucker
4 bis 5 volle Schnapsgläser erwärmter Bourbon – oder
Canadian Whisky (8 bis 10 cl).
Mit kochendem Wasser auffüllen.

Aus Frankreich kommt *Hot Cidre:*

½ Liter Cidre oder Apfelwein
3 doppelte Calvados
1 EL weißer Rum
2 EL Zucker
1 TL Zitronensaft
Kurz aufkochen. Fertig.

In England trinkt man traditionell in der Nacht des 5. November, dem Guy Fawkes Day, *Professor George Saintsburys Punsch.* Für zwölf Personen rechnet man mit:

3 Flaschen Rum
2 Flaschen Brandy
1 Liter Lime Juice
Fast bis zum Sieden erhitzen und sofort einschenken.

GUY FAWKES, der 1605 das Parlament in die Luft sprengen wollte, wird alljährlich in Tausenden von Freudenfeuern im ganzen Land symbolisch als Strohpuppe verbrannt. Wer dabei reichlich Saintsburys Punsch getrunken hat, der sollte nicht zu nahe ans offene Feuer gehen.
Eine Erfindung des Gourmets DEMIDOFF aus Rußland ist der nach ihm benannte Punsch.

750 Gramm weißen Kandiszucker mit der abgeriebenen Schale einer Zitrone und einem Liter Wasser kochen. Daneben bereitstellen:
Saft von 2 Zitronen
5 EL Apricotbrandy
2 Flaschen Rheinwein
1 Flasche weißen Bordeaux
1 Flasche Rum

Alles in den kochenden Zuckersud gießen, kurz vorm Aufkochen eine Minute brennen lassen und mit einer Flasche kaltem Sekt ablöschen.

Nichts geht den Schweden über ihren *Glögg*. Für dieses schwere Geschütz (zwölf Teilnehmer mindestens) braucht man folgende Mischung:

2 Liter herben Rotwein
2 Liter Muskateller
½ Liter süßer Wermut
½ Liter Aquavit
2 EL Angostura
10 Nelken
Schalen von 2 Orangen
etwas Kardamompulver
5 Zentimeter frische Ingwerwurzel, kleingeschnitten
1 Zimtstange
2 Tassen helle Rosinen
2 Tassen Zucker
Über Nacht stehen lassen. Am nächsten Tag alles nochmal kräftig durchrühren, aufkochen lassen (etwa fünf Minuten). Dann zwei Tassen süße Mandeln überbrühen, enthäuten, dazugeben. Mit Dessertlöffel in großen Gläsern servieren. Das Dicke nicht im Topf lassen, es gehört ins Glas.

In Norddeutschland ist der *Eiergrog* eine lokale Spezialität:

1 Eigelb mit 1 Eßlöffel durchgesiebtem Staubzucker verrühren. Allmählich 2 Eßlöffel heißes Wasser (nicht kochend) dazugeben. Dann den sehr heiß vorgewärmten Rum dazurühren.

In den USA ist *Hot Buttered Rum* ein beliebtes Getränk in erkältungsschwangeren Nächten.

Man spült einen Becher heiß aus, gibt dann 1½ Teelöffel feinen Zucker hinein, eine 2,5 Zentimeter lange Zimtstange dazu und 5 Schnapsgläser Jamaika-Rum. Rühren, bis der Zucker sich aufgelöst hat, und dann mit ¼ Liter kochender Milch auffüllen. 15 Gramm Butter obendrauf und zwei Prisen Muskatnuß als Abschluß. Wer davon nicht krank wird, bleibt gesund.

Kräuter

Wer ohne Kräuter kocht, kann sich gleich auf Wasser und Brot beschränken.

Kochbücher und Kräuterfibeln haben den Nachteil, daß sie manchmal von Zutaten ausgehen, die niemand hat. Rezepte, die mit »Man nehme einige Stiele frischen Portulak« beginnen, ohne zu sagen woher, lassen einen die ganze Verlorenheit des modernen Menschen spüren. Kräuterbücher sind nicht viel humaner. Mit dem Kapitel »Wie man einen Kräutergarten anlegt« fängt's schon an. Wer keinen Garten hat, wird gerade noch auf die »Tips für Kräuter auf Balkon und Fensterbank« verwiesen, spielt aber als Gourmet bereits eine Rolle im Abseits. Was gar nicht sein muß. Zwar sind weite Strecken unseres Landes Kräuterwüsten, und der Händler bietet wirklich frisch nur Schnittlauch, Dill und Petersilie an: aber die Kräuterfülle auf Münchens Viktualienmarkt ist ja auch nicht vom Himmel gefallen. So gut wie Dreisternekoch ECKART WITZIGMANN und viele seiner Kollegen in der Lage sind, sich – jahreszeitlich bedingt – mit frischen grünen Würzkräutern zu versehen, genausogut kann es der Gemüsemann an der Ecke. Er muß es nur wollen. Die Großmärkte halten täglich mehr grüne Würzen bereit, als viele halbverwelkte Petersiliensträußchen uns weismachen sollen.

Feinschmecker sind hin und wieder gezwungen, sich mit Brutalität durchzusetzen. Sprechen Sie mit Ihrem Grünkramhändler deswegen nicht unter vier Augen, sondern tadeln Sie ihn laut für das, was er Ihnen vorenthält, wenn der Laden voll ist. Sie werden viel Zustimmung finden. Gibt er noch nicht nach, drohen Sie ihm mit Boykott oder packen

Sie ihn an der Berufsehre. Der eine oder andere Weg führt schließlich zum Erfolg.

Die Mehrkosten frischer Gewürze ersparen unnötige Ausgaben für Getrocknetes.

Was aus dem grünen einheimischen Bereich frisch getrocknet oder gefroren in Ihre Küche gehört, steht in diesem Kräuter-Alphabet. Aufgenommen wurden vor allem Pflanzen, die bei uns wachsen und überall erhältlich sind. Die meisten kann man auch im eigenen Garten oder in Blumentöpfen kultivieren.

ANIS
englisch: Aniseed; französisch: Anis

Von der Pflanze werden nur die fünf Millimeter langen, stark aromatischen Samenkörner zum Würzen verwendet. Von der Verwendung beim Backen abgesehen, gibt Anis sowohl Desserts, aber auch dem Brot zu Austern einen besonderen Pfiff. Vorsichtig angewendet kann es grünen Salaten ein elegantes Parfüm geben. Überall zu haben. Haltbar.

BASILIKUM
englisch: Basil; französisch: Basilic

Den Indern galt das würzige Kraut als heilig, den Kräutergelehrten des Mittelalters als Teufelszeug. Im 16. Jahrhundert wurde es als Mittel gegen Depressionen gerühmt: »Benimpt die Trauer, so da kompt von der Melancoly.« Als frisches Würzkraut ist es bei vielen Gerichten der südlichen Küche unersetzlich. Basilikum harmoniert mit Pfeffer, Knoblauch, Zwiebel, Rosmarin, Salbei, Estragon und frischem Dill. Nicht mitkochen! Getrocknete Blätter zu kaufen heißt, das Geld zum Fenster rauswerfen. Auch tiefgefroren ist es nur noch ein Schatten seiner selbst.

BEIFUSS
englisch: Mugwort; französisch: Armoise
Gehört zur Familie der Wermutpflanzen und paßt durchaus nicht nur zum Gänsebraten. Beifuß schmeckt leicht
bitter und ist als Kontrastgewürz bei allen fetten Speisen
willkommen. Getrocknet sind die Blütenknospen, die man
zum Würzen verwendet, lange haltbar. Die Kelten nannten
den Beifuß »die Mutter aller Kräuter« und bekränzten sich
mit der Pflanze zum Schutz gegen Hexen und böse Geister.

BOHNENKRAUT
englisch: Savory; französisch: Sarriette
Je nach Sorte bis zu pfefferartigem, scharfem Geschmack.
Weißblühendes Bohnenkraut ist schärfer! Alle Bohnenge-
richte, aber auch Erbsen und Pilze profitieren von sparsa-
mer Anwendung. Getrocknet oder frisch verwendbar. Gilt
nach neuesten Untersuchungen als Aphrodisiakum.

BORRETSCH
englisch: Borage; französisch: Bourrache
Das behaarte Blatt oder die blauen Blüten geben einen Geschmack zwischen Gurke und Zwiebel. Herrlich zu grünem
und Gurkensalat, zu Pilzgerichten, Tomaten- und Rahm-
saucen. Nur frisch verwenden!

DILL
englisch: Dill; französisch: Aneth
Vom Dill lassen sich Stengel, Blatt, Blüte und Samen verwenden. Der Samen schmeckt allerdings eher nach Kümmel. Dill ist frisch, getrocknet oder tiefgefroren gleich aromatisch. Paßt zu Aal, Krebsen und Krabben wie auch zu
Salaten, Mayonnaisen, jungen Kartoffeln, Gurken (geschmort oder eingelegt) und vielen skandinavischen
Fleisch- und Fischsalaten der süß-sauren Richtung. Gra-

ved Lachs kann man ohne Dill überhaupt nicht präparieren, auch die Senfsauce dazu ist ohne Dill nicht denkbar. Joghurt mit zerkleinertem Eis und viel Dill ist eine bulgarische Sommerdelikatesse.

Wollte ein Mädchen einen Pantoffelhelden, so legte es sich bei der Hochzeit einen Dillzweig in den Schuh. Im 16. Jahrhundert jedenfalls. Bis zu den Emanzen hat sich das offenbar noch nicht herumgesprochen.

ESTRAGON

englisch: Tarragon; französisch: Estragon

Im Gegensatz zu vielen anderen Kräutern entfaltet sich dieses feine Gewürzkraut erst beim Kochen richtig – einerlei, ob frisch oder getrocknet. Kenner unterscheiden zwischen russischem Estragon (deutsch: Bertram) und der feineren deutschen oder französischen Pflanze. Die Blätter werden auch in Essig eingelegt angeboten. Getrocknet nahezu unbegrenzt haltbar.

Sparsam dosiert gehört Estragon zu den »Fines Herbes« der französischen Küche. Anwendung: Marinaden, Senf, feine, helle Saucen, Kräuterbutter, Karotten. Kalb, Huhn, Sauerbraten, Gurken. Wer ein paar Estragonblätter in der Tasche trägt, ist sicher vor Schlangen, behaupten die Rumänen.

FENCHEL

englisch: Fennel; französisch: Fenouil

Die mehrjährige Pflanze wird über zwei Meter hoch. Zum Würzen verwendet man das frische Grün oder den getrockneten Samen. Das Grün paßt zu allen Tieren, die aus dem Wasser kommen; mit dem Samen wird Brot gewürzt – Fenchel ist aber auch zum Sud für Hummer oder Krebse geeignet. Besondere Delikatesse: Neue Kartoffeln in der Schale – eine Fenchelknolle mit etwas Grün mitkochen!

KERBEL

englisch: Chervil; französisch: Cerfeuil

Nur das frische Kerbelkraut ist delikat. Getrocknet gibt der Kerbel wenig her. Kerbelsuppe ist ein Gedicht. Zu Kartoffel- und Tomatensuppe, zu gegrilltem Fisch oder jungem Spinat sollte man auf den feinen Geschmack des Kerbel nicht verzichten. Alle intensiv schmeckenden Kräuter dann aber nicht verwenden.

KORIANDER

englisch: Coriander; französisch: Coriandre

Das grüne Kraut von wanzenartigem Geruch wird in der europäischen Küche kaum benutzt. Der kugelförmige, getrocknete und sehr haltbare Samen wird viel verwendet: ungemahlen bei der Brotbäckerei, gemahlen zum Würzen von Schweinefleisch, Kalbsherz, Schinken und Wurst. Köstlich auch zu gekochtem Sellerie, Kohlspeisen und, vereinigt mit Majoran, in Erbssuppen.

KÜMMEL

englisch: Caraway; französisch: Carvi oder Cumin des prés

Ein Kümmelbrötchen oder einfach ein paar Körner kauen, und der Kater ist weg. Ansonsten an Weißkohl, Sauerkraut, Schweinebraten, Gulaschsuppe und vieles andere. Zur Käseplatte ein Schüsselchen pur dazustellen. Gemahlen und mit Salz und Thymian vermischt zum Einreiben von Enten.

LAVENDEL

englisch: Lavender; französisch: Lavande

Dem Rosmarin im Geschmack ähnlich. Entweder junge Blatt-Triebe oder getrocknete Blätter – zerrieben – verwenden. Hammelbraten, Fischsuppe oder Kräutersaucen gewinnen ganz neue Perspektiven. Getrocknet lange haltbar. Bis ins 19. Jahrhundert nahmen arme provenzalische Mädchen vor der Hochzeit ein Bad in Lavendel. Wenn sie schon keinen Lavendel-Acker mit in die Ehe brachten, wollten sie wenigstens so riechen.

LIEBSTÖCKEL
englisch: Lovage; französisch: Livèche
Maggikraut wird er oft genannt, und so schmeckt er auch – der Liebstöckel. Die frischen Blätter passen überall hin, wo man auch Suppenwürze verwendet; im grünen Salat ist er eine Delikatesse. Die getrockneten Blätter geben nach sechs Monaten ihren Geist auf, aber Liebstöckel läßt sich gut einfrieren.
In Norditalien tragen die Mädchen ein Liebstöckel-Sträußchen unterm Rock, um den Auserwählten zu becircen.

LORBEERBLATT
englisch: Bay; französisch: Laurier
Die getrockneten Blätter sind milder als die sehr hart schmeckenden frischen. Verwendung: alle Bouillons, Kalbsfrikassee, Kochfisch-Sud, Beize für Wild- und Sauerbraten, Ossobuco, Rinderschmorbraten.
Die griechische Sage berichtet, daß Apoll der Nymphe Daphne die Unschuld rauben wollte. Um die Keusche zu retten, verwandelte die Erdgöttin Gaia das Mädchen vor den Augen ihres Freiers in einen Lorbeerbaum. Dennoch kein Grund, an alles und jedes ein Lorbeerblatt zu geben.

MAJORAN
englisch: Sweet Majoram; französisch: Marjolaine
Verwandter des wilden Oregano und des Thymian. Dennoch wegen seines kräftigen, derben Geschmacks getrocknet nicht anstelle der beiden anderen verwenden. Unentbehrlich für Hülsenfrüchte, Hammeleintopf, Schweinegulasch, Leberwurst, Schmalz, Füllung von Gänsen.

MINZE

englisch: Mint; französisch: Menthe poivrée

Zum Würzen nur frische Blätter verwenden – natürlich für englische Mintsauce, aber auch für Tomatensauce zu Fleischgerichten. Ein ganzer Stengel zu gedünstetem Seefisch, zu Salatsaucen aus Joghurt; und vor allem zu sommerlichen Longdrinks von Pimm's No. 1 bis Planter's Punch.

OREGANO

englisch: Wild Majoram; französisch: Marjolaine sauvage

Anders als bei seinem zivilisierten Verwandten, dem Majoran, schmecken die getrockneten Blätter des Oregano wilder, bitterer. Italienische Tomatensaucen, Pizzas, Auberginen- und Paprikagemüse sind ohne ihn undenkbar. Oregano behält sein Aroma im dunklen Glas etwa ein Jahr.

PAPRIKA

englisch: Pod Pepper; französisch: Paprika, Poivre d'Espagne

Paprika kann man als Gewürz nur in gemahlener Form verwenden. Die milden Sorten sind sechs Monate, die scharfen höchstens acht Monate haltbar.

Der Kenner unterscheidet fünf Schärfen: Delikateß-, Edelsüß-, Halbsüß-, Rosen- und scharfen Paprika. Kümmel, Oregano und Majoran vertragen sich mit Paprika.

PETERSILIE

englisch: Parsley; französisch: Persil

»Petersilien-Suppenkraut wächst in unserm Garten, Anna ist die schönste Braut, kann nicht länger warten.«

Nur wenige Zeitgenossen, die diesen Kinderreim kennen, hätten sich ihrer Kindheit erfreut, wenn wahr wäre, was unsere Vorfahren glaubten: Petersilie galt als sicheres Mittel zur Abtreibung. Deswegen »kann die Braut nicht länger warten«.

Abgesehen davon: Die glattblättrige Petersilie ist aromatischer als die krause. Doch bei der Tischdekoration soll man nicht an frischer, krauser Petersilie sparen. Schon ihr Duft ist appetitanregend. Petersilie gehört an so viele Speisen, daß man sie nicht aufzählen kann. Auch die Wurzel ist als Schmorbeigabe und zu Bouillon unentbehrlich. Nur eines darf man den stets frisch gehackten Blättern nicht antun: sie lange kochen. Ansonsten – getrocknet ist Petersilie mittelmäßig, tiefgefroren ganz gut.

PIMPERNELL
englisch: Little Burnet; französisch: Pimprenelle
Zunächst einmal: Stellen Sie sich unter diesem Namen kein Aphrodisiakum vor. Sie heißt auch »Kleiner Wiesenknopf« und wird, wildwachsend, an Wegrändern und auf Geröllhalden gefunden.
Der leicht nußartige Geschmack der grünen Blätter gehört zur »Frankfurter Grünen Sauce«, an Gurkengemüse, Tomatensalat, Rührei und Kräuterbutter (wahlweise statt Petersilie). Wird selten angeboten; Konservierung nicht möglich.

PORTULAK
englisch: Purslane; französisch: Pourpier
Früher glaubte man, daß Portulak gegen Sonnenstich genauso helfe wie gegen Unkeuschheit. Aber für frische Salate, zu Kräuterquark, Frühlings- und Tomatensuppe ist dieses leicht salzig schmeckende und erfrischende Zierkraut wirklich zu gebrauchen. Man darf es nur nicht mitkochen. Portulak ist eine uralte, vitaminreiche Gewürzpflanze, die schon die Pharaonen kannten. Sie ist im Handel kaum erhältlich, obgleich sie in unzähligen Gärten wegen ihrer gel-

ben oder weißen Blüten als Zierpflanze gehalten wird. Man erkennt Portulak leicht an den fleischigen, abgerundeten Blättern, die die Blüten wie ein Kelch umschließen.

ROSMARIN
englisch: Rosemary; französisch: Romarin
Die Nadeln des »Weihrauchkrautes« schmecken frisch pikanter als getrocknet. Beim Trocknen werden sie leicht harzig. Zum Glück gibt es heute das ganze Jahr frischen Rosmarin (auch in Töpfen) zu kaufen, denn für manche Gerichte ist er unentbehrlich. So zum Beispiel bei jungen, gebratenen Bresse-Hühnern, bei Tomatengerichten, im Ofen gebackenen Fisch, zu Lammbraten und zu Pilzen. Thymian, Oregano und Petersilie vertragen sich gut mit ihm. Auch Knoblauch erschlägt ihn nicht. Wer Rosmarin mag, sollte Öl als Bratfett verwenden.
Zur Konservierung die Nadeln trocken und dunkel aufheben. Übrigens war Rosmarin die Lieblingspflanze des Pfarrers Kneipp. Er verordnete ihn gegen Erschöpfung.

SAFRAN
englisch: Saffron; französisch: Safran
Dies ist das teuerste Gewürz der Welt. Um ein Kilo Safran herzustellen, müssen die orangefarbenen Blütennarben von 80.000 Herbstkrokusblüten getrocknet werden (Kilopreis etwa 12.000 Mark). Safran schmeckt streng bitter-süß. Für Bouillabaisse, Paella und Risotto ist er obligatorisch. Zu Fleischbrühe paßt er in winzigen Dosen genauso gut wie zu Saucen für Krustentiere.

SALBEI
englisch: Sage; französisch: Sauge
Die lanzettförmigen, behaarten Blätter passen zu Leber, Lamm- und Schweinebraten. Saltimbocca – Kalbsschnitzel

mit Schinken und Salbei gefüllt – ein Genuß! Möglichst frische Blätter verwenden. Die getrockneten schmecken medizinisch streng. Salbei verheißt langes Leben. Als man Cäsar den unerwarteten Tod eines Freundes meldete, soll er bestürzt gesagt haben: »Aber wieso? Er hatte doch Salbei in seinem Garten!«

SAUERAMPFER
englisch: Sorrel; französisch: Oseille
Die Nouvelle Cuisine hat den Sauerampfer neu entdeckt. Da sich seine Blätter nicht zum Trocknen eignen, verwendet man die frischen Triebe von März bis Juni. Sauerampfer-Suppe ist köstlich. Auch Hollandaise mit Sauerampfer zu Fisch, ein kleiner Salat und überhaupt alle grünen Saucen sind mit Sauerampfer sehr pikant, wenn er seine Natursäure beisteuert. Aber: Vorsicht mit Essig!

THYMIAN
englisch: Thyme; französisch: Thym
Mit den gehackten frischen oder getrockneten Blättern vom Gartenthymian oder seinem Artgenossen, dem wilden Quendel, der breitere Blätter hat, würzt man alle Fleischspeisen, die auf Rotweinbasis zubereitet werden. Wild, Leber, Tomaten, Auberginen, Pilze und Kaninchen vertragen Thymian. In dunklen Gläsern bleibt er gerebbelt lange aromatisch.
Mit Thymian wurden die Pharaonen einbalsamiert, und die Griechen brachten Rosen und Thymian der Aphrodite zum Opfer, damit sie ihnen Manneskraft bis ins hohe Alter schenke.

WACHOLDER
englisch: Juniper; französisch: Genièvre
Mit den Beeren der Wacholderpflanze, die zur Reife zwei

Jahre brauchen, würzt man Sauerkraut, Fischsud, Sauer-braten, Wildschwein, Rebhuhn und Hase. Wacholder verträgt sich mit Petersilie, Thymian, Fenchel, Majoran und Lorbeerblättern.

Bei den alten Germanen galt das Essen von Wacholderbeeren als Garantie für ewige Jugend. Schade, daß man das von Steinhäger und Gin nicht sagen kann. Sie werden nämlich aus Wacholder gebrannt.

YSOP

englisch: Hyssop; französisch: Hysope

Die schmalen Blätter dieses immergrünen Halbstrauches haben einen minzeartigen, leicht bitteren Geschmack. Dieses uralte Würzkraut eignet sich hervorragend als Abrundung zum Kartoffelsalat, zu Rinderbraten und Fleischsuppen; aber auch, feingehackt und vorsichtig dosiert, auf Pfirsich- und Aprikosenkuchen.

ZITRONENMELISSE

englisch: Balm; französisch: Citronelle

Wie kleine Brennesselblätter sehen sie aus, die grünen Melisseblättchen, die so unglaublich intensiv nach Zitrone duften. Frischen Salaten geben sie einen besonderen Wohlgeschmack. Bei gebratenem oder gesottenem Fisch sind sie eine vorzügliche Abrundung. Zitronenmelisse kann man weder trocknen noch einfrieren. Tee aus frischer Zitronenmelisse gebrüht macht angenehm schläfrig.

Knoblauch

Es gibt eigentlich nur eine Sache, die man mit Knoblauch nie tun sollte: ihn brutal in siedend heißem Fett brutzeln lassen.

Ob Ehen, Verlöbnisse oder Freundschaften am Genuß von Knoblauch zerbrochen sind, scheint mir fragwürdig. So dumm kann eigentlich keiner sein, daß er nicht auf den Gedanken käme, Knoblauchgerichte nur zu zweit zu essen. Die Juden – in ihrer Küche wird viel Knoblauch verwendet – sehen übrigens auch dieses Problem realistisch: »Wenn Mutter und Vater nach Knoblauch riechen, kann die Tochter nicht nach Rosen duften«, so ein altes jüdisches Sprichwort.

Der botanische Name des Knoblauchs, Allium sativum, klingt distinguiert, auf jiddisch nennt er sich schon volkstümlicher Knofel oder Schumm, aber erst in der Gaunersprache, dem Rotwelsch, zeigt er unter dem Namen Stinkbalster sein wahres Gesicht.

Bevor von Gilroy, der Welthauptstadt des Knoblauchs, oder von Rezepten die Rede ist, etwas vorweg: Wenn Sie Knoblauch nicht mögen, lesen Sie nicht weiter. Gehören Sie aber zu den Freunden dieses Liliengewächses, mögen Sie Balkangerichte oder die französische, italienische und spanische Küche, dann wird es Ihr Schaden nicht sein, die Wahrheit über Knoblauch zu erfahren.

Das Wort Liliengewächs ist kein Druckfehler. Der Knoblauch ist botanisch ein Verwandter des Maiglöckchens und der Lilie. Wahrscheinlich ist er vor langer Zeit aus Zentralasien zu uns gekommen, einem Teil unserer Erde, in dem die Menschen länger leben, die Greise rüstiger sind und die

Zahl der Krebserkrankungen die niedrigste der Welt ist. Aber – liegt das wirklich nur am Knoblauchessen? Die blöde Geschichte jenes aus der Volksrepublik Bulgarien stammenden Hirten, der 150 Jahre alt sein soll, nur von Joghurt und Knoblauch-Pillen lebt und einmal täglich Geschlechtsverkehr hat, machte mich schon immer wütend. Erstens will ich nicht nur von Knoblauch und Joghurt leben, zweitens nicht 150 Jahre alt und drittens wegen meines Geschlechtslebens nicht weltberühmt werden. Da es aus dem heutigen Bulgarien nicht viel Anziehendes zu berichten gibt, ist diese Geschichte wahrscheinlich eine Agitprop-Dichtung aus Sofia, die hierzulande von Naturaposteln geglaubt und nachgelebt wird. Und außerdem – niemand hat den vögelnden Methusalem bisher gesehen oder gesprochen.

Ernster zu nehmen sind dagegen medizinisch bestätigte Erkenntnisse über viele gute Eigenschaften des Knoblauchs. Der französische Pflanzenheilkundige Maurice Mességué sieht die Anwendung von Knoblauch so: »Erstens ist Knoblauch ein allgemeines Antibiotikum und Antiseptikum. Zweitens regelt Knoblauch die Darmflora. Er wirkt gegen Durchfall, Ruhr, Magenkrämpfe und Blähungen. Drittens wirkt er gegen alle Parasiten wie Spul- oder Bandwürmer.«

In Südfrankreich gehört aus diesem Grunde das »chapon«, eine mit Knoblauch und Öl bestrichene, gesalzene Brotscheibe, zur täglichen Ernährung von Kindern.

Schon L. F. Junsius schreibt 1848 in seiner Küchenzeitung zwiespältig über diese Brotscheibe: »Sie schmeckt gut, stinkt aber doch schrecklich.«

Und wieder Mességué: »Viertens reguliert Knoblauch die Leberfunktion und beseitigt Störungen der inneren Drüsen (Schilddrüse, Nieren). Fünftens ist er ein Mittel zur Vorbeugung gegen Diabetes.«

MESSÉGUÉ empfiehlt hierzu ausdrücklich: »Alle Personen, die in ›gefährdeten‹ Familien geboren wurden, und auch alle Fettleibigen sollen soviel Knoblauch wie nur möglich essen.«

Schließlich weist der weltberühmte Naturarzt noch auf die bekannte blutdrucksenkende Wirkung des Knoblauchs hin und kommt zu dem Schluß: »Vergiftungen durch Nikotin und die verdorbene Luft in den Städten werden von Knoblauch wirkungsvoll bekämpft.«

Immerhin machte man schon zu Zeiten der Pharaonen Halsbänder aus Knoblauch zum Schutz gegen Parasiten. Die Griechen aßen und essen große Mengen Knoblauch, den sie die »stinkende Rose« nannten. Bei den Olympischen Spielen der Antike kauten die Athleten vor dem Wettbewerb eine Knoblauchzehe, und Odysseus aß ihn auf Empfehlung von Gott Hermes gegen die Zauberkräfte der Circe, die die Menschen in Schweine verwandelte.

Je länger man Knoblauch kocht, um so mehr wird sein Geruch gezähmt, und wer ihn durch die kleine Knoblauchpresse drückt, die einen Teil der feinen Haut zurückhält, der gibt vom »Knofelgeruch« auch nur wenig an andere Menschen weiter. Lebensmittel-Chemiker definieren den Geruch mit der Formel $C_6H_{12}S_2$, was auf deutsch die Disulfide des Alkylpolysulfids, des Alliins und seines Spaltproduktes Allicin heißt. So einfach ist's, wenn einer nach Knoblauch stinkt.

Um auf Gilroy, die kalifornische Hauptstadt des Knoblauchs, zurückzukommen: Im Umkreis von 140 Kilometern dieser Kleinstadt zwischen San Francisco und Monterey wird Knoblauch und nichts als Knoblauch angebaut. 68 Millionen Kilo werden dort jährlich geerntet. »Gilroy ist zur Erntezeit der einzige Ort in der Welt, wo man ein Steak zum Marinieren nur auf die Wäscheleine zu hängen braucht«, stellte der amerikanische Country-Sänger WILL ROGERS fest.

Daß es in Gilroy ein jährliches Knoblauch-Festival gibt, versteht sich fast von selbst. Höhepunkt der Festspiele ist die Feinschmecker-Avenue. Fünfzig ortsansässige Amateurköche bereiten auf Kochstellen unter freiem Himmel duftende Delikatessen zu. Ob Austern in Knoblauchsauce oder argentinische Empanadas, eine Minipastete in Öl gebacken, gefüllt mit Hackfleisch, Zwiebeln, Oliven, Rosinen, Eiern und Knoblauch und mit scharfem Paprika und Rosmarin gewürzt; ob Scampi oder gefüllte Champignons, ob Knoblauchsuppe oder marinierte Steaks, Tintenfisch oder Spaghetti »aglio e olio« – die ganze Stadt duftet nach Mittelmeer.

Zum Würzen wurden allein an einem Wochenende drei Zentner erntefrischer Knoblauch verbraucht. Jeder Besucher gilt als Gast. Für die Feinschmecker-Straße von der Jury als Koch ausgewählt zu werden ist eine große Ehre, und wer die beste »salsa alla marinara« macht, genießt öffentliches Ansehen in Gilroy. Natürlich hat das Festival-Komitee auch ein Kochbuch herausgebracht: The Garlic Lovers' Cookbook, auf deutsch: »Küche für Knoblauchfreunde« – im Papyrus-Verlag, Hamburg, erschienen.

I like Gilroy. Aber am 4. September bin ich jedes Jahr in Arleux: In dem kleinen französischen Ort an der belgischen Grenze gibt's an diesem Tag ein großes Knoblauchfest.

ALFRED WALTERSPIEL galt als Knoblauch-Sachverständiger und wurde deswegen auch Ehrenbürger von Gilroy. Er schrieb in einem seiner Kochbücher, daß es nie schaden könne, wenn man die Salatschüssel mit einer geschälten Knoblauchzehe ausreibe, hielt die Anwendung der welligen

Knolle auch bei Saucen und Brühen für erlaubt, kam dann aber zu diesem Schluß: »Er ist wie ein feines Gift, das man genau dosieren muß. Nimmt man nur ein bißchen zuviel, wirkt es abstoßend und unangenehm.« Die Nouvelle Cuisine hat in ihrer deutschen Fassung den Knoblauch jedoch so gut wie ganz verbannt. Ich nehme an, daß er den Köchen, die nach dem teuren französischen Konzept ihre Teller-Stilleben gestalten, einfach zu ordinär ist. Gäste, die man in den Hochpreis-Speisehäusern bittet, sich ins Gästebuch einzutragen, haben reich oder prominent zu sein, aber nicht aus dem Mund zu riechen (und Gegenmittel wie Petersilienstiele, Chlorophyllpillen, Äpfel, Zuckerstücke, Kardamomkerne – drei davon vier Minuten lang gekaut – sind von recht fraglicher Wirkung).

Wie bei allen Genußmitteln muß man auch beim Knoblauch-Einkauf wählerisch sein. Guter Knoblauch ist fest, die Zehen unter der weißen, rosafarbenen oder violetten Haut dürfen nicht eingeschrumpft sein. Knollen mit winzigen Zehen sind scharf, die größeren schmecken süß und beinahe nußartig. Vor der neuen Ernte im späten Hochsommer wird häufig frischer Knoblauch angeboten, der fast nach nichts schmeckt. Man erkennt den unreif geernteten am satten Grün des Halmes.

Wenn die Knolle reif ist, vergilben der Halm und die lanzettförmigen Blätter.

Die Provenzalen behaupten, daß man schon zum Frühstück rohen Knoblauch verspeisen kann, ohne danach zu riechen, wenn man dazu reichlich provenzalischen Rotwein trinkt. Ich weiß nicht, ob sie recht haben. Die Töchter des Landes riechen jedenfalls eher nach Lavendel.

Da gekochter Knoblauch anders schmeckt als roher, gibt es eine Reihe von Landesgerichten, die beides kombinieren. Zur französischen Fischsuppe, die bereits gekochten Knoblauch enthält, wird eine Rouille gegessen – eine Paste mit

Paprikaschoten, die zerstoßenen rohen Knoblauch enthält. Einige katalanische Saucenrezepte schreiben vor, daß die eine Hälfte des Knoblauchs gedünstet, die andere roh zu sein habe.

Eine spezielle Seite des Alliums lernen wir in der Küche kennen, wenn wir etwas Knoblauch mit Petersilie bei Pilzgerichten verwenden. Der Knoblauch tritt plötzlich in den Hintergrund und verstärkt den Pilzgeschmack. Neben seiner dünnblütigeren Schwester, der Zwiebel, ist der Knoblauch sicher die wesentlichste Würzpflanze, die Menschen entdeckt haben. Tausende von Rezepten, die täglich zwischen Peking und Hammerfest zubereitet werden, sind Zeugen dafür.

Knoblauch-Neulinge sollten schnell das rechte Maß finden. Als Anhaltspunkte können diese Mengen gelten: Fleisch (Rind, Lamm, Schwein) pro Kilogramm zwei bis drei Zehen; Saucen pro Liter drei bis vier Zehen; Suppen (Bouillon oder Gemüsesuppe) pro Liter zwei bis drei Zehen.

Größere Stücke oder ganze Zehen haben weniger Würzkraft als kleingehackte oder zerdrückte. Zwiebeln steigern den Knoblauchgeschmack. Nicht in rauchend heißem Fett dunkel rösten, sonst wird der feinste Knoblauch bitter. Langsam gedünstet, steigert sich das Nußaroma, und die Zehen lassen sich wie Butter aufs Brot streichen.

Aus den Abruzzen kommt das Rezept für *Spaghetti aglio e olio*, das auch bei den Knoblauchfestspielen in Gilroy ein Renner ist.

Die im Salzwasser al dente (mit Biß) gekochten 250 Gramm Spaghetti werden abgegossen. Während sie kochen, erhitzt man fünf Eßlöffel Olivenöl – nicht zu heiß – und bräunt darin zwei feingehackte Knoblauchzehen unter Rühren. Die Pfanne vom Feuer nehmen und eine weitere zerdrückte Zehe Knoblauch sowie drei Eßlöffel feingewiegte Petersilie einrühren. Vorsichtig salzen und mit einer Prise Cayennepfeffer würzen. Alles heiß über die Spaghetti gießen und mit acht Sardellenfilets belegen.

Dies Gericht reicht für vier Personen, die sich zwischen Mitternacht und Morgengrauen rasch restaurieren wollen.

Die *Spanische Knoblauchsuppe* ist ebenso einfach in der Zubereitung:

Für sechs Personen in einem schweren Topf einen achtel Liter Olivenöl nicht zu heiß werden lassen. Zwei Eßlöffel feingehackten Knoblauch einrühren. Weich, aber nicht braun werden lassen. So viel Rinde von einem Meterbrot abschneiden, daß das Innere drei Tassen mit Brotkrume füllt. Das Weißbrot in dem Öl bei schwacher Hitze unter Rühren goldgelb werden lassen, dann einen Teelöffel Rosenpaprika einstreuen und anderthalb Liter Wasser aufgießen. Einen halben Teelöffel Cayennepfeffer und einen Teelöffel Salz, zwei Teelöffel Instant-Bouillon dazu. Einmal aufkochen lassen, Hitze reduzieren und 30 Minuten ohne Deckel köcheln. Mit Schneebesen oder Holzlöffel die Suppe danach so lange aufschlagen, bis sich das Brot aufgelöst hat. Vier Eier mit der Gabel gut durchrühren. Suppe vom Feuer nehmen und erst dann die geschlagenen Eier einrühren. In vorgewärmte Teller füllen und mit feingehackter glatter Petersilie bestreuen.

Wer kalte Saucen liebt – speziell zur Fischsuppe, aber auch zu gekochtem Fleisch oder zum Fleischfondue –, sollte unbedingt die schnell zubereitete *Französische Rouille* probieren. Früher zerstampfte man die Zutaten im Mörser und rührte, bis einem der Arm schmerzte. Unser Rouille-Rezept ist weniger folkloristisch, dafür aber zeitsparend:

In den Küchenmixer gibt man zwei kleine grüne Paprikaschoten, entkernt und in kleine Stücke geschnitten, die man vorher mit 1 Tasse Wasser 10 Minuten lang gekocht hat, sowie zwei eingelegte rote Paprikaschoten aus dem Glas, abgetropft und kleingeschnitten. Dazu kommen vier Knoblauchzehen, grob gehackt, sechs Eßlöffel bestes Olivenöl, eine entkernte kleine Chilischote oder einige Tropfen Tabasco. Bei niedriger Drehzahl die Zutaten glattrühren, in eine Schüssel geben und so viel Semmelbrösel einrühren, bis die Sauce steif ist. Mit Salz und eventuell mehr Tabasco abschmecken. Die Rouille soll scharf sein. 20 Minuten ziehen lassen.

Am schnellsten und einfachsten ist die Herstellung von *Knoblauchbutter*, die man als Brotaufstrich oder zum Rösten von Weißbrotscheiben verwendet:

Drei mittelgroße Knoblauchzehen durch die Presse drücken oder zerquetschen. Mit 125 Gramm weicher gesalzener Butter verrühren. 15 Minuten im Kühlschrank stehen lassen. Fertig.

Die Profis zwischen Mexiko und den Philippinen schwören ihrer Kampfhähne wegen auf den Knoblauch, seit sie fast alle vor etwa 30 Jahren beim Wetten ein Vermögen verloren haben. Ein unbekannter Kampfhahn-Besitzer von den Antillen gewann damals mit seinem Federvieh jeden Kampf. Sein Geheimnis: Er fütterte halb und halb – halb Korn, halb Knoblauch. Falls Sie in eine Situation kommen, wo Sie dieses Rezept selber anwenden wollen, sollten Sie polyglott sein:

Knoblauch heißt auf englisch »garlic«, auf französisch »ail«, auf italienisch »aglio« und auf spanisch »ajo«. In Hindi heißt er »lasan«, auf burmesisch »chyet-thonphew«, auf malaiisch und indonesisch »bawang putih«.

Wie er in Kaschmir heißt, braucht man sich nicht zu merken – die Brahmanen verbieten ihn, weil er niedrige Instinkte weckt.

Zwiebel

Die braunhäutig Wilden, die weißschalig Milden, die blau-violett Beißenden, die sanften und süßen Großen, die dem Gourmet zugeneigten kleinen Vielkörprigen; die Perlrunden, die im Estragon-Essig weiß und schimmernd auf Wodka oder Tatar lauern – das Reich der Zwiebel ist vielfältig und bunt. Deftig ist es allemal.

Allium cepa – die Zwiebel – gehört botanisch zur Familie der Lilien. Sie ist gemessen an der edlen Blume eine heruntergekommene Verwandte, die sich mit dem Fußvolk Knoblauch, Porree und Schnittlauch gemein macht.

HERODOT berichtete 500 vor Christus, daß allein beim Bau der Pyramiden das Heer der Sklaven für den Gegenwert von zwanzig Millionen Mark Zwiebeln aß. Menge und Preis sind auf einer Keilschriftplatte an der Cheopspyramide festgehalten. Vielleicht beantwortet das die von unzähligen Touristen gestellte Frage: »Wie haben sie das damals bloß geschafft?«

Daß Wahrheiten vielschichtig sind, muß wohl die Pharaonen dazu gebracht haben, ihr Volk nicht »bei den Göttern«, sondern »bei der Zwiebel« schwören zu lassen. Ich habe auch nicht den geringsten Zweifel daran, daß sich das magisch-sinnliche Spiel des Striptease durch intensives Betrachten dieser Knolle entwickelt hat: Schale auf Schale, Hülle auf Hülle fällt – und kein Ende ist abzusehen.

Fällt dann die letzte aller Hüllen, bleibt nur ein Duft zurück.

Mit dem Duft hat es die Zwiebel vor allem. Tränen kann er uns in die Augen treiben und heißhungrigen Speichel in den Mund. Die Vision einer Wolke, in der sich leichter

Rauchgeschmack, Essig, Öl und Pfeffer paaren, hat schon manchen Feinschmecker beim Genuß der Kreationen einer Drei-Sterne-Küche, begleitet vom Bouquet großer Bordeaux- und Burgunderweine, mit tierischem Heißhunger an handfesten zwiebelreichen Wurstsalat (mit Roggenbrot und kaltem Bier) denken lassen.

Über die vielen guten Eigenschaften unserer Küchen- und Gemüsezwiebel, ihre Heilkraft, ihre aseptische Wirkung, ihren Vitaminreichtum (Vitamin C und B, Phosphor, Eisen, Kalzium), ihren Kaloriengehalt (100 g = 40 Kalorien) weiß die moderne Ernährungswissenschaft alles. Dennoch hat die Zwiebel ein Geheimnis bewahrt, das sich bis heute jeder Analyse und wissenschaftlicher Definition entzieht: Auf den Rosenfeldern Bulgariens (von dort stammen 90 Prozent des für die Parfümindustrie unentbehrlichen Rosenöles) wird die Zwiebel seit eh und je zwischen die Rosen gepflanzt, um den Duft der Blumen zu verstärken. Das balkanesische Sprichwort »Die Zwiebel macht die Rose heiß« ist auch ohne Anspielung aufs Amouröse gärtnerisch nachprüfbar.

Wer der deftigen, einfachen Küche einen Platz im Reich der Gaumenfreuden reserviert hält, wird ohne die Vielfalt des Zwiebelgeschmackes nicht zum vollen Genuß kommen. Daran ändert auch der Bann nichts, den Zeitschmecker und Küchenpäpste gegen die Zwiebel verhängten.

Nichts gegen die feinere Schalotte, aber – das Ordinäre hat seinen eigenen Reiz. Und so wie es in der bildenden Kunst die Faszination blutleerer Dekadenz bei den Präraffaeliten gab, die den Betrachter in esoterische Abgründe führten, so gab es zur gleichen Zeit auch den Maler TOULOUSE-LAUTREC. Aus seinen großartigen Bildern spricht die zeitlose Anziehungskraft des Ordinären.

Mich reißt der verwachsene Graf, der viele Jahre im Bordell

lebte, immer wieder vom Stuhl, macht mir Lust zu Abenteuer und Hunger auf eine Zwiebelsuppe im Morgengrau-
en in einem Pariser Bistro.

Selbst gekrönte Häupter sind dem Charme der gemeinen
Zwiebel anheim gefallen. So besuchte EDUARD VII. seinen
bulgarischen Kollegen ZAR FERDINAND I. Der bulgarische
Monarch ließ dem hohen Gast viele technische Neuheiten
zeigen, auf die man in Sofia sehr stolz war. Zum Schluß
fragte der Zar den englischen König: »Was hat Ihnen in
meinem Land am besten gefallen?«

»Der Sliwowitz«, antwortete Eduard.

»Und sonst?« insistierte der Bulgare.

»Das Zwiebelfleisch war auch nicht schlecht.«

Im Deutschen hat die Zwiebel viele Namen. Zipolle und
Zippel wird sie genannt, der Berliner sagt Bolle zu ihr und
im Osten hieß sie Fleischlauch. Eschlauch oder Aschlauch
steht für die Schalotte.

Heuchelt jemand Trauer oder Anteilnahme, zwingt sich
Krokodilstränen ab, ist er einer, der »Zwiebeln sucht« und
wenn einer »gezwiebelt« wird, sollen ihm die Augen wie
vom Zwiebeldunst tränen.

Gegen den Tränenreiz hilft, wenn man die Zwiebel unter
fließendem Wasser schält und sie sofort danach in ein ge-
schlossenes Gefäß gibt. Als letztes Mittel bleibt dann immer
noch die Sonnenbrille.

Während die Sumerer den pikanten Geschmack der Zwiebeln schon vor mehr als 5000 Jahren schätzten, gibt es sie
bei uns erst seit KARL DEM GROSSEN. Obwohl er den Zwie-
belanbau in Mitteleuropa befahl, dauerte es bis zur Regie-
rungszeit LUDWIGS XIV., ehe die Zwiebel zum festen Bestandteil der Küche wurde.

Mit Zwiebelrezepten aus aller Welt ließen sich heute ganze
Kochbücher füllen. Jeder Geschmack fände da sein Ely-

sium – und sei es durch die paradoxe Erfindung des Zwiebelkuchens, jener unvergleichlichen Mischung aus der Zwiebel, den mild-süßen Eiern und den gebratenen Speckwürfeln.

Wenn man ihn nicht gerade zur Zeit des neuen Weines im Badischen oder im Neckartal in einer kleinen Wirtschaft lauwarm genießt und ihn mit Federweißem herunterspült, sollte man nicht zögern, ihn selber anzufertigen. Wenn Sie mit Freunden einen jungen oder einen anderen herben Wein probieren wollen, wird es ein großes Erfolgserlebnis werden, wenn Sie dazu eigenen *Zwiebelkuchen* servieren. Ist Ihnen die Zubereitung eines Hefeteiges zu zeitraubend oder zu riskant, kaufen Sie einfachen tiefgefrorenen Pizzateig. Was damit zu geschehen hat, steht auf der Packung. Das Entscheidende ist der Belag:

Schneiden Sie zwei Pfund Zwiebeln in kleine Würfel und dämpfen Sie die unter stetem Umrühren in hundert Gramm Butter weich. Nehmen Sie die Zwiebeln vom Feuer, ehe sie Farbe bekommen, lassen sie jetzt ein wenig abkühlen und verrühren Sie währenddessen einen viertel Liter Créme fraîche, einen Teelöffel Kümmelpulver sowie fünf Eier miteinander. Salzen und pfeffern nach Geschmack. Ihr Pizzateig ist inzwischen backfertig und wartet mit hochgedrücktem Rand auf dem Blech auf seinen Belag. Während der Ofen auf 200 Grad vorgeheizt wird, gießen Sie das Eiergemisch gleichmäßig auf den Teig, schütten jetzt obenauf die gedünsteten Zwiebeln und backen Sie in etwa 25 Minuten den Kuchen so lange, bis die Oberfläche goldgelb wird. Während dieser Zeit würfeln Sie 200 Gramm durchwachsenen Speck sehr fein, lassen ihn bei kleiner Hitze in der Pfanne kroß werden, gießen das Fett ab und streuen diese krossen Würfel auf den Kuchen, wenn er aus dem Rohr kommt.

Wenn er fast lauwarm geworden ist, sofort zum Wein servieren. Übrigens paßt auch junger Beaujolais hervorragend dazu.

War die Portion zu groß, Zwiebelkuchen läßt sich wieder wärmen oder auch für lange Zeit einfrieren. Er bleibt eine Delikatesse.

WILHELM BUSCH hat der Zwiebel in seinem *Naturgeschichtlichen Alphabet für größere Kinder und solche, die es werden wollen*« einen zu engen kulinarischen Raum zugewiesen, als er unter dem Buchstaben »Z« den Vers schrieb:

> *Die Zwiebel ist der Juden Speise.*
> *Das Zebra trifft man stellenweise.*

Personen- und Sachregister
(Rezepte kursiv gedruckt)